# SINOPSE TRIBUTÁRIA 2010-2011

Apoio:

Mattos Filho
Veiga Filho
Marrey Jr.
e Quiroga
ADVOGADOS

# SINOPSE TRIBUTÁRIA 2010-2011

Coordenadores

Pedro Luciano Marrey Jr.
Roberto Quiroga Mosquera
Glaucia Maria Lauletta Frascino
Maria Isabel Tostes da Costa Bueno
Andrea Bazzo Lauletta
João Marcos Colussi
Marcos Joaquim Gonçalves Alves
Renata Correia Cubas
Alessandro Amadeu da Fonseca
Flavio Mifano
Luiz Felipe Centeno Ferraz

Alessandra Bittencourt de Gomensoro
Ana Paula Schincariol Lui Barreto
Antonio Carlos Marchetti Guzman
Heber Gomes do Sacramento
Lívia Balbino Fonseca Silva

SINOPSE Tributária

impressão régia

Capa: Adriana Conti Melo
Revisão: Bruna Baldini de Miranda
Equipe Mattos Filho
Imagem de capa: Obra de Paulo Pasta Sem Título, 2010 óleo sobre papel 1,40x 1,90 cm fotografo Ding Musa

Dados Internacionais de Catalogação na Publicação
(CIP) (Câmara Brasileira do Livro, SP, Brasil)

Sinopse tributária 2010-2011. -- São Paulo :
Impressão Régia, 2010.
Vários coordenadores.
Bibliografia.
1. Direito tributário 2. Direito tributário - Brasil.

10-12125 CDU-34:336.2(81)

Índices para catálogo sistemático:
1. Brasil : Direito tributário : Sinopse 34:336.2(81)

impressão régia
O conhecimento busca a justiça, a justiça busca o conhecimento

Um selo da: livros de Safra
A gente aduba, planta e colhe palavras.

Livros de Safra
tel 55 11 3081-2510
www.livrosdesafra.com.br
atendimento@livrosdesafra.com.br

Sendo essa a quarta edição do nosso projeto Sinopse Tributária, não poderíamos deixar de dedicá-la: aos colegas pelo incentivo, aos clientes pela confiança e oportunidades oferecidas e aos amigos, que além de colegas e clientes, nos apoiam incondicionalmente em todas as nossas iniciativas.

**Agradecimentos**

à Angélica Pedroso, Kátia Obertopp e Paula Melo
pelo trabalho e dedicação na edição deste livro.

# Sumário

# MEMORANDOS

# Prefácio

Foi com prazer que aceitei o convite para prefaciar esta edição da *Sinopse Tributária*, relativa ao biênio 2010-2011, obra coordenada, entre outros, pelos amigos e advogados Glaucia Maria Lauletta Frascino, Maria Isabel Tostes da Costa Bueno e Marcos Joaquim Gonçalves Alves.

Falar sobre o Direito Tributário no Brasil do século XXI é tratar de um tema que ultrapassa meros debates acadêmico e teórico. A questão tributária é indiscutivelmente o principal fator que isoladamente congestiona a máquina judicial, respondendo por pelo menos 40% dos processos judiciais em tramitação no poder judiciário brasileiro. Portanto, a temática tributária torna-se central entre os operadores jurídicos, não apenas pelo importante alcance acadêmico, mas também como uma necessidade à viabilização do nosso sistema de justiça.

Por outro lado, é bom que se compreenda que a busca da simplificação do sistema tributário nacional, meta almejada por todos, depende igualmente deste debate. A estrutura jurídica de um país não se limita apenas a sua estrutura positiva (constituição e leis), mas, igualmente (diria que às vezes com mais intensidade), a compreensão dos seus institutos normativos dada aos e pelos operadores jurídicos (juízes, advogados, procuradores e, porque não dizer, todos os cidadãos brasileiros). Tal compreensão, constante da jurisprudência, da doutrina e da práxis diária de cada contribuinte no relacionamento com o Estado, acaba por ser definidora da maior ou menor complexidade da realidade jurídica do País.

Por estas razões, percebo na presente obra uma vocação para este debate. E isto por desenvolver temas e enfoques direcionados à práxis jurídica atual, seja ela do direito processual, seja do direito material. É o caso do artigo que debate os parâmetros e limites da ação rescisória a partir da jurisprudência dos Tribunais Superiores, matéria recorrente e muitas vezes volátil, até porque persiste no nosso direito uma compreensão indefinida quanto ao alcance, aos limites e à efetividade do objeto julgado.

Igualmente, chama atenção a contemporaneidade do tema relativo à aplicação do princípio da seletividade em face da agenda ambiental, demonstrando a significativa importância da extrafiscalidade em um Direito Tributário Ambiental. Tal qual, chama atenção o artigo que discute as perspectivas econômicas e os incentivos fiscais para a Copa do Mundo de 2014 e as Olimpíadas de 2016, ambos eventos que destacam o Brasil no cenário internacional.

Por fim, a sempre atual e cada vez mais necessária discussão em torno do instituto de preço de transferência, ousando os autores positivamente a propostas de alteração da atual legislação.

Não pretendi aqui ser exaustivo, até porque todos os artigos publicados são de altíssima qualidade, mas apenas demonstrar com alguns exemplos porque esta coletânea merece ser lida. Evidente que o principal mérito da publicação está no fato de os seus coordenadores terem selecionado artigos e temas que se integram ativamente à práxis jurídico-tributária atual. Os leitores poderão discordar ou concordar em parte ou no todo do que é afirmado pelos autores. Mas certamente não ficarão indiferentes e, com a leitura, terão a oportunidade de evoluir e, talvez, de convergir na compreensão da nossa complexa realidade jurídica.

Luís Inácio LucenaAdams
*Advogado-Geral da União*

# Artigos

# Ação Rescisória em Matéria Tributária Parâmetros e Limites Impostos pelos Tribunais Superiores para sua Utilização

Alessandra Bittencourt de Gomensoro
Ricardo de Oliveira Cosentino
Thiago Carlos de Carvalho

## I. INTRODUÇÃO

Com as constantes alterações de posicionamento dos Tribunais Superiores, com relação às quais não faremos na presente análise qualquer juízo de valor a respeito, surge a questão acerca do ajuizamento de ações rescisórias pela União Federal em face de decisões favoráveis aos contribuintes, transitadas em julgado, como verificado em processos em que se examinou a legitimidade da exigência da Contribuição ao INCRA; sobre a abrangência da imunidade esculpida no art. 155, §3º da Constituição Federal, bem como em relação à Contribuição Social sobre o lucro das empresas, instituída pela Lei nº 7.689, de 1988.

A intenção da União Federal nesses casos é reabrir a discussão quanto ao mérito que já foi objeto de decisão com relação a qual não cabe mais recurso. Com base nas alterações jurisprudenciais, a União Federal utiliza a ação rescisória de forma ilegítima, como se mero recurso ordinário fosse, sem, contudo, existir previsão legal para tanto.

Parece-nos arriscado e equivocado admitir-se a ampla rescindibilidade dos acórdãos em matéria tributária que estejam em desacordo com novos precedentes dos Tribunais Superiores.

A ação rescisória deve consubstanciar meio absolutamente excepcional, como bem ressalta James Marins, com quem compartilhamos a preocupação pelo uso indiscriminado dessa via: *"O problema da rescindibilidade das sentenças em matéria tributária tem contribuído para marcar ainda mais o 'caos processual tributário' que temos vivenciado hodiernamente. Por razões já vistas acima e que se referem a elevados valores que nosso ordenamento prestigia, como a segurança jurídica que se espera – a bem do Estado de Direito – dos pronunciamentos jurisdicionais definitivos, a ação rescisória surge como meio absolutamente excepcional para vulneração da sentença transitada em julgado."* (James Martins, *Direito Processual Tributário Brasileiro*, pág. 569, ed. 4).

Nesse contexto, cumpre-nos destacar as implicações que o uso indiscriminado das ações rescisórias pela Fazenda Nacional tem no nosso ordenamento jurídico e como os tribunais superiores têm julgado esses casos.

## II. AÇÃO RESCISÓRIA EM MATÉRIA TRIBUTÁRIA

A ação rescisória somente deve ser admitida em casos excepcionais, taxativamente prescritos pelo legislador no artigo 485 do Código de Processo Civil.

Dentre os casos de rescindibilidade da sentença transitada em julgado não se encontra o de *"superveniente julgamento contrário à coisa julgada"*, como nos ensina Marilene Talarico Martins Rodrigues em artigo denominado "Ação Rescisória em Matéria Tributária e Segurança Jurídica", (revista *Dialética de Direito Tributário* 4/52-60).

Isto significa que o direito brasileiro não admite a rescisão de acórdão transitado em julgado pautado única e exclusivamente em posterior alteração jurisprudencial sobre a matéria.

No entanto, temos visto ultimamente que a União Federal tem se utilizado da ação rescisória para reformar decisão transitada em julgado em face de posterior alteração jurisprudencial acerca da matéria, com base em suposta violação de disposição literal de lei conforme inciso V do art. 485 do Código de Processo Civil que preceitua:

> "Art. 485 – A sentença de mérito, transitada em julgado, poderá ser rescindida quando: (...)
> V – violar literal disposição de lei."

Referido dispositivo admite a rescisão de sentença de mérito transitada em julgado quando esta "violar literal disposição de lei". O advento de julgado posterior e contrário ao que antes se decidiu, não significa, por si só, que o pronunciamento anterior haja transgredido literal disposição de lei.

Não se pode, por via de ação rescisória, pretender por via transversa perpetuar discussão sobre matéria que já foi decidida de forma definitiva, em flagrante violação ao princípio da segurança jurídica e desrespeito à coisa julgada.

A coisa julgada é a garantia de que o princípio da segurança jurídica está assegurado. Assim, tendo a decisão prestigiado o princípio constitucional da ampla defesa (art. 5º, LV) e não cabendo mais recurso contra ela, não há que se falar em rescisão da decisão em respeito ao princípio da proteção à coisa julgada (art. 5º, XXXVI) e consequentemente ao princípio constitucional da segurança jurídica.

Nesse compasso, a ação rescisória somente deve ser admitida quando a sentença se reveste de vícios extremamente graves.

Não é o caso de quando há alteração jurisprudencial. No caso de a lei tributária comportar mais de uma interpretação razoável, havendo alteração de entendimento pelos Tribunais Superiores não há que se falar na possibilidade de ajuizamento de ação rescisória.

A violação à lei a que se refere o inciso V do art. 485 do Código de Processo Civil não pode gerar dúvidas. O simples fato de o tribunal adotar um novo entendimento com relação à interpretação dada a determinada lei não consubstancia violação à lei que possa propiciar o ajuizamento de ação rescisória.

A ação rescisória não deve ser utilizada como instrumento uniformizador da jurisprudência.

Cabendo mais de uma interpretação acerca da lei e tendo sido aplicada interpretação que vinha sendo utilizada à época pelos tribunais, objeto de decisão transitada em julgado, não pode, por conta de nova interpretação dada pelos tribunais superiores, sujeitar a coisa julgada à revisão via ação rescisória.

Visando proteger a livre convicção do juiz (dentro dos limites da legalidade, por óbvio), e a interpretação razoável por ele conferida aos dispositivos legais, o Supremo Tribunal Federal editou a Súmula 343, que assim estabelece:

> "Não cabe ação rescisória por ofensa a literal disposição de lei quando a decisão rescindenda se tiver baseado em texto legal de interpretação controvertida nos tribunais".

O texto da Súmula 343 tem como escopo ressaltar que a mera interpretação da lei não consiste em violação à lei, razão pela qual nesse caso não há que se falar no cabimento de ação rescisória.

A referida Súmula visa coibir a utilização da ação rescisória como mero recurso ordinário e a destempo para rediscussão do mérito. A ação rescisória não pode ser utilizada quando a suposta ofensa a literal disposição de lei da decisão rescindenda se tiver baseado em texto legal de interpretação controvertida nos tribunais.

Nesse sentido, deve se verificar se é plausível a interpretação conferida ao dispositivo legal dito ofendido pelo acórdão que se pretende rescindir e, consequentemente, a existência de divergência jurisprudencial à época da prolação do mesmo.

A intenção com a edição da Súmula 343 foi justamente preservar a coisa julgada em prestígio ao princípio da segurança jurídica.

A respeito, Marilene Talarico Martins Rodrigues leciona:

*"A autoridade da coisa julgada material como instrumento de pacificação social, tranquilizadora dos jurisdicionados quanto à estabilidade das decisões de mérito, seria profundamente comprometida se se permitisse, pela via da ação rescisória, a reforma de uma decisão afinada com a jurisprudência da época em que foi proferida, embora até possa ter havido posterior entendimento jurisprudencial a consagrar tese contrária.*
*E esse é, precisamente, o objetivo que tem sido colimado pela Fazenda Nacional, ou seja, a revisão de um julgado proferido em causa que esgotou a via recursal, quando é certo que à época a tese adotada se afinava com a de outros arestos dos nossos Tribunais.*
*A estabilidade da coisa julgada não há de ser comprometida, propiciando-se a ampla revisão das sentenças toda vez que se questione sobre a melhor interpretação do direito aplicável. A via é estreita e assim deve ser. A simples interpretação ou a vacilação de jurisprudência não ensejam ação rescisória sob o fundamento de violação literal à lei."*

Ainda com relação à aplicação da Súmula 343, muito se discute acerca da sua abrangência. O entendimento que tem prevalecido é de que sua aplicação se daria apenas no que se refere ao texto infraconstitucional.

Isso importa dizer, em termos práticos, que quando se verificar que a alegada violação literal a dispositivo legal se referir a texto constitucional, mitigaria-se a aplicação da súmula.

Contudo, o afastamento da súmula, ainda que possível, não é pacífico, e encontra restrições doutrinárias que sustentam, com veemência, que a sua aplicação apenas pode ser suspensa, viabilizando o ajuizamento da ação rescisória, em casos de declaração superveniente de inconstitucionalidade do dispositivo legal, pelo Supremo Tribunal Federal, com efeito *erga omnes*, em sede de controle concentrado de constitucionalidade.

O que temos visto ultimamente é que os próprios Tribunais Superiores tem coibido o uso indiscriminado das ações rescisórias. A seguir analisaremos casos concretos que comprovam que a jurisprudência dos Tribunais Superiores é no sentido de que nos casos em que a decisão rescidenda tenha sido prolatada quando a matéria ainda era controvertida nos Tribunais Superiores não há que se falar em violação literal a dispositivo de lei, não cabendo o ajuizamento de ação rescisória.

## III. DO POSICIONAMENTO DOS TRIBUNAIS SUPERIORES ACERCA DO TEMA - ANÁLISE DE CASOS CONCRETOS

### III.1. O caso da Contribuição ao INCRA

A exigibilidade da Contribuição destinada ao INCRA, instituída pela Lei nº 2.613/55, é o exemplo mais emblemático de como os revezes do entendimento jurisprudencial podem causar paradoxos processuais e confundir até mesmo os mais experientes juristas.

Após longa divergência entre os julgados proferidos pelos Tribunais Regionais Federais do país, o Superior Tribunal de Justiça, em novembro do ano 2000, uniformizou a Jurisprudência no sentido de que, com o advento da Lei nº 8.212/91, a Contribuição destinada ao INCRA não é mais devida pelas empresas vinculadas exclusivamente à Previdência Social Urbana.

A partir do aludido precedente, o Superior Tribunal de Justiça passou a prolatar inúmeros julgados declarando a inexigibilidade da contribuição destinada ao INCRA das empresas vinculadas à Previdência Social Urbana, a partir do advento da Lei nº 8.212/91[1].

1 "PROCESSUAL CIVIL E TRIBUTÁRIO. AGRAVO REGIMENTAL. CONTRIBUIÇÃO PARA O FUNRURAL. EMPRESA VINCULADA EXCLUSIVAMENTE À PREVIDÊNCIA URBANA. INEXIGIBILIDADE PELAS LEIS Nºs 7.787/89 E 8.212/91. PRECEDENTES.1. Agravo Regimental interposto contra decisão que negou provimento ao Agravo de Instrumento da parte Agravante.2. Não é de se cogitar mais o pagamento das Contribuições relativas ao INCRA e ao FUNRURAL das empresas exclusivamente vinculadas À Previdência Urbana em face da impossibilidade da Superposição Contributiva. Pacificação da matéria no ERESP nº 173.380/DF, 1 Seção, DJU de 05/03/2001, Rel. Min. José Delgado.3. <u>A contribuição para o INCRA só foi exigível até o advento da Lei nº 8.212/91</u>, e a do FUNRURAL até a Lei nº 7.789/89, motivo pelo qual a partir dessas normas, deve ser reconhecida como indevida a cobrança.4. Precedentes da 1 Turma e da 1 Seção desta Corte Superior.5. Agravo Regimental não provido.(AGA 2003/0063295 STL Turma: 01; DJ: 1711.2003; PG: 00216; Rel.: Min. José Delgado) (grifos nossos)."

No entanto, quando o entendimento sobre a matéria parecia pacificado, para surpresa dos contribuintes, a questão foi novamente apreciada por ocasião do julgamento dos Embargos de Divergência nº 770451/SC[2], quando o Superior Tribunal de Justiça modificou o entendimento até então pacificado no âmbito daquela Corte a fim de determinar que a Contribuição destinada ao INCRA, por ser classificada como uma Contribuição de Intervenção no Domínio Econômico- CIDE, é exigível até os dias de hoje de toda e qualquer empresa, seja ela vinculada à Previdência Social Rural ou mesmo Urbana.

Desde a diametral alteração jurisprudencial, a Fazenda Nacional vem ajuizando ações rescisórias visando a desconstituição dos acórdãos que reconheceram a inexigibilidade da Contribuição destinada ao INCRA, utilizando-se como fundamento legal o disposto no inciso V do artigo 485 do Código de Processo Civil.

Entretanto, como acima ressaltado, referido dispositivo legal somente autoriza o ajuizamento de Ação Rescisória quando o acórdão rescindendo tiver violado disposição literal de lei. Logo, constata-se que a Ação Rescisória só se demonstraria cabível caso o acórdão rescindendo tivesse violado dispositivo de lei que reste claramente expresso no texto legal, em teratológica decisão.

2 "TRIBUTÁRIO. INCRA. CONTRIBUIÇÃO. NATUREZA. COMPENSAÇÃO. IMPOSSIBILIDADE. ART. 66, § 1º DA LEI nº 8.383/91. INAPLICABILIDADE.

1. O INCRA foi criado pelo DL 1.110/70 com a missão de promover e executar a reforma agrária, a colonização e o desenvolvimento rural no País, tendo-lhe sido destinada, para a consecução de seus objetivos, a receita advinda da contribuição incidente sobre a folha de salários no percentual de 0,2% fixada no art. 15, II, da LC nº 11/71.
2. Essa autarquia nunca teve a seu cargo a atribuição de serviço previdenciário, razão porque a contribuição a ele destinada não foi extinta pelas Leis 7.789/89 e 8.212/91 - ambas de natureza previdenciária -, permanecendo íntegra até os dias atuais como contribuição de intervenção no domínio econômico.
3. Como a contribuição não se destina a financiar a Seguridade Social, os valores recolhidos indevidamente a esse título não podem ser compensados com outras contribuições arrecadadas pelo INSS que se destinam ao custeio da Seguridade Social.
4. Nos termos do art. 66, § 1º, da Lei nº 8.383/91, somente se admite a compensação com prestações vincendas da mesma espécie, ou seja, destinadas ao mesmo orçamento.
5. Embargos de divergência improvidos."

(EREPS nº 770451/SC; Min. Teori Albino Zavascki; Min. Relator p/ Acórdão: Min. Castro Meira; Órgão Julgador: S1- Primeira Turma; Data do Julgamento: 27/09/2006; Data da Publicação/ Fonte: DJ 11/06/2007, pág. 258)

No que concerne à Contribuição ao INCRA, as próprias alterações jurisprudenciais no âmbito do Superior Tribunal de Justiça demonstram que a interpretação anteriormente conferida no sentido de se declarar inexigível a Contribuição após a edição da Lei nº 8212/91 possui robusto embasamento jurídico, o que elide, por si só, a demonstração da ocorrência de literal violação a dispositivo legal que é imprescindível para o ajuizamento de ação rescisória.

Ainda que assim não fosse, a simples divergência jurisprudencial, amparada pela natural evolução da hermenêutica jurídica, jamais poderá consubstanciar causa de rescisão de julgado, sob pena de causar insustentável insegurança jurídica.

O entendimento jurisprudencial fixado nos julgados é, inegavelmente, reflexo do pensamento jurídico de uma época e, desde que respeitados os princípios da ampla defesa e contraditório, devem ser prestigiados, salvo na ocorrência de declaração de inconstitucionalidade de Lei com modulação de efeitos *ex tunc*, o que torna inexistente qualquer relação jurídica sob ela construída.

Especificamente com relação à contribuição ao INCRA, além do controvertido entendimento jurisprudencial sobre a matéria ao longo dos anos, o descabimento da rescisão dos julgados que decidiram pela inexigibilidade da contribuição ao INCRA é amparado por outra peculiaridade: a natureza da matéria debatida.

O Supremo Tribunal Federal já se manifestou reiteradas vezes no sentido de que a exigibilidade da contribuição ao INCRA é matéria infraconstitucional, cabendo ao Superior Tribunal de Justiça a sua análise.

Ao estabelecer que a matéria não tem cunho constitucional, o Supremo Tribunal Federal não deixou dúvidas a respeito da aplicação da Súmula 343 e, consequentemente sobre a impossibilidade da rescisão dos julgados sobre esta matéria.

É pacífico nas Cortes Supremas que a ofensa à legislação infraconstitucional não baliza o ajuizamento de ação rescisória, conforme se depreende do julgado abaixo transcrito:

> EMENTA: CONSTITUCIONAL. PROCESSUAL CIVIL. MATÉRIA INFRACONSTITUCIONAL. OFENSA INDIRETA À CONSTITUIÇÃO. AÇÃO RESCISÓRIA. TEXTO LEGAL DE INTERPRETAÇÃO CONTROVERTIDA. NÃO CABIMENTO. SÚMULA 343. AGRAVO IMPROVIDO. I - O acórdão recorrido dirimiu a questão dos autos com base na legislação infraconstitucional aplicável à espécie. Inadmissibilidade do RE, porquanto a ofensa à Constituição, se ocorrente, seria indireta. II - Não cabe ação rescisória, por ofensa a literal disposição de lei, quando a decisão rescindenda se tiver baseado em texto legal de interpretação controvertida (Súmula 343 do STF). III - Agravo regimental improvido. (AI 625053 AgR, Relator(a): Min. RICARDO LEWANDOWSKI, Primeira Turma, julgado em 23/10/2007, DJe-142 DIVULG 13-11-2007 PUBLIC 14-11-2007 DJ 14-11-2007 PP-00046 EMENT VOL-02299-05 PP-01039).

Exatamente com base na inexistência da matéria constitucional violada a justificar o afastamento do óbice causado pela Súmula 343 e, principalmente, pela peculiaridade das sucessivas alterações jurisprudenciais acerca da exigibilidade da contribuição ao INCRA, o Superior Tribunal de Justiça, nas ocasiões em que foi instado a se manifestar sobre o cabimento de ação rescisória para desconstituição de julgado que declarou inexigível a referida Contribuição, julgou no sentido do seu absoluto descabimento, vejamos:

> TRIBUTÁRIO. AÇÃO RESCISÓRIA. CONTRIBUIÇÃO DESTINADA AO INCRA. ADICIONAL DE 0,2%. NÃO EXTINÇÃO PELAS LEIS 7.787/89, 8.212/91 E 8.212/91. LEGITIMIDADE. APLICABILIDADE DA SÚMULA 343/STF.
>
> *1. A violação a dispositivo de lei que propicia o manejo de ação rescisória, fundado no art. 485, V do CPC, pressupõe que a norma legal tenha sido ofendida na sua literalidade pela decisão rescindenda, ou seja, é aquela teratológica que consubstancia desprezo do sistema de normas pelo julgado rescindendo. Desse modo, impede-se a utilização da ação rescisória para, por via transversa, perpetuar a discussão sobre a matéria que foi decidida, de forma definitiva, por esta Corte Superior, fazendo com que prevaleça, por isso, a segurança jurídica representada pelo respeito à coisa julgada. Nesse sentido é o enunciado 343 da Súmula do Supremo Tribunal Federal,*

*do seguinte teor: "Não cabe ação rescisória por ofensa a literal disposição de lei, quando a decisão rescindenda se tiver baseado em texto legal de interpretação controvertida nos Tribunais".*

2. É bem verdade que a decisão que interpreta determinada norma em sentido contrário ao texto constitucional, divergindo da jurisprudência consolidada no âmbito do Supremo Tribunal Federal, dá ensejo à propositura da ação rescisória, afastando o óbice da Súmula 343/STF, em face da necessidade de preservação da supremacia da Constituição Federal, bem como da autoridade das decisões da Suprema Corte. 3. Todavia, na hipótese dos autos, impõe-se a aplicação do veto sumular em referência. *Isto porque o Supremo Tribunal Federal já se posicionou no sentido de que a questão referente a exigibilidade da contribuição destinada ao INCRA após a edição das Leis 7.787/89 e 8.212/91 é de cunho meramente infraconstitucional, uma vez que a alegada ofensa à Constituição, acaso existente seria indireta ou reflexa.* Precedentes do STF: AI 612433 AgR/PR, Segunda Turma, Re. Ministro Joaquim Barbosa, DJe 23.10.2009; AI 639.396 AgR/RS, rel. Ministro Ricardo Lewandowski, DJ 14.08.2009.

4. Diante desses precedentes citados, tem-se que não prospera a alegação da parte autora no sentido de que o referido veto sumular não se opõe à ação rescisória cujo pedido está fundamentado na recepção da Lei 2.613/65 e suas alterações pela atual Constituição, indicando violação aos artigos 149 e 195 da CF/88. Vale salientar que os precedentes da Corte Suprema indicados na inicial discutem tão somente à legitimidade da cobrança destinada ao INCRA por empresa urbana, se nada dispor sobre o tema discutido no acórdão que se intenta rescindir, qual seja, a constitucionalidade da cobrança para o INCRA após a edição das Leis 7.787/89 e 8.212/91, por ter sido representada como contribuição de intervenção no domínio econômico.

5. Ressalta-se, ainda, que a decisão que se intenta rescindir foi prolatada quando a questão referente à extinção da Contribuição ao INCRA ainda era controvertida no âmbito da Primeira Seção haja vista que somente por ocasião do julgamento dos Embargos de Divergência n. ERESP 770451/SC, na sessão de 27 de setembro de 2006, a controvérsia foi definitivamente dirimida por esta Corte Superior, adotando-se o entendimento de que a exação não teria sido extinta pelas Leis 7.787/89, 8.212/91, subsistindo até os dias de hoje. 6. Precedente da Primeira Seção: Ação Rescisória nº 3509/PR, da relatoria do Ministro Luiz Fux, DJ 25/9/2006. 7. Pedido rescisório improcedente. (AR 4283/PR, Ministro Relator Mauro Campbell, DJ em 21.05.2010).

Nesse caso, a Súmula 343 incide plenamente, não havendo embasamento para o ajuizamento de ação rescisória pela Fazenda Nacional.

## III.2. O caso da suposta imunidade para operações relativas à energia elétrica – art. 155, §3º da Constituição Federal

A exemplo do debate acerca do cabimento de ação rescisória em virtude da alteração jurisprudencial quanto à exigibilidade da Contribuição ao INCRA, a discussão acerca do não cabimento de ação rescisória pautada em alteração jurisprudencial toma contornos ainda mais específicos se analisarmos o caso da suposta imunidade com relação a contribuição ao PIS e ao COFINS sobre as operações relativas à energia elétrica, serviços de telecomunicações, derivados de petróleo, combustíveis e minerais.

Em virtude do disposto no parágrafo 3º do artigo 155 da Constituição Federal, as Cortes Superiores entenderam durante anos que as referidas operações seriam imunes – *ausência de competência para instituição do tributo* - , à exceção do Imposto sobre Circulação de Mercadorias e Serviços, Imposto de Importação e Imposto de Exportação[3].

Entretanto, por ocasião do julgamento do Recurso Extraordinário nº 230337/RN[4], o plenário do Supremo Tribunal Federal entendeu, por

3 EMENTA: Agravo regimental. - A imunidade prevista no artigo 155, § 3º, da Constituição diz respeito às operações relativas a energia elétrica, combustíveis líquidos e gasosos, lubrificantes e minerais, o que não ocorre no caso, em que as operações sobre sacos de matéria plástica, pela única circunstância de o polietileno ser derivado do petróleo e elemento para a fabricação deles, não são, evidentemente, operações referentes a combustível líquido como é o petróleo. Agravo a que se nega provimento. (AI 199516 AgR, Relator(a): Min. MOREIRA ALVES, Primeira Turma, julgado em 09/09/1997, DJ 24-10-1997 PP-54163 EMENT VOL-01888-05 PP-00844).

4 CONSTITUCIONAL. TRIBUTÁRIO. COFINS. DISTRIBUIDORAS DE DERIVADOS DE PETRÓLEO, MINERADORAS, DISTRIBUIDORAS DE ENERGIA ELÉTRICA E EXECUTORAS DE SERVIÇOS DE TELECOMUNICAÇÃO. C.F., art. 155, §3º. Lei Complementar nº 70, de 1991.
– Legítima a incidência da COFINS sobre o faturamento da empresa. Inteligência do disposto no §3º do art. 155, C.F., em harmonia com a disposição do art. 195, *caput*, da mesma Carta. Precedentes do STF: RE 144.971-DF, Velloso, 2ª T., RTJ 162/1075.
– R.E. conhecido e provido" ( Recurso Extraordinário nº 230.337-7/RS, Relator: Min. Carlos Velloso, Tribunal Pleno, Julgado em 21.10.1998).

maioria, que o disposto no parágrafo 3º do artigo 155 deveria ser analisado em harmonia com o artigo 195, *caput*, ambos da Constituição Federal, sendo constitucional, portanto, a incidência das contribuições do PIS e da COFINS sobre as receitas relativas a serviços de energia elétrica, telecomunicações e demais previstos no art. 155, §3º.

Naquela ocasião, entendeu-se, nos termos do voto do Ministro Relator Carlos Velloso, que a interpretação puramente literal e isolada do §3º do art. 155 da Constituição levaria ao absurdo de ficarem excepcionadas do princípio inscrito no art. 195, *caput*, empresas de grande porte, o que ofenderia princípios constitucionais como o da igualdade e capacidade contributiva.

O Ministro Relator ressaltou ainda em seu voto que a Constituição Federal "*quando quis excepcionar o princípio inscrito no art. 195, fê-lo de forma expressa, no §7º do mesmo art. 195*", razão pela qual o §3º do art. 155 não deve ser interpretado como exceção à regra geral da contribuição à seguridade social.

A partir do referido julgamento, o Fisco, vislumbrando a possibilidade de desconstituir os julgados que haviam sido prolatados em favor dos contribuintes, ajuizou inúmeras ações rescisórias pautadas no artigo 485, V, do Código de Processo Civil, utilizando-se como premissa a suposta violação a dispositivo legal.

Considerando-se que neste caso específico a matéria em debate era exclusivamente constitucional, a demonstração da suposta violação ao dispositivo legal constitucional, no entendimento do Fisco, mostrava-se mais clara e, por tal razão, o óbice causado pela Súmula 343 editada pelo Supremo Tribunal Federal parecia restar afastado.

Contudo, mesmo diante da alteração jurisprudencial acerca da interpretação de matéria constitucional, os Tribunais não demoraram a se manifestar no sentido da improcedência das ações rescisórias com base nos pilares que até hoje pautam a análise de ações rescisórias desta natureza.

O primeiro argumento utilizado para a improcedência das ações rescisórias, frequentemente utilizado pelos órgãos julgadores, remete-se ao fato de que a matéria era controvertida à época da prolação das decisões em favor dos contribuintes, inexistindo decisão final do Plenário da Suprema Corte no sentido da incidência das Contribuições ao PIS e ao COFINS sobre receitas decorrentes das operações relativas à energia elétrica e demais previstas no art. 155, §3º.

O segundo é a inexistência de decisão com efeitos *erga omnes* e *ex tunc*, o que significa dizer que o caso julgado pelo plenário da Suprema Corte produz efeitos exclusivamente com relação às partes envolvidas, não podendo o seu julgamento ser imposto aos demais contribuintes.

E por fim, tem-se a principal assertiva que baliza a improcedência das ações rescisórias sobre esta matéria, que é a inexistência, no caso específico, de declaração de inconstitucionalidade do referido artigo 155, 3º da Constituição Federal.

Nem mesmo os contundentes argumentos suscitados em contrário, amparados na supremacia do Supremo Tribunal Federal na interpretação do texto constitucional e a necessidade da observância e uniformização deste entendimento perante as instâncias inferiores, foram capazes de elidir, no caso concreto, os argumentos sustentados pelos contribuintes no resguardo das decisões que garantiam a imunidade com relação ao PIS e a COFINS.

Isso porque os Tribunais entenderam, amparados na doutrina[5], que os julgados consideraram isentas as empresas cujas operações se enquadram naquelas previstas no §3º do art. 155 da Constituição Federal, conferiram ao referido artigo uma interpretação plausível dentre aquelas possíveis.

Entretanto, esta interpretação, por colidir com outros dispositivos constitucionais (em especial o *caput* do art. 195), foi revista a fim de que houvesse a harmonização do texto constitucional.

Neste sentido, a simples revisão da interpretação anteriormente conferida não implica no reconhecimento de que o entendimento anterior representa flagrante violação à norma constitucional.

5 "Decisão que se afaste da jurisprudência não terá de ser vista, por si só, como necessariamente violadora da lei, ainda que o entendimento adotado divirja de proposição constante da Súmula: a mera inclusão em Súmula – mesmo da jurisprudência predominante do Supremo Tribunal Federal – não torna vinculativa a proposição. Poderá o órgão julgador da ação rescisória, segundo o seu livre convencimento, declarar improcedente o pedido conquanto divergente à interpretação dada à norma pela sentença e a consagrada súmula, ou dar pela procedência a despeito de coincidentes as interpretações". (MOREIRA, José Carlos Barbosa in *Comentários ao Código de Processo Civil*, volume V, p. 131)

Utilizando-se como premissa a liberdade do julgador na interpretação da norma e a sua adequação ao contexto social e jurídico vigente à época, tem-se entendido pelo descabimento da ação rescisória para a desconstituição de julgados que declararam imunes ao PIS e a COFINS as empresas cujas atividades encontram-se previstas no §3º do art. 155 da Constituição Federal.

## IV. CONCLUSÃO

Considerando as recentes modificações de posicionamento dos tribunais superiores e sendo o fim primordial do direito a tranquilidade social, necessário se faz assegurar a intangibilidade do instituto da coisa julgada e, consequentemente, a segurança jurídica dos contribuintes que buscam dirimir os conflitos junto ao Judiciário.

A possibilidade de flexibilização das hipóteses de cabimento da ação rescisória redundaria na criação de um novo recurso, com prazo de 2 anos para interposição, que acarretaria instabilidade na relação existente entre contribuintes e Fisco/Fazenda e abalaria os princípios constitucionais da coisa julgada e da segurança jurídica.

A simples alteração de entendimento pelos Tribunais Superiores já é por si só um fator que contribui para a insegurança jurídica, permitir-se ainda o uso indiscriminado da ação rescisória teria resultados nefastos ao cenário de segurança jurídica construído no Brasil nas últimas décadas.

# Copa do Mundo FIFA 2014 e Olimpíadas 2016 no Brasil: Perspectivas Econômicas e Incentivos Fiscais

Alessandro Amadeu da Fonseca
Monique Haddad Knöchelmann

## I. BREVE PANORAMA E ESTIMATIVAS ECONÔMICAS

Com a devida licença do trocadilho, o Brasil é "a bola da vez" e, também, "o dono da bola", ao menos no que diz respeito à organização das mais importantes competições mundiais que estão por vir: será o anfitrião da Copa das Confederações FIFA, em 2013, da Copa do Mundo FIFA 2014, e, ainda, dos Jogos Olímpicos, em 2016.

Ser anfitrião de competições dessa grandeza não é nada rotineiro ou sem importância, mas está longe também de ser pouco custoso ao eleito felizardo. O Diretor Financeiro do Comitê Organizador da Copa do Mundo FIFA 2014, Carlos Langoni, estima que o custo da construção, reforma e modernização dos estádios brasileiros será de aproximadamente R$ 2 bilhões (US$

1,2 bilhões). Ademais, outros R$ 8,3 bilhões (US$ 4,8 bilhões) serão necessários à infraestrutura básica para que o País esteja pronto para os eventos. A Fundação Getúlio Vargas, por sua vez, calcula que o gasto público total, considerando infraestrutura e estádios, será em torno de R$ 35 bilhões (US$ 20,5 bilhões).

No entanto, a Associação Brasileira de Infraestrutura e Indústria de Base ("ABDIB") estima que estes valores sejam ainda maiores (e mais assustadores): aproximadamente R$ 100 bilhões (US$ 58,8 bilhões).

Ademais, há de se saber que a escolha do país anfitrião da Copa do Mundo não ocorre aleatoriamente. Ao contrário, a Fédération Internaionale de Football Association ("FIFA") impõe uma lista de onze requisitos a qualquer candidato ao disputado posto. Tal lista não é pública, mas de acordo com o quanto divulgado pela mídia, pode-se listar alguns dos referidos requisitos tais como abaixo:

(i) Infraestrutura apropriada;
(ii) FIFA receberá todas as rendas dos direitos de TV, patrocinadores, ingressos, exploração de hotéis e estádios;
(iii) Cidades-sede e estádios podem ser descartados devido a atrasos nas obras;
(iv) FIFA deverá aprovar os projetos dos estádios, tendo poder de veto e também poder para trocar de sede;
(v) O estádio e dois quilômetros em seu entorno somente serão comercialmente explorados pela FIFA;
(vi) O Comitê Organizador deverá financiar o Congresso FIFA, loteria, a Copa das Confederações FIFA 2013, escritórios, centro de mídia, acomodações para os empregados e passagens aéreas no Brasil;
(vii) US$ 10 milhões deverão ser investidos pela Confederação Brasileira de Futebol ("CBF") no Comitê Organizador depois do Brasil ser confirmado como o país anfitrião da competição;
(viii) Isenção fiscal para a FIFA e seus parceiros comerciais, bem como imunidade contra ações judiciais, com todos os custos pagos pelos Organizadores;
(ix) Seguro no valor de R$ 500 milhões;

(x) Estádios com, no mínimo, 40.000 lugares cada (sendo 60.000 para o estádio onde se realizarão os jogos de abertura e final da Copa); e

(xi) Leis proibindo marketing indireto em relação às competições e uso não autorizado de marcas da FIFA.

Note-se que alguns dos requisitos impostos pela FIFA são estritamente relacionados à tributação, especialmente no que tange à concessão de isenções fiscais.

Considerando esse cenário econômico e tendo em mente os requisitos previamente exigidos pela FIFA para a escolha do Brasil como anfitrião da próxima Copa, o País, em seus níveis público e privado, está se organizando de modo a atingir os padrões exigidos e fazer deste e dos demais eventos esportivos, memoráveis demonstrações de força, organização e estabilidade. Ao menos, é o que se espera.

Nesse sentido, o propósito deste estudo é analisar os esforços do Brasil, até o momento, para alcançar esses objetivos, especificamente no que diz respeito aos benefícios fiscais que eventualmente sejam oferecidos neste contexto.

Há de se alertar que, desde já, embora seja nosso objetivo abarcar também questões relativas aos incentivos dedicados aos Jogos Olímpicos de 2016, nota-se que a questão em âmbito legislativo ainda é muito incipiente, sendo fundamentalmente focada, até o presente, somente nos campeonatos da FIFA, como se verá.

Nesse sentido, o presente artigo abordará os incentivos em âmbito federal atualmente existentes, ou ainda, os projetos de lei que pretendem instituí-los. Como anteriormente mencionado, até o presente momento, não existem considerações específicas para as Olimpíadas de 2016.

## II. O QUE TEM SIDO FEITO: MOVIMENTAÇÃO LEGISLATIVA

Alguns projetos de lei têm sido propostos no Brasil em relação a questões tributárias pertinentes à Copa do Mundo e aos Jogos Olímpicos, mas tais projetos ainda não foram aprovados e convertidos efetivamente em Lei.

Um projeto que merece especial menção é o Projeto de Lei nº 7.422/2010, que concede uma série de isenções tributárias à FIFA, suas subsidiárias no Brasil, prestadores de serviços da FIFA e pessoas físicas residentes no exterior empregadas ou de outra forma contratadas para trabalhar de forma pessoal e direta na organização ou realização da Copa do Mundo FIFA 2014 e da Copa das Confederações FIFA 2013.

Nos termos propostos em referido Projeto de Lei, a importação de mercadorias e produtos exclusivamente relacionada a tais eventos esportivos, como comida, medicamentos, combustível, troféus, medalhas, bandeiras, etc, estariam isentos de (i) Imposto de Importação ("II"); (ii) Contribuição Social para o Programa de Integração Social na modalidade que onera as importações ("PIS-Importação"); (iii) Contribuição Social para o Financiamento da Seguridade Social na modalidade que onera as importações ("COFINS-Importação"); (iv) Taxa de utilização do Siscomex; (v) Taxa de utilização do MERCANTE; (vi) Adicional ao Frete para Renovação da Marinha Mercante ("AFRMM"); e (vii) Contribuição de Intervenção no Domínio Econômico sobre a importação de combustíveis ("CIDE").

Ademais, à FIFA seria concedida a isenção integral de tributos brasileiros incidentes sobre as suas atividades no País para os propósitos dos referidos campeonatos: (i) Imposto de Renda Retido na Fonte ("IRF"); (ii) Imposto sobre Operações Financeiras ("IOF"); (iii) PIS-Importação; (iv) COFINS-Importação; (v) CIDE; (vi) Contribuição de Intervenção no Domínio Econômico para o Desenvolvimento da Indústria Cinematográfica Nacional ("CONDECINE"); (vii) contribuição social devida pelo empregador; e (viii) contribuições sociais devidas a fundos públicos e a entidades privadas de serviço social e de formação profissional, conforme estabelecido em lei.

Esta isenção pode ser estendida a algumas entidades expressamente previstas, a saber: (i) Confederações FIFA; (ii) Associações estrangeiras membros da FIFA; (iii) Emissora fonte da FIFA; e (iv) prestadoras de serviço da FIFA.

É importante ponderar que, nos termos do Projeto, qualquer base temporária de negócios no Brasil que servir à organização e à realização das Copas não configuraria estabelecimento permanente para fins de aplicação da legislação brasileira.

Os prestadores de serviço da FIFA ainda seriam beneficiários de isenções relativas aos seguintes tributos: (i) Imposto de Renda da Pessoa Jurídica ("IRPJ"); (ii) Contribuição Social sobre o Lucro Líquido ("CSLL"); (iii) IOF; (iv) Contribuição para o Programa de Integração Social ("PIS"); e (v) Contribuição Social para o Financiamento da Seguridade Social ("COFINS").

Apesar das isenções acima descritas, os rendimentos ou ganhos de capital decorrentes de investimentos realizados no mercado financeiro ou da alienação de bens e direitos não se incluem nesse contexto, uma vez que o propósito legislativo é abarcar, tão somente, os atos praticados pela FIFA e /ou pelas entidades a ela conexas em prol da realização dos jogos.

Em relação às pessoas físicas não residentes no Brasil que recebam qualquer tipo de rendimento da FIFA ou entidade acima mencionada, seria concedida, no que tange a tais montantes, isenção de Imposto de Renda e também de IOF, sobre a operação de câmbio na remessa desses recursos ao exterior.

É importante destacar que parte desse Projeto de Lei, ainda que não efetivamente convertido, já se encontra, ainda que temporariamente, em implementação, por meio da Medida Provisória (MP) nº 497, de 27 de julho de 2010: trata-se do chamado "RECOM" – Regime Especial de Tributação para Construção, Ampliação, Reforma ou Modernização de Estádios de Futebol.

Como o próprio nome sugere, o RECOM é um regime especial focado na construção e na modernização de estádios para os campeonatos da FIFA a se realizarem no Brasil em 2013 e 2014, sendo vedada a adesão a tal regime às pessoas jurídicas optantes pelo SIMPLES NACIONAL, ficando, também, condicionada a adesão, em qualquer situação, à regularidade fiscal da pessoa jurídica em relação aos tributos federais. Importante destacar que a fruição dos benefícios concedidos no âmbito do RECOM se condiciona aos projetos aprovados até 31 de dezembro de 2012.

No caso de venda no mercado interno ou importação de máquinas, aparelhos, instrumentos ou equipamentos, além de materiais de construção para a utilização nas obras em referência, será concedida a suspensão dos seguintes tributos: (i) PIS; (ii) COFINS; (iii) PIS-Importação; (iv) COFINS-Importação; (v) Imposto sobre Produtos Industrializados ("IPI") incidente na saída do estabelecimento industrial ou equiparado, quando a aquisição no mercado interno for efetuada por pessoa jurídica beneficiária do RECOM; (vi) IPI incidente na importação, quando realizada por beneficiário do mesmo Regime; e (v) II (neste caso específico, desde que não haja similar nacional). Referidas suspensões se converterão em alíquota zero após a utilização ou incorporação do bem ou material de construção ao estádio efetivamente.

Racional semelhante segue o benefício concedido à prestação de serviços a beneficiários do RECOM ou importação de serviços por estas mesmas pessoas, destinados às obras dos estádios das competições FIFA em questão. Neste caso, ficarão suspensas as exigências dos seguintes tributos: (i) PIS; (ii) COFINS; (iii) PIS-Importação; e (iv) COFINS-Importação. Da mesma forma, tal suspensão será passível de conversão em efetiva alíquota zero quando da verificação da "incorporação" de tais serviços às obras a que se destinam.

Outro interessante Projeto de Lei é o de nº 5.310/2009, que traz benefícios à entidade desportiva privada de futebol que realizar obras de construção, modernização e reforma de seu estádio escolhido para sediar jogos da Copa do Mundo FIFA 2014. Nos termos de tal Projeto, os investimentos realizados por tais entidades privadas em seus próprios estádios se constituiriam em crédito tributário a ser utilizado via compensação, à opção do contribuinte beneficiário, com débitos fiscais oriundos de quaisquer tributos ou contribuições federais, vencidos ou vincendos.

Na própria justificação do referido Projeto, o Deputado Beto Albuquerque, então proponente, pondera a questão econômica já tangenciada nesta análise: a despesa estimada com a construção e modernização de estádios, conforme proposta apresentada à FIFA, é de US$ 1,1 bilhão e pondera a importância de compartilhamento dessa responsabilidade com a iniciativa privada, o que se pretende fomentar com a proposta de incentivo fiscal por ele então apresentada.

Outro Projeto de Lei de que se tem notícia é o Projeto de Lei nº7.223/2010, que sugere a redução a zero, até 31 de julho de 2014, da alíquota de PIS e de COFINS incidentes sobre a energia elétrica vendida a hotéis, pousadas e similares na região nordeste do Brasil. Referido Projeto, no entanto, foi rejeitado na íntegra pela Comissão de Minas e Energia, por entender que "*a criação de um novo benefício tributário aplicado exclusivamente ao Nordeste provocaria uma grande assimetria e acabaria por frustrar as legítimas expectativas que as demais regiões brasileiras também possuem em relação ao magnífico evento que será a Copa do Mundo de 2014*".

## III. O QUE FALTA FAZER: OPORTUNIDADE E RESPONSABILIDADE

Não se pode negar que sediar eventos de tal magnitude pode representar grande oportunidade de visibilidade mundial para o Brasil. Frise-se: pode. Isto porque a oportunidade é diretamente proporcional à responsabilidade que se apresenta ao País. O fato do Brasil estar entre as potências emergentes em evidência na atualidade não lhe garante (talvez, ao contrário) o sucesso nessa empreitada. E os exemplos de fracassos nessa área esportiva são significativos e recentes. Talvez o mais marcante seja o das Olimpíadas de Atenas, em 2004. Num esforço desmedido de trazer os Jogos de volta para o seu "berço", investiu-se US$ 15 bilhões (em sua maioria suportados pelo Estado) à época. Os Jogos aconteceram, mas o legado é desastroso, com obras completamente abandonadas e um déficit público insuperável.

Muito em linha com a atual situação brasileira, pode-se citar o Commonwealth Games 2010, Jogos da Comunidade Britância, sediados pela Índia, que tinha a pretensão de rivalizar a concorrente China, tão bem-sucedida nas Olimpíadas de Pequim, em 2008. Mas o que se viu foi um verdadeiro desastre: a uma semana do início da competição, a vila olímpica ainda não estava pronta e atletas de diferentes delegações desistiram do campeonato alegando não haver condições mínimas de infraestrutura, higiene e segurança. É, sem dúvida, um alerta para o Brasil.

Não se questiona o potencial benefício que tais competições podem trazer ao País e à comunidade como um todo, mas há que se atentar para a forma como este processo vai se desenrolar. E o histórico das últimas competições mundiais talvez nos demonstre que mais do que investir em estádios, é importante investir em infraestrutura, transporte, energia, estes, sim, verdadeiros e duradouros legados às gerações futuras pós-Copa e Olimpíadas. Essa é a lição das Olimpíadas de Inverno em Turim, em 2006, e Vancouver, em 2010.

As movimentações legislativas que experimentamos, no entanto, ainda não refletem essa consciência. Esperamos que isso se modifique e que seja incorporada essa visão à nossa realidade o quanto antes, para que o Brasil não só seja o dono da bola, mas, também, marque um gol de placa dentro e, principalmente, fora de campo.

# Tributação dos Lucros Auferidos no Exterior – Decisões Administrativas Atuais

Ana Paula Schincariol L. Barreto
Giácomo Paro
Rodrigo de Freitas

## I. INTRODUÇÃO

Considerando-se a complexidade do tema, os vários dispositivos legais que tratam do assunto e as diversas autuações por parte da Receita Federal do Brasil, o artigo em questão tem por finalidade apresentar os principais julgados do antigo Conselho de Contribuintes e do atual Conselho Administrativo de Recursos Fiscais (CARF), de forma a atualizar o leitor acerca das discussões no âmbito do processo administrativo.

## II. EVOLUÇÃO HISTÓRICA DA TRIBUTAÇÃO DOS LUCROS NO EXTERIOR

Inicialmente, antes de se analisar os principais temas atualmente discutidos no âmbito do CARF, sobre a tributação dos lucros auferidos no exterior por empresas controladas ou coligadas, faz-se necessária uma breve análise da evolução legislativa pertinente à matéria.

Com a edição da Lei nº 9.249/95, que entrou em vigor no ano-calendário de 1996, surgiu no sistema jurídico brasileiro o princípio da tributação em bases universais, em substituição ao princípio da territorialidade, antes vigente.

Assim, o artigo 25 do referido diploma legal estipulou que todo lucro auferido por sociedades controladas ou coligadas sediadas no exterior seria oferecido à tributação quando do levantamento do balanço de tais sociedades, independentemente da distribuição desse lucro às sociedades investidoras em território nacional.

Ocorre que, tendo em vista a controvérsia existente sobre o momento da incidência do IRPJ nos termos do referido dispositivo, a então Secretaria da Receita Federal, na tentativa de "sanar" esses questionamentos, expediu **a IN/SRF nº 38/96, que determinou que os lucros auferidos pelas sociedades controladas ou coligadas só seriam tributados quando fossem considerados disponibilizados ou distribuídos**, trazendo, ainda, as hipóteses em que a disponibilização, ou a distribuição dos lucros, ocorreriam.

Contudo, a Instrução Normativa não é o veículo normativo hábil para instituir, retirar, majorar ou reduzir tributos, tendo em vista que tal função é exclusiva de lei, como demanda o princípio constitucional da legalidade. Assim, as alterações introduzidas pela norma em comento não poderiam surtir efeitos, uma vez que manifestamente ilegais.[1]

1 Neste sentido é o entendimento da antiga Primeira Câmara do Conselho de Contribuintes, conforme se verifica pela leitura do seguinte trecho do acórdão no 101-95.476: "Minha divergência está fulcrada na ilegalidade da IN SRF 38/96, na extensão dos dispositivos da mesma que modificaram o aspecto temporal da hipótese de incidência prevista na Lei 9.249/95. Sendo este ato normativo incapaz de promover tal alteração, haja vista que sua função seria simplesmente regulamentar as disposições legais, **não podem surtir efeitos suas determinações de que o fato gerador só ocorreria com a efetiva disponibilização dos lucros auferidos.**" (g.n.)

Em razão da impropriedade do veículo normativo utilizado, as disposições contidas na referida Instrução Normativa foram incluídas na Lei nº 9.532/97, que passou a prever, expressamente, o momento em que o lucro seria considerado disponibilizado.

Posteriormente, em 10 de janeiro de 2001, foi editada a Lei Complementar nº 104, que trouxe diversas alterações ao Código Tributário Nacional, dentre as quais a inclusão, no seu artigo 43, do parágrafo 2°, que passou a dispor que na hipótese de receita ou de rendimento, oriundos do exterior, a Lei estabelecerá as condições e o momento em que se dará sua disponibilidade, para fins de incidência do IRPJ.

Com a edição da Medida Provisória nº 1.858-6, que se deu em 30 de julho de 1999, foi estabelecida a tributação, por meio da CSLL, dos lucros apurados por empresas controladas ou coligadas no exterior, que somente passou a vigorar a partir de outubro de 1999, ou seja, depois de decorridos 90 dias da sua publicação.

Por fim, sob o pretexto de regulamentar o parágrafo 2° do artigo 43 do Código Tributário Nacional, foi editada, em 24 de agosto de 2001, a Medida Provisória nº 2.158-35/01, que trouxe à tona disposição semelhante ao contido na Lei nº 9.249/95, considerando os lucros auferidos por controlada ou coligada no exterior <u>disponibilizados</u> para a controladora ou coligada no Brasil na data do balanço no qual tiverem sido apurados.

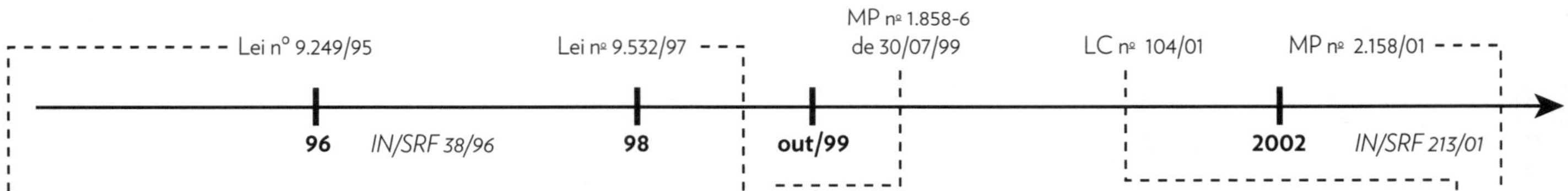


Art. 25. Os lucros, rendimentos e ganhos de capital auferidos no exterior serão computados na determinação do lucro real das pessoas jurídicas correspondente ao balanço levantado em 31 de dezembro de cada ano.

Art. 1° Os lucros auferidos no exterior, por intermédio de filiais, sucursais, controladas ou coligadas serão adicionados ao lucro líquido, para determinação do lucro real correspondente ao balanço levantado no dia 31 de dezembro do ano-calendário em que tiverem sido disponibilizados para a pessoa jurídica domiciliada no Brasil.
§ 1° Para efeito do disposto neste artigo, os lucros serão considerados disponibilizados para a empresa no Brasil: (...)
b) no caso de controlada ou coligada, na data do pagamento ou do crédito em conta representativa de obrigação da empresa no exterior.(...)
§ 2° Para efeito do disposto na alínea "b" do parágrafo anterior, considera-se:
a) creditado o lucro, quando ocorrer a transferência do registro de seu valor para qualquer conta representativa de passivo exigível da controlada ou coligada domiciliada no exterior;
b) pago o lucro, quando ocorrer:
1. o crédito do valor em conta bancária, em favor da controladora ou coligada no Brasil;
2. a entrega, a qualquer título, a representante da beneficiária;
3. a remessa, em favor da beneficiária, para o Brasil ou para qualquer outra praça;
4. o emprego do valor, em favor da beneficiária, em qualquer praça, inclusive no aumento de capital da controlada ou coligada, domiciliada no exterior.

"Art. 19. Os lucros, rendimentos e ganhos de capital auferidos no exterior sujeitam-se à incidência da CSLL, observadas as normas de tributação universal de que tratam os arts. 25 a 27 da Lei nº 9.249, de 26 de dezembro de 1995, os arts. 15 a 17 da Lei nº 9.430, de 27 de dezembro de 1996, e o art. 1° da Lei nº 9.532, de 1997."

Art. 43. O imposto, de competência da União, sobre a renda e proventos de qualquer natureza tem como fato gerador a aquisição da disponibilidade econômica ou jurídica:
(...)
§ 2° Na hipótese de receita ou de rendimento oriundos do exterior, a lei estabelecerá as condições e o momento em que se dará sua disponibilidade, para fins de incidência do imposto referido neste artigo. (Incluído pela LC nº 104, de 10.1.2001)

Art.74. Para fim de determinação da base de cálculo do imposto de renda e da CSLL, nos termos do art. 25 da Lei nº 9.249, de 26 de dezembro de 1995, e do art. 21 desta Medida Provisória, os lucros auferidos por controlada ou coligada no exterior serão considerados disponibilizados para a controladora ou coligada no Brasil na data do balanço no qual tiverem sido apurados, na forma do regulamento.
Parágrafo único. Os lucros apurados por controlada ou coligada no exterior até 31 de dezembro de 2001 serão considerados disponibilizados em 31 de dezembro de 2002, salvo se ocorrida, antes desta data, qualquer das hipóteses de disponibilização previstas na legislação em vigor.

Com efeito, após a análise do histórico legislativo acerca da tributação dos lucros auferidos no exterior, passa-se a analisar os principais temas atualmente discutidos na esfera administrativa, especialmente nas recentes decisões do CARF.

## III. LUCROS AUFERIDOS EM 96 E 97 – DECADÊNCIA DO DIREITO DO FISCO TRIBUTAR OS LUCROS DESTES PERÍODOS COM BASE NA LEI Nº 9.249/95 – INAPLICABILIDADE DA MP Nº 2.158/2001

Quanto a esse tema o CARF vem entendo que nos anos-base de 1996 e 1997 estava em vigor a Lei nº 9.249/95, pelo que os lucros auferidos por controladas e coligadas no exterior nesses períodos deveriam ter sido tributados pela empresa brasileira no dia 31 de dezembro de cada um desses anos. Sendo assim, o marco inicial para contagem do prazo decadencial para realização do lançamento de ofício quanto a esses valores deveria ser o dia 31 de dezembro de 1996 e 31 de dezembro de 1997. Veja-se decisão que reflete esse posicionamento do CARF:

> "DECADÊNCIA - LUCROS NO EXTERIOR AUFERIDOS EM 1996 E 1997 - LEI 9.249/95 - ALTERAÇÃO DO ASPECTO TEMPORAL DA HIPÓTESE DE INCIDÊNCIA PELA IN SRF 38/96 - IMPOSSIBILIDADE - **Antes do advento da Lei 9.532/97, o regime de tributação dos lucros de filiais, controladas e coligadas no exterior observava o momento em que tais lucros eram auferidos**, não havendo na Lei 9.249/95 qualquer elemento que considerasse a efetiva disponibilização como componente temporal da hipótese de incidência. **Os lucros auferidos durante os anos-calendário de 1996 e 1997 deveriam ser adicionados em 31.12. de cada ano**, na proporção da participação societária, e não pelo montante efetivamente disponibilizado *a posteriori*. **O lançamento de ofício deve, portanto, reportar-se a 31.12. de cada ano como data do fato gerador, e se realizado após cinco anos, caduco estará o direito do fisco de constituir o crédito tributário.**" (Acórdão. nº 101-95.476 – g.n.)

A Câmara Superior de Recursos Fiscais, no entanto, em um determinado momento, em 19 de outubro de 2006, com uma composição de Conselheiros que já foi alterada, adotou um entendimento diverso daquela que vinha sendo adotado pelas Turmas do CARF, considerando que as Leis nº 9.249/95 e 9.532/97 tratavam da tributação de lucros distribuídos (dividendos), ainda que de maneira presumida, enquanto a MP 2.158/2001 trata da tributação de lucros apurados (fictamente distribuídos), pelo que os lucros apurados desde 1996 ainda não tributados, vez que não distribuídos, seriam tributados em 31 de dezembro de 2002, nos termos da MP 2.158/2001. Veja-se trecho dessa decisão:

> "Tem-se, assim, que na vigência da Lei 9.249/95 e da Lei 9.532/97, em relação aos lucros auferidos por intermédio de coligadas e controladas, o fato gerador ocorria com o pagamento ou crédito, conforme disciplinado pelos parágrafos 1º e 2º do artigo 2º da Instrução Normativa SRF 38/96 e no art. 1º e § 1º da Lei 9.532/97.
> (...)
> Na legislação precedente, a efetiva distribuição dos lucros era pressuposto para a ocorrência do fato gerador. Para que os lucros pudessem ser transferidos para a conta representativa de passivo exigível da controlada ou da coligada no exterior, ou creditados em conta bancária da controladora ou da coligada no Brasil, ou entregue a representante da beneficiária, ou remetidos em favor da beneficiária, ou ter seu valor empregado em favor a beneficiária, era necessário que, antes, tivessem sido distribuídos sob forma de dividendos. Assim, a partir da MP 2.158/2001, a tributação passou a incidir não mais sobre os lucros efetivamente disponibilizados (dividendos distribuídos) mas sobre os lucros apurados em balanço." (Acórdão 101-95.802)

Embora no caso acima citado não se estivesse tratando do prazo decadencial, o entendimento adotado impacta essa discussão, vez que, na linha de raciocínio adotada pela Câmara Superior de Recursos Fiscais, o fato gerador no caso dos lucros auferidos em 1996 e 1997 ainda não disponibilizados, seria em 31/12/2002, contando-se dessa data eventual prazo decadencial para lançamento de ofício.

## IV. CSLL – TRIBUTAÇÃO DOS RESULTADOS AUFERIDOS NO EXTERIOR APÓS 1999

No que tange à tributação dos lucros apurados por empresas controladas ou coligadas no exterior pela CSLL, o antigo Conselho de Contribuintes vinha firmando entendimento no sentido de que tal incidência somente seria possível para os lucros auferidos a partir de outubro de 1999, ou seja, depois de decorridos 90 dias da publicação da Medida Provisória nº 1.858-6, que se deu em 30 de julho de 1999. Veja-se ementa que reflete essa posição do CARF:

> "CSLL – LUCROS AUFERIDOS NO EXTERIOR – Tratando-se de lucros auferidos por controladas, no exterior, de pessoa jurídica domiciliada no país, a Lei nº 9.532, de 1997, não atuou modificando a data da ocorrência do fato gerador, mas, tão somente, deslocou o momento em que esses lucros deveriam ser oferecidos à tributação, homenageando, no caso, os princípios da uniformidade e da realização. Nessa linha, <u>a tributação da CSLL em bases universais só se aplica aos lucros auferidos a partir de 1° de outubro de 1999</u>." (Acórdão nº 105-16.365 – g.n.)

No entanto, em julgamento realizado no dia 07 de dezembro de 2009 pela Câmara Superior de Recursos Fiscais, com votação não unânime, foi proferida decisão alterando esse entendimento, para considerar que, tendo os lucros sido apurados antes de 1999, mas disponibilizados após essa data, deve incidir a CSLL quando da disponibilização desses valores. Veja-se a ementa desse acórdão, a qual resume o entendimento adotado:

> "LUCROS NO EXTERIOR DISPONIBILIZADOS APÓS VIGÊNCIA DA MP 1.858-6/99. Para os lucros, rendimentos e ganhos de capital auferidos no exterior, <u>a hipótese de incidência da CSLL surge com a publicação do art. 19 da MP nº 2.158-6/99 que, interpretado sistematicamente com a legislação a que se reporta, define como fato gerador da CSLL, para esses casos, o momento da disponibilização do lucro e não o momento da geração desse.</u>" (Acórdão nº 9101-00468 – g.n.)

No julgamento que resultou na decisão acima comentada, houve empate na votação quanto aos lucros apurados nos anos-calendário de 1996 e 1997, pelo que o Ilmo. Sr. Presidente da 1ª Turma da Câmara Superior de Recursos Fiscais decidiu, pelo voto de qualidade, em favor do Fisco, ou seja pela incidência da CSLL.

## V. LEI Nº 9.532/97 – ENTENDIMENTO QUANTO AO ASPECTO TEMPORAL – *"EMPREGO EM FAVOR DA CONTROLADORA BRASILEIRA"*

> "REDUÇÃO DE CAPITAL DA CONTROLADORA COM ENTREGA DE PARTICIPAÇÃO SOCIETÁRIA NA CONTROLADA NO EXTERIOR – EMPREGO DE VALOR EM FAVOR DA BENEFICIÁRIA
>
> Emprego do valor, em favor da beneficiária, na forma e no contexto do item "4" da alínea "b" do § 2° do art. 1° da Lei 9.532/97, significa: <u>emprego, pela controlada no exterior (investida), ainda que por exercício do poder de controle da controladora no Brasil, do lucro em favor desta.</u> Supor que a redução de capital da controladora, mediante entrega de seu investimento, implique um ato de pagamento pela controlada significaria - além de agredir a dicção legal - admitir que a controlada permanece com a obrigação de pagar (por ato seu) aquilo que já está pago (por ato da controlada, se o pagamento fosse a entrega de investimento).
>
> A entrega de participação societária no exterior, pela controladora no Brasil, em favor de seu sócio não é emprego, pela controlada no exterior, de seu lucro em favor da controladora no Brasil." (Acórdão. nº 1103-00.207 – g.n.)

De acordo com essa decisão, proferida pela 3ª Turma Ordinária, da 1ª Câmara da 1ª Seção do CARF, em sessão de julgamento do dia 19 de maio de 2010, para que se verifique a disponibilização do lucro apurado no exterior, com fundamento no item "4" da alínea "b" do § 2º do art. 1º da Lei nº 9.532/97, que trata da hipótese de emprego do lucro apurado em favor da beneficiária, é preciso um ato da controlada ou coligada no exterior em favor da empresa brasileira.

O ilustre Conselheiro Marcos Takata, relator da decisão aqui comentada, entendeu analisando a situação fática tratada naquele caso que *a entrega de participação societária no exterior, pela controladora no Brasil, em favor de seu sócio não é emprego, pela controlada no exterior, de seu lucro em favor da controladora no Brasil.* Concluiu, também, que tal situação não configuraria hipótese de alienação da participação no exterior.

As premissas fixadas nessa decisão, embora tenham sido construídas para análise dessa situação fática específica, valem para a análise de uma série de situações, já autuadas pelo Fisco, nas quais, por exemplo, a controladora brasileira utiliza a participação que detém no exterior para aumentar capital em outra sociedade no exterior.

## VI. TRATADOS CONTRA BITRIBUTAÇÃO E DISPONIBILIZAÇÃO AUTOMÁTICA DE LUCROS DA MP Nº 2.158/2001

> "LUCROS AUFERIDOS POR INTERMÉDIO DE COLIGADAS E CONTROLADAS NO EXTERIOR – Na vigência das Leis 9.249/95 e 9.532/97 o fato gerador era representado pelo pagamento ou crédito (conforme definido na IN 38/96 e na Lei nº 9.532/97), e o que se tributavam eram os dividendos. A partir da MP 2.158-35/2001, a tributação independe de pagamento ou crédito (ainda que presumidos), passando a incidir sobre os lucros apurados, e não mais sobre dividendos.
>
> LUCROS ORIUNDOS DE INVESTIMENTO NA ESPANHA – Nos termos da Convenção Destinada a Evitar a Dupla Tributação e Prevenir a Evasão Fiscal em Matéria de Imposto sobre a Renda entre Brasil e a Espanha, promulgada pelo Decreto nº 76.975, de 1976, **em se tratando de lucros apurados pela sociedade residente na Espanha e que não sejam atribuíveis a estabelecimento permanente situado no Brasil, não pode haver tributação no Brasil.**" (Acórdão 101-97.070) (g.n.)

Na decisão ora em comento discute-se a aplicabilidade da Convenção Brasil–Espanha, especialmente no que tange ao seu artigo 7º, que dispõe sobre a tributação dos **lucros das empresas:**

"ARTIGO 7 Lucros das empresas
**1. Os lucros de uma empresa de um Estado Contratante só são tributáveis nesse Estado**, a não ser que a empresa exerça sua atividade no outro Estado Contratante por meio de um estabelecimento permanente aí situado. No último caso, os lucros da empresa serão tributáveis no outro Estado, mas unicamente na medida em que forem atribuíveis a esse estabelecimento permanente." (g.n)

Depreende-se da análise do artigo transcrito que os lucros auferidos pelas empresas sediadas nos Estados contratantes somente podem ser tributados neste Estado onde são auferidos. Ou seja, os lucros das empresas sediadas no Brasil somente podem ser tributados no Brasil e os **lucros auferidos pelas empresas sediadas na Espanha somente podem ser tributados na Espanha**.

Saliente-se que o Brasil somente poderia tributar o lucro apurado por empresa controlada sediada na Espanha no caso dessa empresa possuir um estabelecimento permanente no Brasil e, ainda, limitado ao lucro gerado por esse estabelecimento permanente.

Como consequência, a regra prevista no artigo 74 da Medida Provisória nº 2.158-35/01 não é aplicável aos lucros gerados por controlada ou coligada sediada na Espanha, nos termos **do artigo 7 da Convenção Brasil-Espanha.** Essa conclusão poderá ser aplicada para a tributação do lucro auferido em qualquer País que tenha celebrado tratado contra bitributação com o Brasil.

Com efeito, conforme decidido pelo CARF, não se pode tributar os lucros auferidos no exterior nos termos da MP nº 2.158-35/01 quando a empresa controlada ou coligada for sediada em País que tenha celebrado tratado de britributação com o Brasil, seja pelo IRPJ seja pela CSLL.

## VII. TRIBUTAÇÃO DOS LUCROS APURADOS POR CONTROLADAS INDIRETAS – CONSOLIDAÇÃO NA CONTROLADA DIRETA?

> "LUCROS AUFERIDOS NO EXTERIOR POR INTERMÉDIO DE CONTROLADAS INDIRETAS – Para fins de aplicação do art. 74 da MP nº 2.158-35, os **resultados de controladas indiretas consideram-se auferidos diretamente pela investidora brasileira**, e sua tributação no Brasil não se submete às regras do tratado internacional firmado com o país de residência da controlada direta, mormente quando esses resultados não foram produzidos em operações realizadas no país de residência da controlada, evidenciando o planejamento fiscal para não tributá-los no Brasil." (Acórdão 101-97.070) (g.0)

A decisão ora em análise trata da seguinte situação concreta. A empresa brasileira é controladora direta de empresa espanhola e controladora indireta de empresa uruguaia:

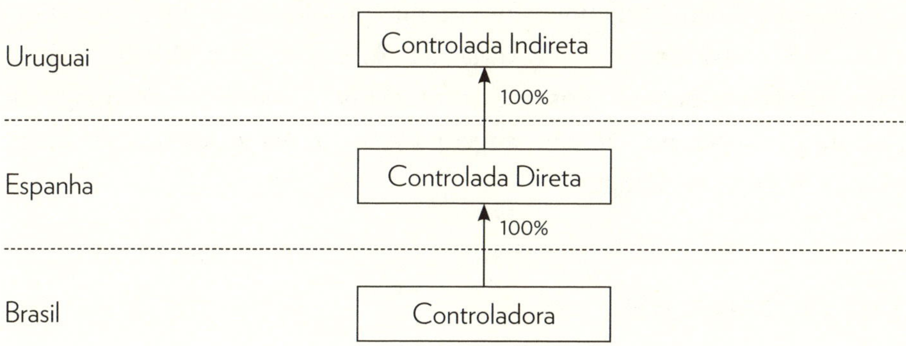


No caso em questão, a discussão referia-se à forma de tributação dos lucros auferidos pela controlada indireta. No voto vencido, a Relatora Ilma. Sra. Sandra Maria Faroni entendeu que: *"Quanto à equivalência patrimonial da controlada indireta, haveria duas hipóteses a serem consideradas: (1)*

*ou se toma em consideração o resultado da [espanhola] (sem influência do resultado da [uruguaia]), e nesse caso o resultado da controlada indireta uruguaia se considera diretamente auferido pela [brasileira] (com apoio no art. 1º, §§ 1º, 2º e 4º e no art. 7º da IN 213) sendo aplicável o acordo internacional; (2) ou se toma o resultado da [espanhola] já influenciado pela resultado positivo da [uruguaia], aplicando-se o acordo internacional. Ao analisar essa questão para enfrentar o argumento da PFN, de que os resultados purados no Uruguai não se submetem ao Acordo Internacional, entendi que não há como trazer tais lucros para o Brasil se não por intermédio da controlada direta."*

Contudo, ao analisar o tema, entendeu o Ilmo. Conselheiro Valmir Sandri, no voto vencedor, que a legislação brasileira estabelece a tributação das controladas diretas e indiretas, mas de forma individualizada. Dessa forma, no seu entendimento, também para fins de aplicação dos tratados, há de se considerar o rendimento como proveniente do país onde está sediada a controlada indireta (no caso o Uruguai, com o qual não há tratado celebrado), e não o país onde está sediada a controlada direta (Espanha).

Dessa forma, no entendimento que prevaleceu no julgamento ora analisado, considerou-se que seria aplicável o tratado Brasil-Espanha para afastar a tributação dos lucros auferidos apenas pela controlada direta na Espanha, não se aplicando para os lucros auferidos pela controlada indireta no Uruguai.

## VIII. CONCLUSÃO

Em vista dos diversos julgados aqui comentados nota-se que a matéria ainda não está pacificada na esfera administrativa, podendo vir a ser alterada em razão das recentes mudanças nas composições das Seções que compõem o atual CARF.

# Conversão de Ações em *Depositary Receipts* - Não Incidência de Imposto de Renda

Andrea Bazzo Lauletta
Nicole Najjar Prado de Oliveira

## I. INTRODUÇÃO

A internacionalização das empresas brasileiras e o aumento significativo das operações externas ao longo dos últimos anos intensificaram o desenvolvimento de negociações de ações em bolsas de valores. Nesse contexto, as sociedades brasileiras de capital aberto passaram não só a ter suas ações negociadas na bolsa de valores brasileira em volume substancialmente maior, mas também participaram de um aumento das operações nas bolsas estrangeiras.

Tal fato permitiu que os investidores estrangeiros, residentes e domiciliados no exterior para fins fiscais (INR), interessados em adquirir ou vender ações de sociedades brasileiras de capital aberto, o fizessem por meio da bolsa local e/ou das bolsas estrangeiras, flexibilizando, inclusive, uma migração de investimentos. Em termos econômicos, a possibilidade de listagem de companhias brasileiras em bolsas no exterior pode gerar liquidez dessas ações fora do País e conferir maior destaque dessas companhias na economia mundial.

Por conta disso, ao longo dos anos, houve no Brasil uma importante evolução legislativa e regulatória para dispor sobre a colocação e negociação de ações na bolsa de valores local e nas bolsas estrangeiras, bem como as formas de migração de uma para outra. Atualmente, o Conselho Monetário Nacional (CMN) e mais especificamente a Comissão de Valores Mobiliários (CVM) desempenham papel fundamental na regulação e fiscalização dessas operações.

Note-se que, para as ações de uma companhia brasileira serem negociadas em bolsas estrangeiras, é necessário que haja um registro próprio, devidamente regulado pelo órgão administrativo competente no exterior e pelos reguladores no Brasil. Ademais, as operações com ações das companhias brasileiras nessas bolsas externas somente ocorrem por meio de certificados, conhecidos como Depositary Receipts (DR). Ou seja, não há negociação das ações diretamente, mas sim dos DR, que são, portanto recibos que representam as ações correspondentes e que estão depositadas no Brasil para amparar a emissão dos certificados.

Portanto, a conversão das ações em DR ocorre, basicamente, em duas etapas subsequentes. A primeira etapa consiste no depósito das ações em conta de custódia específica de instituição financeira custodiante residente no Brasil. Assim, com o depósito, a instituição custodiante no Brasil se assegura da existência e titularidade das ações que servirão de "lastro" para emissão dos certificados de depósito. A segunda etapa consiste na emissão dos DR, no exterior, por instituição financeira estrangeira especificamente contratada para exercer a função de instituição depositária. Todos esses procedimentos são previstos pelo Anexo V da Resolução CMN no 1.289, de 20 de março de 1987, alterada pela Resolução CMN no 1.927, de 18 de maio de 1992 (Anexo V).

O tema apresenta relevância da perspectiva tributária, principalmente porque os participantes do mercado de capitais adotam a posição de que a conversão das ações em DR pelo INR, quando do depósito, está sujeita à incidência do Imposto de Renda se o custo de aquisição das ações for inferior ao (i) preço médio por ação na bolsa de valores em que tiver havido maior volume de negócios na data do depósito ou, (ii) na ausência de negociação das ações nessa data, a sua cotação média nos 15 pregões imediatamente anteriores, na bolsa de valores em que tiver havido maior volume de negócios durante este período. Ou seja, busca-se tributar no depósito uma eventual valorização das ações desde o momento em que essas foram adquiridas, ainda que não haja liquidação financeira nesse momento.

De forma prática, essa exigência tributária busca amparo no parágrafo 3º do artigo 8º do Anexo V, segundo o qual o depósito de ações para emissão de DR somente se perfaz caso os tributos eventualmente devidos sejam pagos neste momento, incluindo o Imposto de Renda.

Assim, o presente artigo tem a finalidade de analisar se há ou não incidência do Imposto de Renda sobre a conversão de ações em DR, por conta do depósito, quando feito pelo INR. Para tanto, faz-se necessário verificar os conceitos, natureza jurídica e abrangência dos institutos e regras tributárias envolvidos na questão. Comecemos pela conceituação e análise da natureza jurídica dos DR.

## II. NATUREZA JURÍDICA DOS *DEPOSITARY RECEIPTS* (DR)

Conforme definição do CMN, versada no artigo 1º do Anexo V, os DR são certificados representativos de ações ou outros valores mobiliários que representem direitos sobre ações de emissão de companhias sediadas no Brasil, emitidos por instituição depositária no exterior.

A operação de depósito de ações para emissão de certificados de depósito é usualmente denominada de conversão de ações em DR, somente sendo possível para as companhias listadas em bolsas brasileiras com um programa de DR já estabelecido.

Com efeito, no depósito, o INR permanece proprietário das ações da companhia sediada no País, só que por meio de DR, de forma que não há transferência de propriedade neste momento. O depósito das ações é um procedimento previsto na regulamentação simplesmente para permitir que o INR efetue a venda das ações da companhia sediada no Brasil, em bolsas de valores localizadas no exterior, por meio desses títulos representativos.

De acordo com o artigo 627 do Código Civil (Lei nº 10.406, de 10 de janeiro de 2002)[1] não há, nos contratos de depósito, qualquer alteração na propriedade do bem, mas tão somente na sua posse direta que passa a ser detida pelo depositário de forma provisória.

Como bem assinala Sílvio de Salvo Venosa ao analisar as características fundamentais dos contratos de depósito:

> "O depositante tem pretensão à restituição. Essa obrigação complementa o dever de guarda e conservação. Acrescenta o citado art. 1.266 (novo, art. 629) que o depositário tem obrigação de restituir a coisa, com todos os frutos e os acrescidos, quando lho exija o depositante; pode ser apenas possuidor direto, cuja posse transfere ao depositário. Recorde-se de que o depósito não possui condão de transferir a propriedade, como a doação ou compra e venda."[2]

Como bem assinala Maria Helena Diniz, ao dispor sobre os elementos definidores do contrato de depósito, nessa espécie contratual o depositário está continuamente sujeito à requisição, pelo depositante, da devolução do seu bem:

> "Temporariedade, já que é da essência do contrato a devolução do objeto depositado no termo prefixado ou quando o depositante o exigir. Não há perpetuidade no depósito."[3]

1 Art. 627. Pelo contrato de depósito recebe o depositário um objeto móvel, para guardar, até que o depositante o reclame."

2 In "*Direito Civil: Contratos em espécie*". 2ª Ed, 2002, p. 243-244.

3 In "*Tratado teórico e prático dos contratos*". Vol. 3, 2002, p. 243.

Não é outro o entendimento de Caio Mário da Silva Pereira, que afirma:

> "O depositário tem de devolver a coisa no momento em que lhe for pedida. Se perder este caráter, já não será depósito."[4]

Por outro lado, a transferência da propriedade, inexistente nos contratos de depósito, é legalmente assegurada aos contratos de compra e venda, nos termos do artigo 481 do Código Civil.

Sendo assim, as operações de depósito não devem guardar qualquer relação com as operações que envolvam, de alguma forma, a alienação de um determinado ativo a qualquer título (tais como, as operações de compra e venda, por exemplo), já que nestas últimas ocorre, de fato, a transferência definitiva não só da posse como da própria propriedade do bem a um terceiro.

Diante do exposto, o contrato de depósito não pode ser equiparado ao de compra e venda, cujas características fundamentais são diversas e, até mesmo, antagônicas. Isto porque, enquanto na compra e venda a transferência da propriedade é inexorável, no depósito a propriedade não é alterada, não sendo, portanto, possível confundir as operações de depósito com operações que resultem na alienação de um determinado ativo a qualquer título.

## III. INVESTIMENTOS ESTRANGEIROS NO BRASIL

Adicionalmente, tendo em vista que na operação de conversão de DR em análise o INR inicialmente precisa ser proprietário das ações correspondentes, torna-se importante analisar os mecanismos regulatórios por meio dos quais as aquisições das ações podem ser realizadas no Brasil por um INR.

Os investimentos no Brasil realizados por pessoas físicas ou jurídicas ou fundos, residentes, domiciliados ou com sede no exterior, estão sujeitos ao registro no Banco Central do Brasil ("Banco Central") em duas modalidades, de acordo com as seguintes regras:

4 In "*Instituições de Direito Civil*". Vol. 3, 2003, p. 359.

(i) Lei nº 4.131, de 3 de setembro de 1962 ("Investimento 4131") – entendido como investimento direto, realizado por meio da aquisição ou subscrição de participações societárias em empresas brasileiras, normalmente em operações privadas, ou por meio da realização de empréstimos ("Investimentos Diretos"); e

(ii) Resolução CMN nº 2.689, de 26 de janeiro de 2000 ("Investimento 2689") – entendido como investimento em portfólio, realizado por meio da aquisição de ativos financeiros (ações, títulos, derivativos, fundos de investimento, etc.) disponíveis nos mercados financeiro e de capitais, sem a necessidade de se estabelecer uma entidade no Brasil, normalmente realizados em operações de bolsa e mercados de balcão organizados ("Investimentos em Portfólio"). Em geral, o INR pode ter acesso às mesmas oportunidades de investimento no mercado financeiro e de capitais disponíveis aos residentes no País. De qualquer forma, como regra, o regime do Investimento 2689 não admite as operações conduzidas de forma privada.

Nos termos da Resolução CMN nº 2.689/00, o INR, previamente ao ingresso de recursos no Brasil, deve registrar-se na CVM e constituir um representante no País, o qual será seu representante para fins tributários também.

Os ativos financeiros, valores mobiliários e demais modalidades operacionais que venham a compor a carteira de investimentos nos termos da Resolução CMN nº 2689/00 deverão, de acordo com sua natureza, (i) ser registrados, custodiados ou mantidos em conta de depósito em instituição ou entidade autorizada a prestar esses serviços pelo Banco Central ou pela CVM ou (ii) estar devidamente registrados em sistema de registro, liquidação e custódia reconhecidos pelo Banco Central ou autorizados pela CVM.

Vale destacar, não obstante, que existe um terceiro grupo de investimentos, que não se enquadra nas modalidades da Lei nº 4.131/62 ou da Resolução CMN nº 2.689/00 e não está sujeito ao registro no Banco Central, mas que não guardam relação com os investimentos em ações ora analisados. São exemplos de tais investimentos: direitos de créditos de natureza não financeira, imóveis, obras de arte, entre outros.

Importante notar que o mesmo INR poderá realizar Investimentos Diretos e Investimentos em Portfólio simultaneamente, desde que sejam cumpridos os requisitos estabelecidos pela norma aplicável a cada uma das categorias, incluindo o registro no Banco Central, que é diferente para cada espécie de investimento.

Note-se ainda que a conversão de ações em DR pode acontecer caso o INR tenha realizado a aquisição das ações por meio de Investimento Direto ou Investimento 2689.

## IV. IMPOSTO DE RENDA - ASPECTOS GERAIS

Feitas as considerações regulatórias anteriores, passamos a entender o tratamento tributário de Imposto de Renda aplicável a um INR.

### IV.1. Hipótese de Incidência - Conceito de Renda

Com fulcro no artigo 153, inciso III, da Constituição Federal, que autoriza a União a instituir Imposto sobre a Renda e Proventos de Qualquer Natureza, o artigo 43 da Lei nº 5.172, de 25 de outubro de 1966 (Código Tributário Nacional - CTN) traz as diretrizes quanto à configuração dos critérios materiais e quantitativos da hipótese de incidência deste tributo (ordinariamente conhecidos como fato gerador e base de cálculo):

> "(...) Art. 43. O imposto, de competência da União, sobre a renda e proventos de qualquer natureza tem como fato gerador a aquisição de disponibilidade econômica ou jurídica:
> I – de renda, assim entendido o produto do capital, do trabalho ou da combinação de ambos;

> II – de proventos de qualquer natureza, assim entendidos os acréscimos patrimoniais não compreendidos no inciso anterior (...)."

Com base nesse dispositivo legal, só ocorrerá a incidência do Imposto de Renda quando restar concretizada a aquisição de disponibilidade jurídica ou econômica da renda ou de proventos de qualquer natureza.

Considera-se aquisição de disponibilidade jurídica de renda e proventos de qualquer natureza a obtenção de direitos de crédito, não sujeitos a condição suspensiva. Em outras palavras, seria a inequívoca aquisição, pelo beneficiário, do direito a determinada renda, consubstanciado na possibilidade de imediata conversão em acréscimo patrimonial.

Por sua vez, a aquisição de disponibilidade econômica refere-se à real percepção ou acesso, pelo beneficiário, à renda. Rubens Gomez de Souza[5] sintetiza o cerne da questão:

> "A aquisição de 'disponibilidade' econômica corresponde ao que os economistas chamam de 'separação' de renda: é sua efetiva percepção em dinheiro (RIR, art. 498). A aquisição de 'disponibilidade jurídica' corresponde ao que os economistas chamam de realização da renda: é o caso em que embora o rendimento ainda não esteja 'economicamente disponível' (isto é, efetivamente percebida) o beneficiário já tenha título hábil para percebê-la. (RIR, art. 95, § 1°)"

Na mesma linha, Hugo de Brito Machado[6] esclarece que: "*A renda não se confunde com a sua disponibilidade. Pode haver renda, mas esta não ser disponível para seu titular. (...) Não basta ser credor da renda se esta não está disponível, e a disponibilidade pressupõe ausência de obstáculos jurídicos a serem removidos (...)*".

5 In Revista "*Tributária e de Finanças Públicas*". nº 67, p. 281, 2006.

6 In "*Curso de Direito Tributário*". São Paulo: Malheiros Editores, 14ª edição, p. 229.

Esta linha argumentativa é igualmente abraçada por Roberto Quiroga Mosquera[7]:

> "Pretende-se frisar com o exposto acima, que falar em disponibilidade econômica ou jurídica de 'renda e proventos de qualquer natureza' é o mesmo que falar em acréscimo de elementos patrimoniais. Só se pode falar em incremento de elementos patrimoniais, na medida em que estes passem a pertencer a uma determinada universalidade. A partir de então, o detentor desse patrimônio gozará na sua plenitude dos atributos desse direito recebido".

Depreende-se do acima exposto a clara intenção do legislador tributário em tributar única e exclusivamente o acréscimo patrimonial, de maneira a excluir da incidência do Imposto de Renda todas as demais hipóteses que não se caracterizam como tal. Assim, não se pode submeter à tributação do Imposto de Renda uma operação que não acarrete disponibilização e, consequentemente, acréscimo patrimonial, eis que o fato gerador do Imposto de Renda, conforme definido no sistema tributário brasileiro restringe-se, tão somente, ao acréscimo patrimonial.

Adicionalmente, apenas a fim de mencionar um dos inúmeros julgados que se encontram em nossas cortes no mesmo sentido ora defendido, mencione-se a seguinte decisão do plenário do Supremo Tribunal Federal, órgão julgador máximo em nosso ordenamento:

> RE 117887/ SP - SÃO PAULO, 11 de fevereiro de 1993
> Relator(a): Min. CARLOS VELLOSO
> "EMENTA: CONSTITUCIONAL. TRIBUTÁRIO. IMPOSTO DE RENDA. RENDA - CONCEITO. Lei nº 4.506, de 30.XI.64, art. 38, C.F./46, art. 15, IV; CF/67, art. 22, IV; EC 1/69, art. 21, IV. CTN, art. 43. I. - Rendas e proventos de qualquer natureza: o conceito implica reconhecer a existência de receita, lucro,

7 In "*Renda e Proventos de Qualquer Natureza – O Imposto e o Conceito Constitucional*". São Paulo: Dialética, 1996, p. 124 e 125.

proveito, ganho, acréscimo patrimonial que ocorrem mediante o ingresso ou o auferimento de algo, a título oneroso. C.F., 1946, art. 15, IV; CF/67, art. 22, IV; EC 1/69, art. 21, IV. CTN, art. 43. II. - Inconstitucionalidade do art. 38 da Lei 4.506/64, que institui adicional de 7% de imposto de renda sobre lucros distribuídos. III. - R.E. conhecido e provido."

Em síntese, só há o que se falar em incidência do Imposto de Renda quando se verificar a configuração de seu fato gerador, qual seja, a disponibilidade jurídica ou econômica da renda ou proventos que representem acréscimo patrimonial, entendida como a real percepção de determinada renda ou o direito a esta.

## IV.2. Ganho de Capital de INR – Investimento 4131

No contexto acima, de acordo com o artigo 685, inciso I, do Decreto nº 3.000, de 26 de março de 1999 (Regulamento do Imposto de Renda - RIR/99), os ganhos de capital auferidos por residente ou domiciliado no exterior estão sujeitos ao Imposto de Renda, à alíquota de 15%. A incidência do Imposto de Renda sobre os ganhos atribuídos a INR ocorre quando da caracterização do fato gerador, que corresponderá ao seu pagamento, crédito, entrega, emprego ou remessa, o que ocorrer primeiro.

Ademais, o artigo 26 da Lei nº 10.833, de 29 de Dezembro de 2003, estabelece que "*o adquirente, pessoa física ou jurídica residente ou domiciliada no Brasil, ou o procurador, quando o adquirente for residente ou domiciliado no exterior, fica responsável pela retenção e recolhimento do Imposto de Renda incidente sobre o ganho de capital a que se refere o art. 18 da Lei nº 9.249, de 26 de dezembro de 1995, auferido por pessoa física ou jurídica residente ou domiciliada no exterior que alienar bens localizados no Brasil*".

A despeito de haver bons argumentos para a defesa da ilegalidade e inconstitucionalidade de tal previsão, as autoridades fiscais brasileiras tem sujeitado à tributação tais operações com bens ou direitos localizados no país, mesmo quando entre dois INR.

Desta forma, no que tange à alienação de ativos, o INR sujeitar-se-á ao Imposto de Renda no Brasil caso (i) aufira ganhos decorrentes da alienação de bens para um residente no Brasil ou para um não residente, contanto que o bem negociado esteja localizado no Brasil; e (ii), necessariamente, que referidos ganhos sejam pagos, creditados, entregues, empregados ou remetidos ao INR.

Todavia, por ser uma modalidade de Imposto de Renda, não há que se falar "isoladamente" de pagamento, remessa, entrega, emprego ou crédito, mas sim, de entender tais termos como exemplos de manifestações fáticas da disponibilidade econômica ou jurídica da renda que representem acréscimo patrimonial, fato gerador do Imposto de Renda, ou seja, há de se apurar ganho efetivamente.

A esse respeito, o artigo 18 da Lei nº 9.249, de 26 de dezembro de 1995, determina a tributação do ganho do INR de acordo com as regras aplicáveis aos residentes no País, sem especificar, contudo, se tal residente seria pessoa jurídica ou física. Uma interpretação histórico-legislativa indica que os INR são geralmente equiparados às pessoas físicas residentes no Brasil para fins de tributação.

Assim, como regra geral, o ganho dos INR deve ser apurado e tributado de acordo com as regras aplicáveis aos residentes no País, nos termos do artigo 18 da Lei nº 9.249/95. Este entendimento é corroborado pelo artigo 26 da IN SRF nº 208, de 27 de setembro de 2002, que determinou que a tributação do ganho de capital auferido por INR com a alienação de bens e direitos situados no Brasil estará sujeita às normas aplicáveis às pessoas físicas residentes no país.

Cumpre ainda notar que toda a sistemática de tributação da pessoa física, à qual o INR também está sujeito, é regida pelo regime de caixa, ou seja, a tributação somente é devida quando da efetiva realização do ganho e do recebimento dos valores. Ou seja, para o INR, o conceito de disponibilização jurídica e econômica analisado anteriormente pressupõe, também, que se observe o regime de caixa, isto é, que sejam pagos os valores do ganho correspondentes, com recursos ou meio que o represente. Nesse sentido, vejamos as seguintes Soluções de Consulta editadas pelas autoridades fiscais:

> SOLUÇÃO DE CONSULTA Nº 168, de 17 de Setembro de 2007
> "EMENTA: PESSOA FÍSICA. REGIME DE CAIXA. IRRELEVÂNCIA TRIBUTÁRIA DE CONVENÇÕES PARTICULARES. O imposto de renda das pessoas físicas segue o regime de caixa, isto é, o fato gerador ocorre no momento da efetiva percepção dos rendimentos pela pessoa física. (...)"
> SOLUÇÃO DE CONSULTA Nº 81, de 29 de Agosto de 2008
> "EMENTA: PESSOA FÍSICA NÃO RESIDENTE NO PAÍS. A tributação pelo imposto de renda dos rendimentos das pessoas físicas no país subordina-se ao regime de caixa, significando dizer que os mesmos sofrerão a incidência do imposto no mês em que forem recebidos, considerado como tal o da entrega de recursos pela fonte pagadora (...)."

Portanto, pode-se concluir que, no que tange à alienação de ativos, o INR sujeitar-se-á ao Imposto de Renda no Brasil caso (i) aufira ganhos decorrentes da alienação de bens para um residente no Brasil ou para um não residente, contanto que o bem negociado esteja localizado no Brasil; (ii) referidos ganhos sejam pagos, creditados, entregues, empregados ou remetidos ao INR; e (iii) referidos ganhos sejam auferidos (disponibilização jurídica e econômica) de acordo com o regime de caixa, representando real percepção da renda.

## IV.3. Ganho de Capital INR - Investimento 2689

Em caso de ganhos e rendimentos auferidos por INR que investem nos mercados financeiro e de capitais brasileiros por meio de um Investimento 2689, é necessário verificar o tratamento fiscal específico conferido a esse investidor.

A Lei nº 8.981, de 20 de janeiro de 1995, em seu artigo 81, estabelece exceção à norma de equiparação do regime tributário aplicável aos INR, prevendo tratamento tributário mais benéfico a alguns investidores estrangeiros ("Tratamento Privilegiado"), dentre os quais se incluem o investidor com Investimento 2689, por força da medida Provisória (MP) nº 2.189-49, de 23 de agosto de 2001.

Assim, o INR com Investimento 2689, desde que não esteja localizado em JTF[8], subordina-se ao Tratamento Privilegiado quanto à incidência do Imposto de Renda, nos seguintes termos[9]:

(i) incidência do Imposto de Renda sobre rendimentos, à alíquota de 10%, no caso de aplicações em fundos de investimento em ações, em operações de swap e nas realizadas em mercado de liquidação futura, fora de bolsa;
(ii) isenção de Imposto de Renda sobre os rendimentos auferidos nas aplicações em fundos de investimento em participações, fundos de investimento em cotas de fundos de investimento em participações e fundos de investimento em empresas emergentes, contanto que sejam cumpridos certos requisitos;
(iii) incidência do Imposto de Renda sobre rendimentos, à alíquota de 15%, nos demais casos, exceto na hipótese prevista no item seguinte;
(iv) isenção de Imposto de Renda sobre os ganhos de capital.

Assim, as regras fiscais de Imposto de Renda podem mudar para um INR com Investimento 2689, se não localizado em JTF. Nesse sentido, um INR que detenha ações de uma companhia brasileira, não terá Imposto de Renda ainda que aufira ganho de capital na alienação dessas ações, desde que faça a operação em recinto bursátil. Por outro lado, se a operação não for efetivamente realizada na bolsa de valores, permanecerá a tributação pelo Imposto de Renda na alíquota de 15%.

8 Para fins de Investimento 2689, o conceito de JTF deve ser o introduzido pelo artigo 7º da Lei nº 9.959, de 27 de janeiro de 2000, segundo o qual é JTF: "país que tribute a renda à alíquota inferior a 20%". Ademais, atualmente, as autoridades fiscais adotam o entendimento de que só são JTF as localidades por elas identificadas no artigo 1º da Instrução Normativa ("In") nº 1.037, de 4 de junho de 2010.

9 Para fins de aplicação deste Tratamento Privilegiado, considera-se:
- rendimentos: quaisquer valores que constituam remuneração de capital aplicado, inclusive aquela produzida por títulos de renda variável, tais como juros, prêmios, comissões, ágio, deságio e participações nos lucros, bem como os resultados positivos auferidos em aplicações nos fundos de investimento em ações;
- ganhos de capital: os resultados positivos auferidos nas operações realizadas em bolsas de valores, de mercadorias, de futuros e assemelhadas, com exceção dos auferidos em operações conjugadas que permitam a obtenção de rendimentos predeterminados e nas operações com ouro, como ativo financeiro, celebradas fora de bolsa.

## V. CONVERSÃO DE AÇÕES EM DR – ASPECTOS TRIBUTÁRIOS ESPECÍFICOS

Tendo em vista o disposto acima sobre as regras tributárias gerais envolvidas no tema em questão, passamos a analisar concretamente a hipótese de conversão de ações em DR, a fim de estabelecer os principais aspectos tributários dessa operação.

Como vimos e de acordo com o disposto no artigo 1º do Anexo V, os DR são certificados representativos de ações ou outros valores mobiliários emitidos no exterior por instituição depositária, com lastro em valores mobiliários depositados em custódia específica no Brasil. Com efeito, no depósito, o INR permanece proprietário das ações da companhia sediada no País, só que por meio de DR, sem que haja transferência de propriedade. Com isso, o INR pode efetuar a venda das ações da companhia sediada no Brasil, em bolsas de valores localizadas no exterior, por meio dos títulos representativos.

Nesse ponto, conforme longamente analisado nos itens anteriores, não há, nos contratos de depósito, qualquer alteração na propriedade do bem, mas tão somente na sua posse direta que passa a ser detida pelo depositário de forma provisória.

Por conseguinte, por não envolver a transferência da propriedade das ações, a conversão de ações em DR não pode ser entendida como uma alienação. Dessa forma, ainda que haja alguma diferença positiva entre o custo de aquisição das ações e o preço dos DR na data da conversão não deve haver tributação pelo Imposto de Renda, pois não se trata, na hipótese, de "aquisição de disponibilidade econômica ou jurídica" que justificasse a incidência do imposto.

Nesse tocante, o entendimento no sentido da incidência do Imposto de Renda quando da conversão das ações em DR não parece correto, na medida em que se constata que o proprietário das ações é idêntico ao dos DR.

Nesse contexto, considerando que a conversão de ações em DR não implica a negociação das ações, uma vez que o INR permanece com a titularidade desses títulos e não há comprador efetivo neste momento, não há como se vislumbrar ganho de capital (aquisição de renda) nessa operação e, consequentemente, não haveria o que se falar na incidência do Imposto de Renda.

Ora, não há que se cogitar de alienação de bem quando não há, ao menos, duas partes envolvidas. É requisito de qualquer relação jurídica – e, mais ainda, da compra e venda – que existam duas pessoas distintas, cada uma em um polo do vínculo jurídico. Em outras palavras, a "conversão" não deve sujeitar-se ao Imposto de Renda no Brasil pelo fato de esse procedimento não implicar na negociação das ações, uma vez que o INR permanece com a titularidade desses títulos e não há comprador efetivo neste momento, pois este procedimento é realizado em benefício do próprio INR, que pretende alienar o investimento em momento posterior.

Além disso, quando da conversão de ações em DR não há qualquer disponibilidade de renda, mas tão somente a criação de um valor mobiliário consistente em um espelho da ação mantida em bloqueio, que lhe serve de lastro.

A conversão, portanto, não envolve a efetiva circulação de moeda, uma vez que não há entrada de caixa ou ganho efetivo para o INR estrangeiro nesta operação. Qualquer ganho em potencial que pudesse ser gerado no momento da conversão somente seria objeto de tributação quando efetivamente realizado, ou seja, se e quando ocorresse a venda dos títulos no exterior.

Nesse sentido, tanto pelo fato de a operação de conversão de ações em DR não implicar a alienação das ações quanto pela operação não envolver a circulação de moeda, não haveria a incidência do Imposto de Renda na simples conversão de ações em DR para o INR.

Contudo, o risco de questionamento pelas autoridades fiscais existe, principalmente em função do disposto nos artigos 7º e 8º do Anexo V, que prevê que o depósito de ações por INR, para recebimento de DR somente se perfaz caso os tributos eventualmente devidos sejam pagos neste momento, incluindo o Imposto de Renda. Vejamos o que dispõem os referidos artigos:

> "Art. 7º. A constituição do registro de capital estrangeiro nos termos deste Regulamento, bem como suas alterações posteriores, terão como fato geradores:
> I – de acréscimos, os seguintes eventos: (...)
> C – transferência ou depósito na custódia específica para emissão de "*Depositary Receipts*", de valores mobiliários objeto de investimento estrangeiro no Banco Central do Brasil sob outra modalidade de registro, pelo valor resultante da aplicação da fórmula prevista no art. 12 deste regulamento, observado o disposto no parágrafo 3º do art. 8º deste Regulamento;"
> "Art. 8º. (...)
> Parágrafo 3º. Os casos de transferência de ações para a custódia específica de que trata a alínea "c" do item I do art. 7º deste Regulamento, sujeitam-se a prévia e expressa autorização do Banco Central do Brasil, aplicando-se ao investimento original as disposições previstas para cancelamento do registro e liquidação de cada modalidade de investimento, inclusive no que diz respeito ao recolhimento dos tributos devidos."

Além de todo o exposto acima, não podemos deixar de acrescentar, por fim, que o Anexo V, ao estabelecer a incidência do tributo na conversão de ações em DR, desrespeitou o princípio da legalidade tributária.

Isto porque, o Anexo V não seria instrumento hábil para dispor sobre a incidência de Imposto de Renda no depósito de ações por DR, especialmente por que (i) não há disposição legal que embase as disposições de cunho fiscal adotadas pelo Anexo V; e (ii) não compete ao CMN disciplinar os efeitos fiscais referentes a qualquer operação, inclusive os referentes às operações realizadas nos termos da regulamentação expedida por este órgão.

Por fim, como argumentação complementar, no caso de o INR ter as ações a serem convertidas em DR como Investimento 2689 e este não estiver localizado em JTF, poder-se-ia sustentar ainda, a possibilidade de aplicação do Tratamento Privilegiado a qualquer diferença positiva entre o custo de aquisição das ações e o valor pelo qual está sendo realizado o depósito. Nessa linha, por já estar tal INR em um regime isentivo na venda das ações na bolsa brasileira, não faria sentido pretender tributar a movimentação das ações para DR por conta da negociação em bolsa estrangeira.

## VI. CONCLUSÃO

Diante do exposto, conclui-se que:

(i) as operações de depósito não se tratam de operações de alienação, já que não envolvem a transferência da propriedade do bem;

(ii) o Imposto de Renda incide sobre o acréscimo patrimonial, verificado quando da disponibilidade jurídica ou econômica da renda ou proventos;

(iii) o INR sujeitar-se-á ao Imposto de Renda sobre o ganho de capital caso (i) aufira ganhos decorrentes da alienação de bens para um residente no Brasil ou para um não residente, contanto que o bem negociado esteja localizado no Brasil; (ii) referidos ganhos sejam pagos, creditados, entregues, empregados ou remetidos ao INR e (iii) referidos ganhos sejam auferidos de acordo com o regime de caixa, representando real percepção da renda;

(iv) em relação ao Imposto de Renda, o depósito das ações e posterior emissão de DR não deve se sujeitar à incidência deste tributo, uma vez que esse procedimento não implica a negociação das ações, nem a circulação de moeda.

Ainda que, posteriormente à conversão em DR, o INR venha a negociar tais ativos nas bolsas estrangeiras e tal operação não gerar Imposto de Renda no Brasil por falta de previsão legal para tanto (os DR não são considerados ativos localizados no Brasil), as conclusões supra não devem ser alteradas.

Essas conclusões são de extrema relevância para permitir uma maior flexibilidade das movimentações de ações em DR e, portanto, alternativas de liquidez para o papel para o INR. Apesar de todo o entendimento apresentado, na prática, os participantes de mercado envolvidos nas operações de conversão em muitas vezes exigem o Imposto de Renda quando do depósito. Essas posições conservadoras que extrapolam as previsões legais podem muitas vezes inibir as operações pretendidas ou até mesmo evidenciar para os INR a falta de clareza em determinadas regras tributárias no Brasil.

É fundamental que o Governo viabilize regras adequadas para que os INR invistam no mercado brasileiro financeiro e de capitais, reduzindo as incertezas nas imposições tributárias. Tal procedimento só viria a colaborar com o desenvolvimento do mercado financeiro e de capitais e com as captações de recursos pelas companhias brasileiras.

É necessário, portanto, que, na conversão de ações em DR, as regras tributárias ainda evoluam para evitar uma exigência que não encontra amparo legal. Ainda que o entendimento adequado seja que não há incidência de Imposto de Renda na operação de conversão, fato é que, na prática, a sua implementação sem tributação pode depender de uma decisão judicial para o INR não ser exigido do imposto, seja dos participantes de mercado envolvidos na operação, que se veem muitas vezes como responsáveis tributários, seja pelas autoridades fiscais que tendem a adotar interpretações muito distorcidas nesse tipo de operação.

# As Regras de Subcapitalização e sua Aplicação no Ordenamento Jurídico Brasileiro

Antonio Carlos Marchetti Guzman

Tatiana Morais Penido

## I. CONSIDERAÇÕES INICIAIS

Ao avaliar as estruturas de financiamento que lhes são disponíveis, as empresas podem optar primariamente entre duas formas de capitalização, mediante: (i) aporte de capital propriamente dito por parte dos sócios (caracterizado como "*equity capital*"), ou (ii) endividamento contraído com os próprios sócios ou terceiros não relacionados (caracterizado como "*debt capital*"). A remuneração dos sócios em decorrência do capital investido na empresa via *equity* é realizada mediante pagamento de dividendos, enquanto que a remuneração paga dos sócios ou terceiros que emprestem recursos é realizada mediante pagamento de juros, cada qual dispondo de um tratamento tributário específico.

Nesse sentido, ainda que o processo decisório pertinente à escolha entre financiamento via *equity* ou *debt* leve em consideração outros fatores, que não puramente conexos à potencial economia tributária, fato é que a opção pelo financiamento via endividamento pode revelar-se especialmente vantajosa na medida em que o debt capital gera despesas de juros geralmente passíveis de exclusão na apuração do lucro real e da base de cálculo da contribuição social sobre o lucro da pessoa jurídica, ao passo que despesas com pagamento de dividendos são neutras do ponto de vista tributário.

O tema vem sendo longamente debatido pela doutrina do Direito Tributário Internacional tendo sido, inclusive, tema do 50º Congresso da *International Fiscal Association*, realizado em 1996. O Relatório Geral produzido pelo Prof. Detlev J. Piltz (*General Report*) e publicado ao final dos debates então travados, reconhece que:

> "From the point of view of the country of residence of the subsidiary company, debt financing works to its disadvantage, because it erodes its tax base. Thus, it comes as no surprise that some countries have taken or plan to take steps to protect their tax revenue from the effects of excessive debt financing (thin capitalization). However, other countries do not appear to view this as a problem)."[1]

Nesse contexto, critérios para desestimular o endividamento excessivo – comumente denominadas regras de subcapitalização (*thin capitalization rules*) no âmbito da doutrina especializada do Direito Tributário Internacional – vêm sendo introduzidas nos mais diversos ordenamentos jurídicos visando, especificamente, impedir reduções significativas, e muitas vezes desnecessárias, das bases de cálculo dos tributos corporativos[2]. Em linhas gerais, tais re-

1 "Do ponto de vista do país de residência da subsidiária, o financiamento com dívida traz desvantagens, porque corrói a sua base tributável. Assim, não surpreende que alguns países tomaram ou tencionam tomar medidas para proteger suas receitas tributárias dos efeitos do financiamento com dívida em montantes excessivos (subcapitalização). No entanto, outros países parecem não enxergar isso como um problema." [tradução livre].

2 A própria Exposição de Motivos da MP nº 472/09 (cuja conversão resultou na edição da Lei nº 12.249/10) declara que o artigo 24 "visa evitar a erosão da base de cálculo do IRPJ e da CSLL mediante endividamento abusivo realizado da seguinte forma: a pessoa jurídica domiciliada no exterior, ao constituir subsidiária no País, efetua uma capitalização de valor irrisório, substituindo o capital social necessário à sua constituição e atuação por um empréstimo, que gera, artificialmente, juros que reduzem os resultados da subsidiária brasileira".

gras estipulam um coeficiente ("*debt/equity ratio*") entre *debt capital* e *equity capital* que deve ser observado – geralmente denominada a regra de *safe harbor* – para assegurar a integral dedutibilidade dos juros pagos em conexão com operações de endividamento contraídas pela empresa no Brasil com partes no exterior (ao passo que despesas com juros que eventualmente excedam tal coeficiente são consideradas como indedutíveis).

Com efeito, no contexto das regras de subcapitalização: "*A company is said to be 'thinly capitalized' when it has a high proportion of debt capital in relation to its equity capital. This relation may be referred to as capital gearing, gearing, leveraging, or debt/equity ratio. The two most common tests for determining whether this ratio is too high are, firstly, by reference to the arm's length principle (the assumption being that a third party would not be prepared to lend to a thinly capitalized borrower) and, secondly, by reference to a fixed ratio of debt to equity. The two may be sometimes combined whereby the fixed ratio often functions as a safe harbor. Many countries have rules designed to discourage thin capitalization, particularly in an international context. Excessive debt funding of companies from abroad is viewed by these countries as leading to an unacceptable erosion of their revenue base (the interest on debt, in contrast to dividends, being generally tax deductible). In general, under such rules the interest on the amount of debt which exceeds the permitted level is non-deductible. In addition, in some countries the debt is recharacterized as equity and the interest treated for tax purposes (including withholding tax) as a dividend.*"[3]

3 "Uma empresa é considerada "subcapitalizada" quando se tem uma proporção elevada de "*debt capital*" em relação ao seu capital social. Essa relação pode ser entendida como engrenagem de capital, engrenagem, alavancagem, ou relação dívida / patrimônio. Os dois testes mais comuns para se determinar se este índice é muito elevado são, em primeiro lugar, por referência ao princípio "*arm's length*" (presumindo-se que um terceiro não estaria preparado para emprestar para um mutuário subcapitalizado) e, por outro, por referência a uma proporção fixa de dívida em capital. Os dois podem ser às vezes combinados, sendo que a proporção fixa muitas vezes funciona como "*safe harbor*". Muitos países têm regras destinadas a desencorajar a subcapitalização, particularmente no contexto internacional. O financiamento excessivo via dívida do exterior é visto por esses países como um canal que leva a uma erosão inaceitável de base de receita tributável (os juros da dívida, em contraste com dividendos, são geralmente considerados "*tax deductible*"). Em geral, sob tais regras de "*thin capitalization*", os juros da dívida que excede o limite permitido são considerados como não dedutíveis. Além disso, em alguns países, a dívida é reenquadrada como capital e os juros tratados para efeitos

Pois bem. Até recentemente, o ordenamento jurídico brasileiro não contemplava quaisquer dispositivos para coibir a prática do endividamento excessivo. Todavia, à luz do exposto, não surpreende a iniciativa do legislador brasileiro de, ao editar a Medida Provisória (MP) nº 472, de 15 de dezembro de 2009, ali incluir regras para lidar com o tema das empresas subcapitalizadas - introduzindo assim, no ordenamento jurídico brasileiro, as chamadas regras de subcapitalização ou "*thin capitalization rules*". O objetivo do presente estudo é analisar, de forma geral, tais regras da forma como foram dispostas no ordenamento jurídico brasileiro.

## II. INTRODUÇÃO DE REGRAS DE SUBCAPITALIZAÇÃO NO ORDENAMENTO JURÍDICO BRASILEIRO - LEI Nº 12.249/10

Em 11 de junho de 2010 foi publicada a Lei nº 12.249, resultante da conversão da MP nº 472/09[4]. No bojo do referido diploma legal, podemos verificar a introdução, no ordenamento jurídico brasileiro, de novas regras atinentes à dedutibilidade de juros pagos ou creditados por fontes residentes no Brasil para: **(i)** pessoa física ou jurídica vinculada, nos termos do artigo 23 da Lei nº 9.430, de 27 de dezembro de 1996, residente ou domiciliada no exterior, não constituída em país ou dependência com tributação favorecida ou sob regime fiscal privilegiado (artigo 24 da Lei nº 12.249/10[5]), e **(ii)** pessoa

fiscais (incluindo o imposto retido na fonte) como dividendo. [tradução livre]. *International Tax Glossary*, 5th Edition. IBFD, 2005, p. 415.

4 Para fins do presente estudo, consideraremos a redação dos dispositivos conforme já constantes da Lei nº 12.249/10.

5 Art. 24. Sem prejuízo do disposto no art. 22 da Lei nº 9.430, de 27 de dezembro de 1996, os juros pagos ou creditados por fonte situada no Brasil à pessoa física ou jurídica, vinculada nos termos do art. 23 da Lei nº 9.430, de 27 de dezembro de 1996, residente ou domiciliada no exterior, não constituída em país ou dependência com tributação favorecida ou sob regime fiscal privilegiado, somente serão dedutíveis, para fins de determinação do lucro real e da base de cálculo da Contribuição Social sobre o Lucro Líquido, quando se verifique constituírem despesa necessária à atividade, conforme definido pelo art. 47 da Lei no 4.506, de 30 de novembro de 1964, no período de apuração, atendendo aos seguintes requisitos: I - no caso de endividamento com pessoa jurídica vinculada no exterior que tenha participação societária na pessoa jurídica residente no Brasil, o valor do endividamento com a pessoa vinculada no

**física ou jurídica residente, domiciliada ou constituída no exterior, em país ou dependência com tributação favorecida ou sob regime fiscal privilegiado, nos termos do artigo 24 e 24-A da Lei nº 9.430, de 27 de dezembro de 1996 (artigo 25 da Lei nº 12.249/10[6]).**

exterior, verificado por ocasião da apropriação dos juros, não seja superior a 2 (duas) vezes o valor da participação da vinculada no patrimônio líquido da pessoa jurídica residente no Brasil;
II - no caso de endividamento com pessoa jurídica vinculada no exterior que não tenha participação societária na pessoa jurídica residente no Brasil, o valor do endividamento com a pessoa vinculada no exterior, verificado por ocasião da apropriação dos juros, não seja superior a 2 (duas) vezes o valor do patrimônio líquido da pessoa jurídica residente no Brasil;
III - em qualquer dos casos previstos nos incisos I e II, o valor do somatório dos endividamentos com pessoas vinculadas no exterior, verificado por ocasião da apropriação dos juros, não seja superior a 2 (duas) vezes o valor do somatório das participações de todas as vinculadas no patrimônio líquido da pessoa jurídica residente no Brasil.
§ 1° Para efeito do cálculo do total de endividamento a que se refere o *caput* deste artigo, serão consideradas todas as formas e prazos de financiamento, independentemente de registro do contrato no Banco Central do Brasil.
§ 2° Aplica-se o disposto neste artigo às operações de endividamento de pessoa jurídica residente ou domiciliada no Brasil em que o avalista, fiador, procurador ou qualquer interveniente for pessoa vinculada.
§ 3° Verificando-se excesso em relação aos limites fixados nos incisos I a III do *caput* deste artigo, o valor dos juros relativos ao excedente será considerado despesa não necessária à atividade da empresa, conforme definido pelo art. 47 da Lei nº 4.506, de 30 de novembro de 1964, e não dedutível para fins do Imposto de Renda e da Contribuição Social sobre o Lucro Líquido.
§ 4° Os valores do endividamento e da participação da vinculada no patrimônio líquido, a que se refere este artigo, serão apurados pela média ponderada mensal.
§ 5° O disposto no inciso III do *caput* deste artigo não se aplica no caso de endividamento exclusivamente com pessoas vinculadas no exterior que não tenham participação societária na pessoa jurídica residente no Brasil.
§ 6° Na hipótese a que se refere o § 5o deste artigo, o somatório dos valores de endividamento com todas as vinculadas sem participação no capital da entidade no Brasil, verificado por ocasião da apropriação dos juros, não poderá ser superior a 2 (duas) vezes o valor do patrimônio líquido da pessoa jurídica residente no Brasil.
§ 7° O disposto neste artigo não se aplica às operações de captação feitas no exterior por instituições de que trata o § 1° do art. 22 da Lei nº 8.212, de 24 de julho de 1991, para recursos captados no exterior e utilizados em operações de repasse, nos termos definidos pela Secretaria da Receita Federal do Brasil.

6 Art. 25. Sem prejuízo do disposto no art. 22 da Lei nº 9.430, de 27 de dezembro de 1996, os juros pagos ou creditados por fonte situada no Brasil à pessoa física ou jurídica residente, domiciliada ou constituída no exterior, em país ou dependência com tributação favorecida ou sob regime fiscal privilegiado, nos termos dos arts. 24 e 24-A da Lei nº 9.430, de 27 de dezembro de 1996, somente serão dedutíveis, para fins de determinação do lucro real e da base de cálculo da Contribuição Social sobre o Lucro Líquido, quando se verifique constituírem despesa necessária à atividade, conforme definido pelo art. 47 da Lei nº 4.506, de 30 de novembro de 1964, no período de apuração, atendendo cumulativamente ao requisito de que o valor total do somatório dos endividamentos com todas as entidades situadas em país ou dependência com tributação favorecida ou sob regime fiscal privilegiado não seja superior a 30% (trinta por cento) do valor do patrimônio líquido da pessoa jurídica residente no Brasil.

Em linhas gerais, os artigos 24 e 25 da Lei nº 12.249/10 estabeleceram determinados coeficientes entre o valor do endividamento e o patrimônio líquido da pessoa jurídica residente no Brasil que devem ser observados a fim de se assegurar a integral dedutibilidade das despesas incorridas com os juros pagos em cada uma das hipóteses (sem prejuízo da necessidade de observância das regras gerais de dedutibilidade previstas no Regulamento do Imposto de Renda aprovado pelo Decreto nº 3.000 de 26 de março de 1999).

Nesse sentido, em que pesem as diversas críticas que poderíamos expor ao caráter generalista das regras[7], o objetivo precípuo do presente trabalho consiste na análise pormenorizada de cada um dos aspectos das normas inseridas nos artigos 24 e 25, a fim de prover um guia para sua aplicação. É o que nos propomos a fazer nos itens a seguir.

§ 1º Para efeito do cálculo do total do endividamento a que se refere o *caput* deste artigo, serão consideradas todas as formas e prazos de financiamento, independentemente de registro do contrato no Banco Central do Brasil.

§ 2º Aplica-se o disposto neste artigo às operações de endividamento de pessoa jurídica residente ou domiciliada no Brasil em que o avalista, fiador, procurador ou qualquer interveniente for residente ou constituído em país ou dependência com tributação favorecida ou sob regime fiscal privilegiado.

§ 3º Verificando-se excesso em relação ao limite fixado no *caput* deste artigo, o valor dos juros relativos ao excedente será considerado despesa não necessária à atividade da empresa, conforme definido pelo art. 47 da Lei nº 4.506, de 30 de novembro de 1964, e não dedutível para fins do Imposto de Renda e da Contribuição Social sobre o Lucro Líquido.

§ 4º Os valores do endividamento e do patrimônio líquido a que se refere este artigo serão apurados pela média ponderada mensal.

§ 5º O disposto neste artigo não se aplica às operações de captação feitas no exterior por instituições de que trata o § 1º do art. 22 da Lei nº 8.212, de 24 de julho de 1991, para recursos captados no exterior e utilizados em operações de repasse, nos termos definidos pela Secretaria da Receita Federal do Brasil.

7 A maior crítica que podemos fazer concerne a previsão de presunções fictas absolutas para todas as pessoas jurídicas indiscriminadamente, sem levar em conta peculiaridades que diferente ramos de atividade possam apresentar. Esta vem sendo uma preocupação constante da doutrina internacional e surpreende o legislador não ter atinado ao fato ao propor a redação das regras da Lei nº 12.249/10. Nesse sentido, por exemplo, destacamos a conclusão do Prof. Victor Thuronyi: "*Further issues relate to the way in which the denial of interest deductions is calculated. One common approach is to provide express ratios of loan capital to share capital beyond which interest deductions are denied (debt-to-equity rules). Another is to limit interest deductions by reference to a proportion of the income of the taxpayer (earnings-stripping rules). What the appropriate financial ratios are in each case is also an issue (anywhere between 1.5:1 and 3:1 being common for debt-equity rules), as is the application of rules to financial institutions whose business consists in borrowing and lending and that typically operate at much higher debt levels than other business.*" THURONYI, Victor. *Tax Law Design and Drafting*, vol. II. International Monetary Fund, 1998, p. 785.

## III. TIPO DE ENDIVIDAMENTO

Preliminarmente, cabe notar que o financiamento de uma pessoa jurídica por meio da contratação de dívidas com seus sócios ou terceiros pode ser estruturado sob as mais variadas formas. Com efeito, ainda que mais tipicamente o financiamento via *debt* se opere por meio da contratação de um empréstimo junto à parte residente no exterior (quer seja vinculada - para fins do artigo 24 - ou não - para fins do artigo 25), o mesmo pode dar-se também por meio de operações de emissão de *bonds*, *notes*, *commercial papers* ou outros títulos representativos de dívida pela pessoa jurídica residente no Brasil que são adquiridos pela pessoa física ou jurídica residente no exterior. Genericamente, tais instrumentos preveem, além do pagamento do montante principal ao final de determinado prazo, o pagamento de juros periódicos aos seus adquirentes. Tais como as despesas incorridas com juros decorrentes de contratos de empréstimos, também as despesas com juros pagos aos detentores de instrumentos de dívida emitidos pela pessoa jurídica são considerados como dedutíveis, para fins tributários no Brasil.

Pois bem. A leitura dos artigos 24 e 25 da Lei nº 12.249/10 levanos a concluir que o legislador não fez qualquer distinção dentre as mais variadas formas sob as quais uma pessoa jurídica pode se financiar via *debt*; pelo contrário, segundo a Lei, o cálculo da proporção entre *equit capital* e *debt capital* deve considerar o valor do endividamento - assim, genericamente mencionado - conforme a limitação aplicável no caso. Consequentemente, para fins de se calcular o valor do endividamento de determinada pessoa jurídica, a fim de se verificar se o endividamento extrapola o limite fixado, <u>todas as formas de endividamento devem ser consideradas</u> - ou seja, tanto o endividamento resultante de operações de empréstimo contratadas entre as partes ou consubstanciados na emissão de *notes* ou *bonds* que originem pagamento de juros remuneratórios.

## IV. QUALIFICAÇÃO DA PARTE PROVEDORA DO FINANCIAMENTO VIA *DEBT*: PESSOA FÍSICA OU JURÍDICA RESIDENTE NO EXTERIOR

Uma vez estabelecido que todas as formas de endividamento passíveis de contratação no âmbito brasileiro, devem ser consideradas para efeitos de aplicação das regras de subcapitalização, importa analisar um segundo aspecto pertinente à qualificação da pessoa financiadora da pessoa jurídica residente no Brasil. É precisamente nesse aspecto que os artigos 24 e 25 primeiro divergem: enquanto os limites fixados no artigo 24 são aplicáveis às operações de financiamento entre pessoas jurídicas residentes no Brasil e partes a ela vinculadas residentes no exterior, os limites fixados no artigo seguinte tem por objeto os juros remetidos para pessoas físicas ou jurídicas residentes também no exterior, mas em país ou dependência com tributação favorecida ou sob regime fiscal privilegiado, independentemente de qualquer relação de vinculação entre esta e o residente no Brasil, como veremos a seguir.

### IV.1. Artigo 24 da Lei nº 12.249/10

O coeficiente fixado pelo artigo 24 deve ser observado nas hipóteses em que a pessoa jurídica esteja endividada perante pessoa física ou jurídica vinculada, nos termos do artigo 23 da Lei nº 9.430/96[8]. Nesse sentido,

8 Art. 23. Para efeito dos arts. 18 a 22, será considerada vinculada à pessoa jurídica domiciliada no Brasil:
I - a matriz desta, quando domiciliada no exterior;
II - a sua filial ou sucursal, domiciliada no exterior;
III - a pessoa física ou jurídica, residente ou domiciliada no exterior, cuja participação societária no seu capital social a caracterize como sua controladora ou coligada, na forma definida nos §§ 1º e 2º do art. 243 da Lei nº 6.404, de 15 de dezembro de 1976;
IV - a pessoa jurídica domiciliada no exterior que seja caracterizada como sua controlada ou coligada, na forma definida nos §§ 1º e 2º do art. 243 da Lei nº 6.404, de 15 de dezembro de 1976;
V- a pessoa jurídica domiciliada no exterior, quando esta e a empresa domiciliada no Brasil estiverem sob controle societário ou administrativo comum ou quando pelo menos dez por cento do capital social de cada uma pertencer a uma mesma pessoa física ou jurídica;
VI - a pessoa física ou jurídica, residente ou domiciliada no exterior, que, em conjunto com a pessoa jurídica domiciliada no Brasil, tiver participação societária no capital social de uma terceira pessoa jurí-

o conceito de "pessoa vinculada" que importa para fins de aplicação das regras de subcapitalização é aquele ali contido.

À luz do conceito trazido à colação, vemos que as regras brasileiras de subcapitalização aplicam-se igualmente em circunstâncias em que a parte vinculada no exterior não detém qualquer participação direta no capital da pessoa jurídica residente no Brasil (o que configura a estrutura mais típica de financiamento via *debt* - a concessão de empréstimo pela matriz estrangeira à sua subsidiária aqui residente), aplicando-se, portanto, em uma gama variada de situações que incluem estruturas de financiamento via *debt* também entre afiliadas e controladoras. Tal situação é expressamente prevista, inclusive, no bojo do inciso II do artigo 24 da Lei nº 12.249/10[9]. Como veremos a seguir, os limites fixados em cada uma das hipóteses são diferentes.

## IV.2. Artigo 25 da Lei nº 12.249/10

Já no contexto do artigo 25 da Lei nº 12.249/10, a indedutibilidade de despesas com pagamento de juros considerados excessivos é determinada pela identificação de endividamento contraído com pessoa física ou jurídica residente ou domiciliada em país ou dependência com tributação

dica, cuja soma as caracterizem como controladoras ou coligadas desta, na forma definida nos §§ 1º e 2º do art. 243 da Lei nº 6.404, de 15 de dezembro de 1976;
VII - a pessoa física ou jurídica, residente ou domiciliada no exterior, que seja sua associada, na forma de consórcio ou condomínio, conforme definido na legislação brasileira, em qualquer empreendimento;
VIII - a pessoa física residente no exterior que for parente ou afim até o terceiro grau, cônjuge ou companheiro de qualquer de seus diretores ou de seu sócio ou acionista controlador em participação direta ou indireta;
IX - a pessoa física ou jurídica, residente ou domiciliada no exterior, que goze de exclusividade, como seu agente, distribuidor ou concessionário, para a compra e venda de bens, serviços ou direitos;
X - a pessoa física ou jurídica, residente ou domiciliada no exterior, em relação à qual a pessoa jurídica domiciliada no Brasil goze de exclusividade, como agente, distribuidora ou concessionária, para a compra e venda de bens, serviços ou direitos.

9 Artigo 24, inciso II, da Lei nº 12.249/10: "No caso de endividamento com pessoa jurídica vinculada no exterior que não tenha participação societária na pessoa jurídica residente no Brasil, o valor do endividamento com a pessoa vinculada no exterior, verificado por ocasião da apropriação dos juros, não seja superior a 2 (duas) vezes o valor do patrimônio líquido da pessoa jurídica residente no Brasil;"

favorecida ou sob regime fiscal privilegiado, nos termos do artigo 24 e 24-A da Lei nº 9.430/96[10].

A análise dos conceitos de "país ou dependência com tributação favorecida" e "regime fiscal privilegiado" foge do escopo do presente estudo. Em breves linhas, no entanto, podemos dizer que caso reste comprovado que a parte credora dos juros remetidos pela fonte pagadora residente no Brasil é residente ou domiciliada em jurisdição ou dependência constante da lista enunciada pela Instrução Normativa (IN) da Receita Federal do

10 Artigo 24. As disposições relativas a preços, custos e taxas de juros, constantes dos arts. 18 a 22, aplicam-se, também, às operações efetuadas por pessoa física ou jurídica residente ou domiciliada no Brasil, com qualquer pessoa física ou jurídica, ainda que não vinculada, residente ou domiciliada em país que não tribute a renda ou que a tribute a alíquota máxima inferior a vinte por cento.
§ 1º Para efeito do disposto na parte final deste artigo, será considerada a legislação tributária do referido país, aplicável às pessoas físicas ou às pessoas jurídicas, conforme a natureza do ente com o qual houver sido praticada a operação.
§ 2º No caso de pessoa física residente no Brasil:
I - o valor apurado segundo os métodos de que trata o art. 18 será considerado como custo de aquisição para efeito de apuração de ganho de capital na alienação do bem ou direito;
II - o preço relativo ao bem ou direito alienado, para efeito de apuração de ganho de capital, será o apurado de conformidade com o disposto no art. 19;
III - será considerado como rendimento tributável o preço dos serviços prestados apurado de conformidade com o disposto no art. 19;
IV - serão considerados como rendimento tributável os juros determinados de conformidade com o art. 22.
§ 3º Para os fins do disposto neste artigo, considerar-se-á separadamente a tributação do trabalho e do capital, bem como as dependências do país de residência ou domicílio.
§ 4º Considera-se também país ou dependência com tributação favorecida aquele cuja legislação não permita o acesso a informações relativas à composição societária de pessoas jurídicas, à sua titularidade ou à identificação do beneficiário efetivo de rendimentos atribuídos a não residentes.
Art. 24-A. Aplicam-se às operações realizadas em regime fiscal privilegiado as disposições relativas a preços, custos e taxas de juros constantes dos arts. 18 a 22 desta Lei, nas transações entre pessoas físicas ou jurídicas residentes e domiciliadas no País com qualquer pessoa física ou jurídica, ainda que não vinculada, residente ou domiciliada no exterior.
Parágrafo único. Para os efeitos deste artigo, considera-se regime fiscal privilegiado aquele que apresentar uma ou mais das seguintes características:
I – não tribute a renda ou a tribute à alíquota máxima inferior a 20% (vinte por cento);
II – conceda vantagem de natureza fiscal a pessoa física ou jurídica não residente:
a) sem exigência de realização de atividade econômica substantiva no país ou dependência;
b) condicionada ao não exercício de atividade econômica substantiva no país ou dependência;
III – não tribute, ou o faça em alíquota máxima inferior a 20% (vinte por cento), os rendimentos auferidos fora de seu território;
IV – não permita o acesso a informações relativas à composição societária, titularidade de bens ou direitos ou às operações econômicas realizadas."

Brasil ("RFB") nº 1.037, de 04 de junho de 2010, ou é beneficiária de regime fiscal privilegiado também listado na mesma IN, aplicam-se as regras do artigo 25 da Lei nº 12.249/10 para estabelecer o montante de despesas com juros que pode ser considerado dedutível.

## V. COEFICIENTE ENTRE *DEBT CAPITAL* E *EQUITY CAPITAL*: AS REGRAS DE "*SAFE HARBOR*"

Conforme visto no item anterior, a Lei nº 12.249/10 prevê duas regras distintas para o cálculo dos limites à dedutibilidade das despesas incorridas com juros remetidos para o exterior, e tais regras variam conforme a qualificação da parte credora dos juros.

### V.1. Artigo 24 da Lei nº 12.249/10

O artigo 24 da Lei nº 12.249/10 prevê um teste duplo a ser aplicado nas hipóteses em que a parte vinculada no exterior detém participação na pessoa jurídica investida brasileira. Nesse sentido, o referido artigo estabelece os seguintes:

- limite individual: segundo o qual o valor do endividamento não deve ser superior a duas vezes o valor da participação da vinculada no patrimônio líquido da pessoa jurídica brasileira; e
- limite global: o valor do endividamento total com pessoas vinculadas no exterior não deve exceder duas vezes o valor do somatório das participações de todas as vinculadas no patrimônio líquido da pessoa jurídica brasileira.

Cumpre anotar que em situações em que se verifique pluralidade de credores residentes no exterior, caso ao menos um destes credores detenha participação na pessoa jurídica brasileira, o limite global de endividamento consiste, então, em duas vezes o valor do somatório das participações de todas as vinculadas no patrimônio líquido da pessoa investida aqui residente (consoante o disposto no inciso III, do artigo 24, da Lei nº 12.249/10).

Já no caso de endividamento com parte vinculada que não detenha participação na pessoa jurídica brasileira, o limite é único e consiste na observância de um limite global de endividamento, que não deve ultrapassar duas vezes o valor do patrimônio líquido da pessoa jurídica aqui residente. Em situações em que se verifique pluralidade de credores, todos sem participação na pessoa jurídica brasileira, o limite global será de duas vezes o valor do patrimônio líquido da pessoa jurídica residente no Brasil (conforme parágrafos 5º e 6º do artigo 24 retromencionado).

### V.2. O Artigo 25 da Lei nº 12.249/10

O artigo 25, por sua vez, traz os limites aplicáveis nas hipóteses em que não se verifique relações de vinculação entre a pessoa jurídica residente no Brasil e a pessoa credora dos juros, mas sim seja estabelecido que esta última reside em país com tributação favorecida ou é beneficiária de regime fiscal privilegiado.

Nesse caso, ambos os limites - individual e global - foram fixados em 30% do patrimônio líquido da pessoa jurídica residente no Brasil, não sendo pertinente eventual percentual de participação da primeira na investida no Brasil em qualquer hipótese.

## VI. A QUESTÃO DO PATRIMÔNIO LÍQUIDO A SER CONSIDERADO

Outra questão importante concerne a delimitação do conceito de "patrimônio líquido" a ser considerado no cálculo dos limites de dedutibilidade previstos nos artigos 24 e 25 da Lei nº 12.249/10.

Com efeito, o legislador, ao estabelecer limites numéricos à dedutibilidade dos juros pagos por fonte situadas no Brasil, dispôs que para fins do cálculo dessa limitação, devem ser observadas determinadas proporções entre o valor do endividamento e o valor do patrimônio líquido da pessoa jurídica pagadora dos juros sem, contudo, especificar a natureza deste patrimônio líquido, se contábil ou fiscal.

Desde o início, mencionamos quão importante, para uma adequada interpretação dos dispositivos legais, é a leitura do próprio espírito da norma, o que se torna possível por meio da análise do contexto em que esta norma está inserida. Como vimos acima, a própria Exposição de Motivos da MP nº 472/09 declara que o artigo 24 "visa evitar a erosão da base de cálculo do IRPJ e da CSLL mediante o endividamento abusivo realizado da seguinte forma: a pessoa jurídica domiciliada no exterior, ao constituir subsidiária no País, efetua uma capitalização de valor irrisório, substituindo o capital social necessário à sua constituição e atuação por um empréstimo, que gera, artificialmente, juros que reduzem os resultados da subsidiária brasileira".

Desse modo, depreende-se que a subcapitalização é definida pelo espírito da norma como uma capitalização irrisória mediante um endividamento evidentemente desproporcional ao investimento. Assim, para a própria construção e aplicação do conceito de subcapitalização é determinante a comparação entre os investimentos via *debt* e via *equity*, o que conduz necessariamente à análise do elemento "patrimônio líquido" nos termos da legislação societária, para a operacionalização deste cálculo comparativo.

Todavia, ao estabelecer este parâmetro, a Lei nº 12.249/10 destacou apenas que se trata do "patrimônio líquido", sem restringir sua abrangência. Ao não delimitar ou especificar um conceito próprio de patrimônio líquido para fins tributários, observa-se que a legislação, ao limitar a dedutibilidade dos juros pagos na hipótese de subcapitalização, serviu-se de um conceito eminentemente societário, tendo em vista o escopo e o espírito da norma contida na Lei nº 12.249/10, conforme mencionamos.

Não é outro, aliás, o entendimento do Prof. Alberto Xavier[11]:

> "(...). O patrimônio líquido a ser considerado para efeitos dos arts. 24 e 25 abrange capital social, reservas de capital, ajustes de avaliação patrimonial, reservas de lucros, ações em tesouraria e prejuízos acumulados (arts. 178, parágrafo 2º, inciso III, e 182, da Lei das S.A., alterados pelas Leis nº 11.638/07 e nº 11.941/09."

Desta feita, consideramos clara a utilização do termo "patrimônio líquido" em sua acepção societária. Nesse sentido, a não ser que a Receita Federal do Brasil se manifeste formalmente em sentido contrário[12], não há como argumentar que, na verdade, importa o conceito de "patrimônio líquido" em sua acepção tributária para fins das regras sob análise.

## VII. JUROS PAGOS EM EXCESSO – CONSEQUÊNCIAS FISCAIS

Após a análise pormenorizada de todos os elementos das regras de subcapitalização, importa finalmente perquirir o tratamento fiscal fixado pela Lei caso, da aplicação das regras acima esmiuçadas, resulte que o endividamento contratado por determinada pessoa jurídica extrapolou a regra de *safe harbor* e, portanto, tal companhia estaria subcapitalizada.

Com efeito, os artigos 24 e 25 determinam que as despesas incorridas com os juros pagos em excesso dos limites ali fixados serão consideradas despesas não necessárias e, portanto, indedutíveis para fins de apuração das bases de cálculo do Imposto sobre a Renda das Pessoas Jurídicas (IRPJ) e da Contribuição Social sobre o Lucro Líquido (CSLL).

11 Alberto Xavier e Renata Emery. Subcapitalização, in Revista *Dialética de Direito Tributário* nº176, São Paulo, Dialética, maio/2010, p. 13.

12 Desde a edição das regras sob análise muito tem se especulado sobre uma possível manifestação das autoridades fiscais no sentido de considerar, para fins de aplicação dos artigos 24 e 25, um conceito fiscal, e não societário, de "patrimônio líquido".

Logo, o endividamento excessivo é penalizado com a indedutibilidade de parte das despesas incorridas com juros assim consideradas desnecessárias. Enquanto seja comum em outras jurisdições que tais juros sejam, pois, recaracterizados como dividendos, a legislação brasileira é omissa no que concerne à recaracterização dos juros excessivos. Logo, na ausência de previsão legal expressa, tais juros continuarão sujeitos ao regime fiscal aplicável à remessa de juros ao exterior (inclusive no que diz respeito à retenção do Imposto de Renda Retido na Fonte).

## VIII. CONCLUSÃO

Em que pese o fato de no Brasil, atipicamente, o regime tributário atinente aos juros não ser tão mais gravoso do que o tratamento a que os dividendos estão sujeitos (na medida em que a remessa dos dividendos é isenta de tributação pelo Imposto de Renda Retido na Fonte), o legislador achou por bem por introduzir no ordenamento jurídico dispositivos para coibir a prática do endividamento abusivo.

As regras, tal qual previstas na Lei nº 12.249/10, aplicam-se uma vez identificadas situações que se subsumam a norma: (i) pessoa jurídica residente no Brasil, (ii) contratando financiamento via dívida com pessoa física ou jurídica residente no exterior que seja a ela vinculada ou, alternativamente, resida em país ou dependência com tributação favorecida ou esteja sujeita a regime fiscal privilegiado. Identificadas tais situações, despesas com juros que eventualmente excedam o coeficiente entre o valor do endividamento e o patrimônio líquido previstos para cada caso são consideradas indedutíveis.

# A Isenção ao Imposto sobre a Renda no Repasse de Dividendos por Fundos de Investimento

Flavio Mifano

José Mauricio Carvalho Abreu

## I. INTRODUÇÃO

O incremento do mercado de capitais brasileiro traz a necessidade de constante análise dos impactos tributários de atos e negócios jurídicos nele inseridos, com o fim de se identificar sua efetiva caracterização jurídica bem como a correta determinação das incidências tributárias a eles aplicáveis.

Neste contexto inserem-se com destaque as operações dos fundos de investimento, regulados e fiscalizados pela Comissão de Valores Mobiliários (CVM), os quais são instrumentos despersonificados de investimento coletivo, caracterizados por uma comunhão de recursos, sob a forma de condomínio.

Com efeito, os fundos de investimento são destituídos de personalidade jurídica, sendo caracterizados pela reunião de recursos de seus cotistas. Como consequência, em regra, os fundos de investimentos brasileiros não sofrem tributação em suas carteiras, já que a legislação dos diversos tributos normalmente isenta de tributação os resultados por eles apurados, ou não impõe tributação alguma aos mesmos.

Entretanto, a desoneração da tributação restringe-se à própria carteira dos fundos de investimento, já que os correspondentes ganhos e rendimentos são indiretamente tributados pelos cotistas, de acordo com as regras previstas na legislação aplicável.

Nesse contexto, tem o presente trabalho por objeto a identificação do tratamento jurídico-tributário, especificamente no que concerne ao Imposto sobre a Renda, aplicável os dividendos distribuídos por companhias brasileiras cujas ações integrem a carteira de fundos de investimento, na hipótese em que tais dividendos sejam direta e imediatamente repassados aos respectivos cotistas (pessoas físicas ou jurídicas).

O cerne da discussão reside na interpretação de que os valores recebidos a título de dividendos pelo fundo de investimentos, quando repassados diretamente aos seus cotistas, manteriam tal natureza de dividendos quando recebidos pelo cotista, bem como se tal entendimento seria aplicável a qualquer fundo que tenha participações societárias em sua carteira[1].

As dúvidas sobre o tema emergem tanto da ausência de dispositivo de lei – em sentido estrito – específico para a hipótese concreta, quanto pela forma em que a questão está regulada em sede infralegal.

Pelo presente estudo, pretende-se apresentar um ponto de vista para a solução de tais dúvidas, de modo a demonstrar que é possível sustentar a aplicação direta da norma isentiva do Imposto sobre a Renda prevista do artigo 10 da Lei nº 9.249, de 26 de dezembro de 1995[2],

1 Cabe apontar, desde já, que o tema ora analisado não cuida daqueles rendimentos recebidos pelos fundos de investimento que venham a ser mantidos em suas respectivas carteiras.

2 A despeito de cuidarmos no presente estudo da isenção apenas ao Imposto sobre a Renda na hipótese descrita, salientamos haver argumentos também para a intributabilidade de tais valores pela Contribuição Social sobre Lucro Líquido, bem como pelas Contribuições ao PIS e COFINS.

indistintamente para fundos de investimento em ações (FIA) ou fundos de investimento em participações (FIP), e independentemente de qualquer condição ou restrição, sendo tal interpretação verdadeiro imperativo lógico do posicionamento adotado pela própria Receita Federal do Brasil (RFB), tendo em vista o disposto no artigo 22 da Instrução Normativa (IN) RFB nº 1.022, de 5 de abril de 2010.

## II. DIVIDENDOS – ISENÇÃO AO IMPOSTO SOBRE A RENDA

Em linhas gerais, tem-se por lucros e dividendos os rendimentos auferidos por sócios ou acionistas (pessoas físicas ou jurídicas) em razão de participação societária detida em determinada sociedade.

Sobre o tema, artigo 10 da referida Lei nº 9.249/95 prevê a isenção de tais rendimentos, nos seguintes termos:

> "Art. 10º Os lucros ou dividendos calculados com base nos resultados apurados a partir do mês de janeiro de 1996, pagos ou creditados pelas pessoas jurídicas tributadas com base no lucro real, presumido ou arbitrado, não ficarão sujeitos à incidência do imposto de renda na fonte, nem integrarão a base de cálculo do imposto de renda do beneficiário, pessoa física ou jurídica, domiciliado no País ou no exterior."

Vislumbra-se do trecho transcrito que o legislador ordinário, ao editar o mencionado dispositivo legal, pretendeu que os lucros e dividendos distribuídos ao sócio ou acionista ficassem isentos de tributação pelo Imposto sobre a Renda, quando pagos em decorrência de resultados apurados a partir de 1996.

Vale registrar que o legislador infraconstitucional ordinário não estabeleceu qualquer limitação à isenção dos dividendos naquilo que se refere à natureza, forma de constituição ou localização do beneficiário, aplicando-se indistintamente a norma legal isentiva a quaisquer beneficiários localizados no Brasil ou no exterior.

A questão é até singela. Pelo escorreito raciocínio encampado pela norma, desonera-se do tributo em questão o recebimento dos lucros e dividendos pelos sócios ou acionistas, uma vez que tais montantes já foram devidamente onerados quando da composição do lucro da sociedade que os distribuiu.

De fato, o legislador ordinário, ao exercer sua competência tributária (de forma impositiva-negativa), pretendeu que os lucros e dividendos distribuídos ao sócio ou acionista ficassem isentos de tributação pelo Imposto sobre a Renda visando evitar aquilo que a literatura internacional convencionou chamar de *double level of taxation*. Em outras palavras, buscou o evitar que os rendimentos já tributados na sociedade venham a ser novamente onerados quando de sua percepção pelo titular da participação societária que deu causa ao pagamento (i.e. o sócio ou acionista).

Nesse sentido, em princípio, a isenção ao Imposto sobre a Renda também no repasse de dividendos por fundo de investimento prestar-se-ia a garantir o cumprimento e aplicação da norma legal de isenção transcrita, já que permitiria ao beneficiário final dos dividendos (i.e. o cotista do fundo de investimeno) o direito de recebê-los sem que se incorra em nova incidência tributária. Com efeito, seria ausente de sentido a aplicação da norma de isenção ao próprio fundo de investimento, posto que o mesmo não é tributado em sua carteira, razão de se estender o benefício aquele que efetivamente suporta o tributo, a saber, o cotista.

Não obstante isto, o recebimento de dividendos por aquele (cotista) que não é o detentor direto da participação societária pode causar alguma perplexidade. A rigor, o sócio/acionista de determinada companhia faz jus ao recebimento de dividendos, mas o cotista do fundo de investimento não pode ser alçado a esta categoria (sócio/acionista), pois este detém meramente cotas de um fundo de investimento que, por sua vez, possui em sua carteira as ações da companhia.

Vale apontar, entretanto, que a premissa da aplicabilidade da norma legal de isenção para este caso concreto respalda-se na própria interpretação das autoridades fiscais que, ao editarem ato infralegal (IN RFB nº 1.022/10) refletindo tal desoneração para as situações que descreve, necessariamente acataram a aplicação do artigo 10 da Lei nº 9.249/95, para os dividendos repassados diretamente pelos fundos de investimento aos cotistas, adotando, assim, posicionamento (como imperativo lógico) de que tais repasses mantêm a sua natureza jurídica de dividendos, conforme abordado nos tópicos seguintes.

## III. A ISENÇÃO DOS DIVIDENDOS REPASSADOS AO COTISTA DE FIA

Embora a norma do artigo 10 da Lei nº 9.249/95, estabeleça a isenção dos dividendos pagos por pessoa jurídica brasileira, não há disciplina específica – em nível legal - para o repasse dos dividendos por fundos de investimento aos cotistas. Em outros termos, inexiste dispositivo com força de lei que estabeleça, de forma expressa, que o repasse de dividendos por fundo de investimento seja isento do Imposto sobre a Renda.

Nesse sentido, as autoridades fiscais, por meio da IN RFB nº 1.022/10, na seção própria que trata do tratamento fiscal aplicável ao FIA, vieram disciplinar que os valores recebidos a título de dividendos pagos por companhias emissoras de ações integrantes da carteira do fundo são isentos do Imposto sobre a Renda quando repassados diretamente aos cotistas[3], conforme segue:

> "Art. 22. Os valores recebidos das companhias emissoras de ações integrantes da carteira do fundo, repassados diretamente aos cotistas, são isentos do imposto sobre a renda, no caso de dividendos; e tributados na fonte à alíquota de 15% (quinze por cento), no caso de juros sobre o capital próprio."

3 É premissa da presente análise que os dividendos recebidos pelo fundo de investimentos sejam imediata e diretamente repassados aos cotistas.

Estando o artigo 22 inserido dentro da seção que versa sobre o FIA, pode-se inferir sem nenhum esforço de raciocínio que o repasse de dividendos por tal espécie de fundo de investimento é isento do Imposto sobre a Renda, na interpretação conferida pelo citado dispositivo regulamentar.

Pois bem, a discussão que poderia ser suscitada decorre do fato de a norma infralegal em questão não refletir de forma absolutamente idêntica os termos da norma legal isentiva disposta no artigo 10 da Lei nº 9.249/95, embora repita os termos do quanto já disposto em IN anterior, a saber, a IN da Secretaria da Receita Federal (SRF) nº 25, de 06 de março de 2001, em seu artigo 8º.

Esta discussão seria temperada pelos dispositivos constitucionais e legais que, entre nós, regem de forma geral a concessão de isenções. Fala-se aqui do princípio da legalidade estrita, que impera em matéria tributária, ratificado no campo das isenções pelo § 6º do artigo 150, da Constituição Federal e pelos artigos 97, inciso VI e 176 do Código Tributário Nacional.

Diante destes dispositivos, uma IN que cuide de isenção deve necessariamente encontrar na lei (em sentido estrito) o seu fundamento de validade, sem restringir nem exceder o conteúdo e alcance da norma legal.[4]

Trazendo estas considerações para o caso presente, considerando que a norma legal não faz referência expressa ao repasse de dividendos, há apenas duas possíveis conclusões: (i) a primeira, precipitada a nosso ver, de que a IN teria excedido os limites da lei, inovando no ordenamento jurídico, no que estaria eivada de ilegalidade e inconstitucionalidade ou, uma segunda, extraída de uma análise mais cuidadosa da questão, pautada pelo espírito da norma, no sentido de que; (ii) o "entendimento" manifestado pela RFB por meio do artigo 22 da IN RFB nº 1.022/10, não se presta a "inovar" ou "inaugurar" o ordenamento jurídico ao dispor sobre a isenção no repasse de dividendos, servindo apenas para conferir a correta interpretação da lei,

4 Vale desfazer aqui um comum equívoco quanto à interpretação das regras isentivas. O que o CTN dispõe, em seu artigo 111, inciso I, é que normas de isenção são interpretadas literalmente, o que não significa, a nosso ver, que se deva interpretá-las restritivamente. A interpretação literal deve conduzir ao verdadeiro espírito da norma isentiva sem exceder nem restringir a desoneração prevista pela lei.

desvendando o seu exato conteúdo e alcance em hipótese concreta que nela já está rigorosamente contida de forma geral e abstrata.

O teste de validade desta segunda linha de interpretação passa fundamentalmente pela resposta a uma simples indagação: estaria o repasse de dividendos aos cotistas de um FIA abrangido pela regra de isenção direcionada aos dividendos em geral, disposta no artigo 10 da Lei nº 9.249/95, independentemente do quanto disposto no ato infralegal? Em nossa convicção, há que se responder afirmativamente a esta questão.

Com efeito, conforme apontamos em subitem anterior, a intenção do legislador ao estabelecer a isenção do artigo 10 da Lei nº 9.249/95 foi concentrar a tributação na empresa, desonerando-se aqueles que se beneficiarão dos rendimentos (i.e. dividendos). Se assim não o fosse, haveria uma dupla oneração - econômica - da mesma renda. Esta finalidade que bem delimita os contornos da norma de isenção em tela, pode ser claramente observada na própria Exposição de Motivos da Lei nº 9.249/95, que foi posta nos seguintes termos:

> "Com relação à tributação dos lucros e dividendos, estabelece-se a completa integração entre a pessoa física e a jurídica, <u>tributando-se esses rendimentos exclusivamente na empresa e isentando-os quando do recebimento pelos beneficiários</u>. Além de simplificar os controles e inibir a evasão, esse procedimento estimula, em razão da equiparação de tratamento e das alíquotas aplicáveis, o investimento nas atividades produtivas". (grifo nosso)

Resta claro, portanto, que a norma legal de isenção buscou desonerar aquele que é o efetivo beneficiário dos rendimentos e, exatamente nesta mesma linha, foi estabelecida a norma infralegal expressa no *caput* do artigo 22 da IN RFB 1.022/10, o qual reflete a isenção especificamente no repasse de dividendos pelo FIA.

Logo, não há como fugir ao imperativo lógico de que os valores repassados diretamente pelos fundos de investimento aos seus cotistas - na visão da própria RFB - referem-se <u>efetivamente a dividendos</u>, não se lhes atribuindo qualquer outra natureza. Portanto, aos olhos da própria RFB, os valores recebidos a título de dividendos pelos fundos de investimento (no ponto até aqui analisado, o FIA) e repassados diretamente aos cotistas conservam sua natureza jurídica de dividendos e, como tal, são isentos do Imposto sobre a Renda por aplicação direta da norma legal de isenção, corretamente interpretada pelo ato infralegal[5].

É certo, entretanto, que o *caput* do artigo 22 da IN RFB nº 1.022/10 propicia menores indagações quanto aos repasses de dividendos aos cotistas dos FIAs - já que inserido na seção que lhe é própria - quanto à interpretação da RFB acerca do tema.

De qualquer forma, pela interpretação que ora se propõe, no sentido de que a isenção no repasse de dividendos em debate decorre da correta e direta aplicação do artigo 10 da Lei nº 9.249/95, há que se aplicar o mesmo entendimento a qualquer fundo que tenha ações em sua carteira. Senão, vejamos:

## IV. A ISENÇÃO SOBRE DIVIDENDOS REPASSADOS AO COTISTA DE FIP

Estabelecida a premissa da aplicabilidade direta da norma legal isentiva aos repasses de dividendos ao cotista de FIA - imperativo lógico do próprio posicionamento das autoridades fiscais expresso no artigo 22 IN RFB nº 1.022/10 - cabe-nos analisar a aplicabilidade de tal isenção também aos FIPs, bem como eventuais restrições quanto à aplicabilidade da isenção em razão da fonte pagadora dos dividendos repassados (i.e. companhia aberta ou fechada) e/ou do ambiente de negociação das ações (i.e. mercado bursátil ou negociação privada).

5 Ainda que a IN houvesse invadido indevidamente o campo normativo próprio da lei em sentido estrito, o que se admite por argumentação, vale lembrar que a revogação da regra prevista no artigo 22, por alteração de critério jurídico, a princípio, somente poderia produzir efeitos de forma prospectiva, em razão do princípio da confiança, corolário da segurança jurídica, consagrado em sede infraconstitucional nas disposições do artigo 146 do CTN.

Nesse contexto, o mesmo artigo 22 da IN RFB 1.022/10, em seu parágrafo único, se encarregou de esclarecer que a isenção descrita em seu *caput* aplica-se a quaisquer outros fundos de investimento que tenham ações em sua carteira, conforme segue:

> "Art. 22.(...)
> Parágrafo único. O disposto no *caput* aplica-se, também, a qualquer fundo de investimento que tenha ações em sua carteira."

Ora, ainda que não haja uma menção específica ao FIP, vê-se com clareza que tal dispositivo infralegal foi desenhado com o objetivo de refletir a aplicabilidade da isenção a "*qualquer fundo*", desde que este "*tenha ações em sua carteira*". Logo, em princípio, aplicar-se-á também ao FIP.

Entretanto, poder-se-ia (por hipótese) entender que o dispositivo infralegal em comento estaria restrito aos dividendos de ações de companhias abertas negociadas em bolsa ou entidade assemelhada, justamente em razão de estar o dispositivo inserido em seção específica dedicada à regulamentação fiscal dos FIAs. Por esta linha, analisando-se o vocábulo "ações" dentro do contexto em que inserido (FIAs) poder-se-ia concluir que os dividendos abarcados pela isenção descrita, na interpretação do ato regulamentar, seriam apenas aqueles gerados a partir de ações que tipicamente compõem a carteira de tais fundos (notadamente as ações de companhias abertas negociadas em bolsa).

Nesta linha restritiva, o repasse de dividendos recebidos pelo FIP aos seus cotistas somente se beneficiaria da regra contida no parágrafo único se e quando tais dividendos fossem decorrentes de ações de companhias abertas negociadas em bolsa de valores, o que praticamente tornaria o dispositivo "letra morta" para o caso desta espécie de fundo que usualmente mantém participações societárias mais relevantes em companhias de capital fechado.

Entretanto, tal linha restritiva não merece prosperar, seja por argumentos vinculados à própria interpretação da norma infralegal ou, com ainda maior força, pela abrangência da isenção estabelecida na lei (i.e. artigo 10 da Lei nº 9.249/95), a qual fundamenta a norma infralegal referida (i.e parágrafo único, do artigo 22 da IN RFB nº 1.022/10).

De fato, embora vinculada à seção da IN que trata de FIA, a regra disposta no parágrafo único, do artigo 22 da IN RFB nº 1.022/10, não estabelece qualquer restrição relativamente ao tipo de fundo ou de ação. Logo, não haveria razão para uma interpretação restritiva da norma em questão[6].

Quando se diz, que a regra se aplica "**também**" a "**qualquer** fundo de investimento que tenha **ações** em sua carteira", dentro do contexto de uma seção que regula especificamente o tratamento fiscal aplicável ao FIA, quer se dizer, a toda a evidencia, qualquer outro fundo que não dá espécie FIA, que detenha ações em sua carteira. Texto e contexto revelam que o dispositivo é suficiente e propositadamente lato para acomodar tanto ações de companhias abertas como fechadas, mantidas em carteira por quaisquer dos fundos de investimento disponíveis no mercado.

Ademais, há que se considerar que, também para o caso do parágrafo único (aplicável ao FIP e outros fundos de investimento), tem-se por fundamento de validade a norma de isenção prevista no artigo 10 da Lei nº 9.249/95, sob pena de se imputar pecha da ilegalidade/inconstitucionalidade ao artigo 22 IN 1.022/10. Logo, também para o FIP, deve-se admitir o imperativo lógico do acatamento, pelas autoridades fiscais, de que o repasse em questão conserva a natureza de dividendos.

Como consequência, tem-se igualmente no caso repasse de dividendos a cotistas de FIP, a aplicabilidade direta da norma legal de isenção (artigo 10 da Lei nº 9.249/95) que, conforme demonstrado, não faz qualquer diferenciação para companhias abertas ou fechadas, bem como ao ambiente de negociação das ações (mercado bursátil ou negociação privada).

6 Vale notar que à época da edição da IN SRF nº 25/01, a qual precedeu a atual IN RFB nº 1.022/10 e que, pela primeira vez, estabeleceu regra expressa acerca da isenção em questão, não havia fundos de investimento que pudessem investir em ações de sociedades de capital fechado, como atualmente ocorre no caso do FIP.

## V. CONCLUSÃO

Do exposto, sintetizamos as conclusões do presente estudo, pontuando que:

(i) Sinteticamente, lucros e dividendos são os rendimentos auferidos por sócios ou acionistas em razão de participação societária detida em determinada sociedade;

(ii) em se tratando de rendimento com natureza de lucros ou dividendos pagos em decorrência de resultados apurados a partir de 1996, aplica-se a norma de isenção ao Imposto sobre a Renda, prevista no artigo 10 da Lei no 9.249/95;

(iii) o legislador ordinário não estabeleceu qualquer limitação à isenção dos dividendos em relação à natureza, forma de constituição ou localização do beneficiário, nem quanto ao ambiente de negociação das ações que dão causa à sua distribuição;

(iv) embora o artigo 10 da Lei no 9.249/95 estabeleça isenção (genérica) dos dividendos pagos por pessoa jurídica brasileira, não há disciplina – de lei em sentido estrito - específica para o repasse dos dividendos por fundos de investimento aos titulares de suas cotas;

(v) o *caput* do artigo 22 da IN RFB no 1.022/10, disciplina que os dividendos de ações integrantes da carteira de FIA serão isentos do Imposto sobre a Renda quando repassados diretamente aos cotistas. Embora a IN RFB no 1.022/10, propicie maior segurança quanto à interpretação das autoridades fiscais quanto ao tema, não significa que possa "instituir" norma de isenção. Logo, o *caput* o artigo 22 da IN RFB no 1.022/10, tem como fundamento o artigo 10 da Lei no 9.249/95, implicando reconhecer, sem exceder mas antes corretamente interpretar o comando legal: (i) a aplicabilidade direta da norma legal de isenção para os casos que disciplina; e (ii) o imperativo lógico do acatamento (pela própria RFB) da natureza de tais repasses como dividendos;

(vi) o parágrafo único do artigo 22 da IN RFB 1.022/10, indica que a isenção do *caput* aplica-se a quaisquer outros fundos de investimento que tenham ações em sua carteira. Tal dispositivo aplica-se também ao FIP, sem restrição expressa quanto à isenção apenas para dividendos de companhias abertas e/ou cujas ações sejam negociadas em ambiente bursátil;

(vii) a norma do parágrafo único (aplicável ao FIP e outros fundos de investimento) também tem fundamento de validade no artigo 10 da Lei no 9.249/95. Logo, deve-se reconhecer: (i) a aplicabilidade direta da regra legal de isenção para tais casos; e (ii) o imperativo lógico do acatamento da natureza de tais repasses como dividendos pela RFB;

(viii) dado que a norma legal de isenção abarca lucros e dividendos de quaisquer pessoas jurídicas (companhias abertas ou fechadas, indistintamente), é possíevel sustentar a inexistência de condições ou restrições à aplicabilidade da isenção para os dividendos repassados por FIP ainda que recebidos de companhias fechadas.

# A Não Cumulatividade das Contribuições Sociais Introduzida pela Emenda Constitucional nº 42/2003

Glaucia Maria Lauletta Frascino

## I. INTRODUÇÃO

A Constituição de 1988, que recentemente completou 22 (vinte e dois) anos - mais precisamente em 5 de outubro de 2010 - criou as chamadas Contribuições Sociais destinadas ao custeio da Seguridade Social; dentre tais contribuições se encontram a Contribuição ao PIS e a Contribuição sobre o Faturamento - COFINS.

Desde a sua criação tais contribuições incidiram de forma cumulativa, ou seja: o contribuinte submetia à tributação a receita auferida, não lhe sendo permitida qualquer forma de abatimento ou creditamento de valores que, naquela mesma cadeia econômica, houvessem sido recolhidos em etapa anterior.

Tratavam-se, desde o início, de contribuições sociais incidentes sobre as receitas auferidas e, ainda que as alíquotas inicialmente instituídas fossem relativamente baixas - 0,65% para a Contribuição ao PIS e 3% para a Contribuição sobre o Faturamento - COFINS - tais tributos sempre oneraram consideravelmente os contribuintes, pois incidiam, como ainda incidem, independentemente de qualquer resultado positivo auferido pela empresa.

O ônus ocasionado por tais contribuições era agravado ainda mais pelo fato de que, como dito acima, elas sempre incidiram de forma cumulativa em todas as etapas da cadeia econômica, o que, em muitos casos, significou expressiva redução do potencial de desenvolvimento das empresas e, em consequência, da própria atividade econômica no País.

A esperança sempre foi a implementação da chamada Reforma Tributária - que previa a unificação de tais contribuições sociais e a eliminação da sua incidência cumulativa; contudo, nenhum dos projetos de Reforma Tributária foi exitoso, até que, finalmente, em 19 de dezembro de 2003, a União Federal, por meio da Emenda Constitucional nº 42, entendeu de introduzir o parágrafo 12, dentre os vários parágrafos do artigo 195, da Constituição Federal, para determinar a aplicação do regime não cumulativo a tais contribuições, dispondo ainda que: "*...A lei definirá os setores da atividade econômica para os quais as contribuições incidentes na forma dos incisos I, b e IV do caput serão não cumulativas ...*".

Estabeleceu-se, portanto, pela primeira vez desde a Constituição Federal, a incumulatividade para as Contribuições Sociais para a Seguridade Social.

Posteriormente, sob o pretexto de vir regulamentar o dispositivo constitucional supracitado, foi editada a Lei nº 10.833/2004, que dentre outras determinações, estabeleceu quais os custos e despesas incorridos pelos contribuintes poderiam gerar-lhes a aferição de créditos, os quais seriam abatidos da base de cálculo da Contribuição ao PIS e da COFINS.

Verificou-se, de imediato, que nem todas as despesas incorridas pelo contribuinte poderiam dar margem a creditamento, de forma a reduzir a base para a incidência das contribuições sociais. Verificou-se, igualmente, que despesas relevantes haviam sido desconsideradas, tais como os custos incorridos com mão de obra, com a prestação de determinados serviços, com o transporte de bens entre estabelecimentos, entre outras.

Consequentemente, começaram a surgir os primeiros questionamentos em torno da incumulatividade das contribuições sociais: poderia o legislador ordinário, autorizado pela Constituição a exclusivamente determinar quais setores econômicos restariam sujeitos à sistemática cumulativa, restringir despesas e custos passíveis de gerar créditos, para efeito da incidência da Contribuição ao PIS e da COFINS?

A única resposta possível é negativa. A restrição a tal creditamento invariavelmente levará à incidência (ainda que parcialmente) cumulativa das contribuições sociais, ao arrepio do que determina a Constituição Federal. Todavia, a demonstração irrefutável dessa inconstitucionalidade passa necessariamente pela análise da incumulatividade constitucional, enquanto regime jurídico, desde a sua inserção – ao Texto Constitucional originário – para aplicação ao IPI e ao ICMS. É justamente essa demonstração que se pretende fazer a seguir.

## II. A INCUMULATIVIDADE COMO REGIME JURÍDICO E NÃO COMO PRINCÍPIO CONSTITUCIONAL

A Constituição, como toda norma soberana, traz os chamados princípios, bem como simples regras de conduta. A diferenciação entre eles reside na identificação (ou não) da característica finalística: o princípio institui um fim a ser alcançado pelo Estado (possui, portanto, característica finalística), enquanto a regra de conduta se limita a normatizar comportamentos.

Analisando a chamada incumulatividade, verifica-se que ela não possui um fim em si mesmo. Aproxima-se muito mais de técnica de tributação do chamado valor agregado, afastando a incidência cumulativa de tributos. Não se busca a incumulatividade como fim a ser alçando, mas como mecanismo a permitir que tributos não incidam cumulativamente, tornando ainda mais onerosa a consecução das atividades econômicas no País.

Tanto é verdade que a não cumulatividade constitucional foi instituída e é aplicada para o IPI e para o ICMS; contudo, a maneira pela qual deve se manifestar é disciplinada, pela própria Constituição Federal, de forma distinta para ambos os tributos. Se a incumulatividade fosse princípio, as restrições para creditamento do ICMS, por exemplo, deveriam ser as mesmas aplicáveis ao IPI, o que não ocorre (ainda que existam, como sabidamente existem, decisões judiciais que admitam as mesmas restrições quanto ao creditamento de ambos os tributos).

Em que pese, todavia, as diferenças existentes – e que, em se tratando de ICMS e IPI, se colocam no plano constitucional – a verdade é que a incumulatividade, aplicável tanto ao ICMS como ao IPI e às contribuições sociais, possui ao menos um significado comum (núcleo); e é a partir desse núcleo comum que se pode identificar nessas várias situações um único regime constitucional tributário.

Com efeito, o artigo 153, parágrafo 3., inciso 2º, estabelece para o IPI o mesmo que o artigo 155, parágrafo 2., inciso I estabelece para o ICMS, ou seja: o imposto será não cumulativo, compensando-se o que for devido em cada operação com o montante cobrado nas anteriores. Contudo, os destinários de ambas as normas são distintos: no primeiro caso (IPI) trata-se da União Federal, enquanto que no segundo caso (ICMS) os destinatários serão os Estados e o Distrito Federal.

No caso específico da não cumulatividade das contribuições sociais, ainda que possua regras próprias para sua implementação – as quais, diferentemente dos IPI e ICMS, são veiculadas na legislação infralegal - não se pode negar que terá núcleo idêntico ao regime aplicável aos demais impostos, pois, caso contrário, não haveria sequer que se falar em incumulatividade para as contribuições sociais.

Melhor explicando: os mecanismos pelos quais a incumulatividade se manifesta para IPI, ICMS e para a Contribuição ao PIS e à COFINS são distintos. No que diz respeito aos destinatários, no que diz respeito às isenções, no que diz respeito às formas de creditamento, etc. Entretanto, em se tratando de não cumulatividade em todos os casos – e é assim que a Constituição Federal se refere – haverá necessariamente um significado (núcleo) único, que consiste justamente na tributação exclusivamente do valor que se agrega, de nada além disso.

## III. O SIGNIFICADO (NÚCLEO) DA NÃO CUMULATIVIDADE CONSTITUCIONAL

Primeiras observações importantes: a não cumulatividade está presente no Texto Constitucional desde a sua criação. A Emenda Constitucional nº 42/2003, por sua vez, não alterou o regime jurídico constitucional da incumulatividade. Ou seja, a não cumulatividade preexistente é a mesma para ICMS, IPI e para as contribuições sociais.

No caso específico da não-cumulatividade para as contribuições sociais, ainda que o mecanismo de implementação não tenha sido contemplado pela Constituição – que atribuiu tal tarefa à legislação infralegal – a verdade é que se tratará de norma excludente, leia-se, ela afastará toda e qualquer outra norma que determine a incidência cumulativa das contribuições sociais.

Em outras palavras, a não cumulatividade constitucional determina que os tributos recaiam exclusivamente sobre o valor agregado, sejam eles (os tributos) impostos (IPI ou ICMS) ou contribuições sociais. Qualquer efeito cumulativo, provocado por norma infraconstitucional, é vedado pela Constituição, pois é do núcleo, da essência do conceito que essa cumulatividade seja evitada.

Nas palavras do Prof. José Souto Maior Borges, em parecer elaborado sobre a matéria: "... *Se o legislador ordinário veda ao contribuinte, como o fez, o creditamento integral de despesas incorridas, que devem ser consideradas na fixação das receitas tributáveis de um contribuinte que sucedeu a outro na circulação econômica de bens, essa vedação de creditamento direta ou indireta, parcial ou integral, acarretará incidência cumulativa do PIS/COFINS.*".

Ora, a Constituição Federal, por meio da norma introduzida pela Emenda Constitucional nº 42/2003, se limita a delegar ao legislador ordinário competência para indicar quais segmentos da atividade econômica sujeitar-se-ão à incidência cumulativa das contribuições.

Não delegou, à norma infraconstitucional, competência para discriminar despesas e custos passíveis de creditamento; tampouco aqueles que não seriam. Não cabe à lei ordinária reduzir o abatimento a que faz jus o contribuinte. E não poderia ser diferente, pois, definindo-se a quais segmentos econômicos se aplica a não cumulatividade, qualquer restrição ao creditamento, que enseje a tributação de expressão econômica superior ao valor agregado pelo contribuinte, vai de encontro ao que preceitua a Constituição Federal.

Portanto, no que diz respeito às contribuições sociais, ou o regime jurídico constitucional aplicável ao contribuinte – segundo indicação da legislação ordinária – é o da cumulatividade, ou o regime jurídico constitucional é o da incumulatividade e, nesse caso, nenhuma restrição dessa espécie poderá ser admitida.

Reitere-se: a incumulatividade, uma vez aplicável por força constitucional, não pode ser restringida, simplesmente porque a Constituição autoriza a legislação ordinária a indicar setores econômicos não sujeitos a ela! Tal assertiva não encontra sustentação em nenhuma forma de interpretação da norma, seja ela semântica, teleológica ou sistemática.

O parágrafo 12, do artigo 195, da Constituição Federal, ao introduzir a não cumulatividade para as contribuições sociais, estabeleceu uma restrição à competência tributária da União Federal. A lei ordinária, por sua vez, só poderá delimitar, por expressa determinação constitucional, essa competência no que se refere à fixação dos segmentos econômicos sujeitos ao regime jurídico constitucional cumulativo.

Qualquer outra forma de interferência, pelo legislador ordinário, a essa restrição de competência fere a norma constitucional e os princípios básicos de que os limites do exercício da competência tributária, pelos entes políticos, são delimitados pela Constituição Federal.

## IV. CONCLUSÃO

A partir de tudo que foi dito, tem-se que:

(i) a não cumulatividade aplicável às contribuições sociais preexistia à Emenda Constitucional nº 42/2003 e possui significado (núcleo) idêntico à incumulatividade aplicável ao IPI e ao ICMS;

(ii) não se trata de incumulatividade de princípio, pois não tem uma finalidade em si, mas de regra de conduta (regime jurídico constitucional), por disciplinar procedimentos e formas de agir;
(iii) os mecanismos à implementação do regime são distintos - no que se refere a IPI, a ICMS e às contribuições sociais - mas em todas as hipóteses tem-se a restrição da tributação além do valor agregado pelo contribuinte;
(iv) à lei ordinária caberá discriminar os segmentos econômicos não sujeitos à sistemática não cumulativa aplicável às contribuições sociais, nada além disso;
(v) a lei ordinária, ao restringir o creditamento a somente alguns custos e despesas incorridos pelo contribuinte - deixando de contemplar itens consideravelmente relevantes à apuração do efetivo valor agregado - vai de encontro ao que estabelece a Constituição Federal e, portanto, é passível de questionamento perante o Poder Judiciário.

# Incentivos Fiscais Relacionados à Inovação Tecnológica - Lei nº 11.196/05

Heber Gomes do Sacramento

Juliana Bussade Monteiro de Barros

## I. INTRODUÇÃO

Nos últimos anos, o Brasil vem buscando ampliar os investimentos públicos e privados com pesquisa e desenvolvimento nas áreas de ciência e tecnologia. Neste sentido, o legislador ordinário publicou a Lei nº 10.973, de 02 de dezembro de 2004, estabelecendo medidas de caráter regulatório objetivando incentivar a inovação tecnológica e a pesquisa científica e tecnológica no ambiente produtivo, com vistas à capacitação e ao alcance da autonomia tecnológica e ao desenvolvimento industrial do País.

No entanto, a lei referida acima não previu a criação de incentivos fiscais para estimular a inovação tecnológica, o que só veio a acontecer, efetivamente, em 21 de novembro de 2005, com a publicação da Lei nº 11.196, denominada Lei do Bem. Posteriormente, foi publicado o Decreto nº 5.798, de 07 de junho de 2006 ("Regulamento"), que a regulamentou.

No ano de 2010, foi publicada a Medida Provisória nº 497, de 27 de julho, que introduziu mudanças relevantes na Lei do Bem.

De fato, os incentivos fiscais foram concedidos à inovação tecnológica, concebida como aquela atividade inventiva que resulte em novo produto ou processo de fabricação, ou a obtenção de funcionalidades, ou novas características, que resultem em melhora significativa no processo ou produto. Portanto, a legislação fiscal sobre inovação tecnológica se insere em um contexto maior; de política brasileira, no qual visa fomentar a criação com propósito específico de ganho de competitividade. Indiretamente almeja-se substituir importações e ganhar escala no comércio internacional, aumentando as exportações brasileiras de produtos e serviços.[1]

Nesse contexto, vimos analisar as vantagens tributárias trazidas pela Lei nº 11.196/05, bem como os requisitos necessários para o seu aproveitamento.

## II. INCENTIVOS FISCAIS TRAZIDOS PELA LEI Nº 11.196/05

Podemos dividir os incentivos fiscais à inovação tecnológica previstos pela Lei nº 11.196/05 em três grupos, quais sejam: (i) os relativos à antecipação ou dedução adicional de despesas; (ii) aqueles com aplicabilidade restrita a determinado tributo e (iv) o benefício, não propriamente fiscal, da subvenção para remuneração de pesquisadores.

### II.1. Incentivos Referentes à Dedução de Despesas

**a) Dedução e exclusão de dispêndios**

O artigo 17, inciso 1º, da Lei nº 11.196/05, combinado com o § 6º do mesmo artigo, determina que poderão ser integralmente deduzidos da apuração do lucro líquido, para fins do Imposto de Renda da Pessoa Jurí-

1 RONCOLATTO, Bárbara Brentani Lameirão. Inovação Tecnológica – Incentivos Fiscais e Arcabouço Legal. *Revista de Direito de Informática e Telecomunicações*. Belo Horizonte: Editora Fórum, 2006, p. 11.

dica (IRPJ) e da Contribuição Social sobre o Lucro Líquido (CSLL), os dispêndios realizados em pesquisa tecnológica e desenvolvimento de inovação tecnológica (P&D)[2], durante o período de apuração, que possam ser classificados como despesas operacionais para fins da legislação do IRPJ.

É importante mencionar que os artigos 325 e 349 do Decreto nº 3.000, de 26 de março de 1999 (Regulamento do Imposto de Renda - RIR/99), já previam a possibilidade de dedução dessas despesas, assim como o próprio artigo 299 do RIR/99 que apresenta os pressupostos gerais de dedutibilidade das despesas operacionais. Contudo, o alcance desses dispositivos é mais abrangente na medida em que não definem restritivamente o que deve ser entendido por pesquisa científica e tecnológica.[3]

O § 2° do artigo 17 da Lei ainda permite a dedução dos dispêndios com P&D contratados no País com universidade, instituição de pesquisa ou inventor independente[4], desde que a pessoa jurídica que efetuou o dispêndio fique com a responsabilidade, o risco empresarial, a gestão e o controle da utilização dos resultados dos dispêndios.

2 De acordo com o artigo 2° do Regulamento, consideram-se pesquisa tecnológica e desenvolvimento de inovação tecnológica, as atividades de:
a) pesquisa básica dirigida: os trabalhos executados com o objetivo de adquirir conhecimentos quanto à compreensão de novos fenômenos, com vistas ao desenvolvimento de produtos, processos ou sistemas inovadores;
b) pesquisa aplicada: os trabalhos executados com o objetivo de adquirir novos conhecimentos, com vistas ao desenvolvimento ou aprimoramento de produtos, processos e sistemas;
c) desenvolvimento experimental: os trabalhos sistemáticos delineados a partir de conhecimentos preexistentes, visando à comprovação ou demonstração da viabilidade técnica ou funcional de novos produtos, processos, sistemas e serviços ou, ainda, um evidente aperfeiçoamento dos já produzidos ou estabelecidos;
d) tecnologia industrial básica: aquelas tais como a aferição e a calibração de máquinas e equipamentos, o projeto e a confecção de instrumentos de medida específicos, a certificação de conformidade, inclusive os ensaios correspondentes, a normalização ou a documentação técnica gerada e o patenteamento do produto ou processo desenvolvido; e
e) serviços de apoio técnico: aqueles que sejam indispensáveis à implantação e à manutenção das instalações ou dos equipamentos destinados, exclusivamente, à execução de projetos de pesquisa, desenvolvimento ou inovação tecnológica, bem como à capacitação dos recursos humanos a eles dedicados;

3 BORGES, Alexandre S. *Alterações Tributárias da MP do Bem* – Lei 11.196/05 – MP 255. Ed. Quartier Latin, p. 33

4 Lei nº 10.973/2004, artigo 2°, inciso IX: "inventor independente: pessoa física, não ocupante de cargo efetivo, cargo militar ou emprego público, que seja inventor, obtentor ou autor de criação".

Ademais, sem prejuízo ao disposto no inciso 1º, do artigo 17 supra mencionado, o artigo 19 do mesmo diploma legal prevê uma exclusão de 60% na apuração do lucro real e da base de cálculo da CSLL da soma dos dispêndios realizados no período de apuração com P&D, classificáveis como despesa pela legislação do IRPJ.

Além disso, de acordo com o § 1º, do artigo 19, a exclusão de 60% poderá chegar a até 80% (oitenta por cento) dos dispêndios em função do número de empregados pesquisadores contratados pela pessoa jurídica, na forma a ser definida em regulamento. O Regulamento (Decreto nº 5.798/06), por sua vez, através do artigo 8º determina que o percentual poderá atingir (i) 70% no caso da empresa incrementar o número de pesquisadores contratados no ano-calendário de gozo do incentivo **até 5%**, em relação à média de pesquisadores com contratos em vigor no ano-calendário anterior ao de gozo do incentivo e (ii) 80% no caso de a pessoa jurídica incrementar o número de pesquisadores contratados no ano-calendário de gozo do incentivo em percentual **acima de 5%**, em relação à média de pesquisadores com contratos em vigor no ano-calendário anterior ao de gozo do incentivo.

Por fim, caso a pesquisa tenha resultado na concessão de patentes ou registro de cultivares, além das exclusões previstas acima, a Lei[5] concede uma exclusão adicional de 20%.

Esses incentivos para exclusão dos dispêndios da apuração do lucro líquido ficam limitados, no entanto, ao valor do lucro real e da base de cálculo da CSLL antes da própria exclusão, não sendo permitido o aproveitamento de eventual excesso em período de apuração posterior.

**b) Depreciação Acelerada**

Conforme previsão trazida no artigo 17, inciso 3º, da Lei nº 11.196/05, máquinas, equipamentos, aparelhos e instrumentos, novos, destinados à utilização nos projetos de P&D poderão ser **depreciados integralmente** no próprio ano da aquisição.

5 Parágrafo terceiro do artigo 19, Lei nº 11.196/05.

Isso significa que ao invés de observar os coeficientes de depreciação usualmente previstos pela Receita Federal do Brasil (RFB) ou definidos de acordo com as práticas contábeis, que normalmente são de 5 ou 10 anos, os bens móveis empregados na execução dos projetos de inovação poderão ser depreciados integralmente no ano em que foram adquiridos.

Assim, a importância correspondente à diminuição do valor dos bens do ativo resultante do desgaste pelo uso, ação da natureza e obsolescência normal poderão ser realizadas no período de 12 meses, de forma a antecipar a dedução das despesas.

**c) Amortização Acelerada**

A amortização acelerada incentivada, conforme previsto no artigo 17, inciso 4º, da Lei em comento, permite que os dispêndios relativos à aquisição de bens intangíveis, vinculados à atividade de P&D poderão ser amortizados de uma só vez, para fins fiscais, no período de apuração em que forem efetuados.

**d)Exclusão do saldo não depreciado e não amortizado na apuração do Lucro Real**

Com base no artigo 20, da Lei nº 11.169/05, os valores relativos aos dispêndios incorridos em instalações fixas e na aquisição de aparelhos, máquinas e equipamentos, destinados à utilização em projetos de pesquisa e desenvolvimento tecnológico, metrologia, normalização técnica e avaliação das conformidades, aplicáveis a produtos, processos, sistemas e pessoal, procedimentos de autorização de registros, licenças homologações e suas formas correlatas, bem como relativos a procedimentos de proteção da propriedade intelectual, poderão ser alvo de um incentivo fiscal diverso.

Neste método alternativo, a depreciação ou amortização seria feita na forma da legislação vigente, podendo o saldo não depreciado ou amortizado ser excluído da determinação do lucro real no período de apuração em que for concluída a utilização dos bens.

O valor do saldo excluído a título de depreciação ou amortização deverá ser controlado no Livro de Apuração do Lucro Real (LALUR) e será adicionado, na determinação do lucro real, em cada período de apuração posterior, pelo valor da depreciação ou amortização normal que venha a ser contabilizada como despesa operacional.

Por força expressa do § 3°, do artigo 20, da Lei nº 11.196/05, este incentivo só é aplicável ao IRPJ não podendo se estender para a CSLL.

**e) Projetos Executados por Instituição Científica e Tecnológica**

A pessoa jurídica, sujeita ao regime do lucro real, poderá excluir do lucro líquido os dispêndios efetivados em projetos de pesquisa científica e tecnológica e de inovação tecnológica a ser executado por Instituição Científica e Tecnológica – ICT a que se refere à Lei nº 10.973/2004.

A exclusão mencionada acima corresponderá, à opção da pessoa jurídica, a no mínimo metade e no máximo duas vezes e meia o valor dos dispêndios efetuados no projeto de pesquisa, desde que realizada no período de apuração em que os recursos forem efetivamente despendidos. O aludido benefício também fica limitado ao valor do lucro real e da base de cálculo da CSLL antes da própria exclusão, sendo vedado o aproveitamento de eventual excesso em período de apuração posterior.

É importante lembrar que o aludido incentivo não pode ser cumulado com nenhum outro previsto pela Lei nº 11.1196/05 e com o inciso II do § 2º, do artigo 13, da Lei nº 9.249/1995.[6]

## II.2. Demais Incentivos

**a) Redução do IPI**

O inciso II, do artigo 17, da Lei nº 11.196/05, permite a redução de 50% do Imposto sobre Produtos Industrializados (IPI) na aquisição de máquinas, aparelhos e instrumentos, bem como acessórios sobressalentes e ferramentas que acompanhem esses bens, desde que sejam destinados às atividades de P&D.

6 O inciso II do § 2º, do artigo 13, da Lei nº 9.249/1995 refere-se às doações efetuadas às instituições de ensino e pesquisa cuja criação tenha sido autorizada por lei federal e que preencham os requisitos dos inciso I e II do artigo 213 da Constituição Federal, até o limite de um e meio por cento do lucro operacional, antes de computada a sua dedução e a de que trata o inciso seguinte.

O Regulamento, através de seu artigo 5º, dispõe que a redução de 50% do IPI deve ser aplicada automaticamente pelo estabelecimento industrial ou equiparado a industrial, à vista de pedido, ordem de compra ou documento de adjudicação da encomenda, emitido pelo adquirente, que ficará arquivado à disposição da fiscalização, devendo constar da nota fiscal a finalidade a que se destina o produto e a indicação do ato legal que concedeu o incentivo fiscal. Nesse mesmo sentido, a RFB já se manifestou através de Solução de Consulta. Vejamos:

> "EMENTA: REDUÇÃO DO IMPOSTO. PESQUISA TECNOLÓGICA E DESENVOLVIMENTO DE INOVAÇÃO TECNOLÓGICA. A redução do IPI de que trata o art. 17, inciso 2°, da Lei nº 11.196, de 2005, para equipamentos, máquinas, aparelhos e instrumentos, bem como os acessórios sobressalentes e ferramentas que acompanhem esses bens, destinados à pesquisa tecnológica e ao desenvolvimento de inovação tecnológica, deverá ser aplicada automaticamente pelo estabelecimento industrial ou equiparado a industrial, à vista de pedido, ordem de compra ou documento de adjudicação da encomenda, emitido pelo adquirente, que deverá ficar arquivado à disposição da fiscalização, devendo constar da nota fiscal a finalidade a que se destina o produto e a indicação do ato legal que concedeu o incentivo fiscal.[7]". (grifos nossos)

**b) Alíquota Zero de IRRF**

O inciso VI, do artigo 17, da Lei nº 11.196/05, prevê a redução para 0% (zero por cento) da alíquota do Imposto de Renda Retido na Fonte (IRRF) nas remessas efetuadas para o exterior destinadas ao registro e manutenção de marcas, patentes e cultivares.

Convém ressaltar que a Lei nº 11.196/05 também previa a concessão de crédito do IRRF na proporção de 10% sobre os valores pagos, reme-

7 Solução de Consulta nº 138 de 12 de Maio de 2008.

tidos ou creditados a beneficiários residentes ou domiciliados no exterior, a título de *royalties* e de assistência técnica ou científica e de serviços especializados. Entretanto, tal incentivo foi revogado pela Medida Provisória nº 497/2010.

## II.3. Subvenção para pagamento de pesquisadores

Por fim, o artigo 21, da Lei nº 11.196/05 estabelece que as agências de fomento de ciências e tecnologia da União poderão subvencionar a contratação de pesquisadores, titulados como mestres ou doutores, empregados em atividades de inovação tecnológica em empresas brasileiras, devendo ser precedida de consulta prévia junto ao órgão competente.

A Lei determina que o valor da subvenção seja de até 60% para empresas localizadas na área da SUDENE e SUDAN e 40% para empresas localizadas nas demais regiões.

Ressalta-se que a Medida Provisória nº 497/2010 determinou que as subvenções previstas no artigo 21 da Lei nº 11.196/05, tratadas acima, não serão computadas para fins de determinação da base de cálculo do IRPJ, da CSLL, das contribuições sociais para o PIS e da COFINS, desde que tenham atendido aos requisitos estabelecidos na legislação específica e desde que realizadas as contrapartidas assumidas pela empresa beneficiária.

Além disso, disciplina que o emprego dos recursos decorrentes das subvenções governamentais aludidas não constituirá despesas ou custos para fins de determinação das bases de cálculo do IRPJ e da CSLL, nem dará direito a apuração de créditos das contribuições sociais para o PIS e da COFINS.

Ao final, estabelece que o valor das despesas ou dos custos já considerados nas bases de cálculo do IRPJ e da CSLL, em períodos anteriores ao do recebimento da subvenção, deverá ser adicionado ao lucro líquido para fins de determinação das respectivas bases de cálculo, no período de recebimento da subvenção e que os créditos de PIS e COFINS decorrentes de despesas e custos incorridos anteriormente ao recebimento da subvenção deverão ser estornados.

É bom lembrar que a Medida Provisória nº 497/2010 ainda está pendente de análise e poderá ou não ser convertida em lei. Caso não seja, as inovações trazidas serão válidas somente naquele tempo em que permaneceu vigente, salvo disposição em contrário contida em decreto legislativo a ser expedido pelo Congresso Nacional.

## III. CONDIÇÕES PARA O APROVEITAMENTO DOS INCENTIVOS FISCAIS

Primeiramente, é importante ressaltar que os incentivos fiscais trazidos pela Lei nº 11.196/05 inovam ao não exigir uma prévia autorização governamental para aproveitamento dos benefícios, isto é, o aproveitamento das vantagens não está condicionado a uma prévia avaliação por parte das autoridades regulatórias e fiscais.

No entanto, a empresa que se beneficie dos incentivos previstos na Lei nº 11.196/05, deverá se comprometer a:

(i) Manter controle em contas específicas dos dispêndios e pagamentos relativos aos incentivos fiscais;
(ii) Enviar ao Ministério da Ciência e Tecnologia, até o dia 31 de julho de cada ano, por meio eletrônico, um formulário[8] com informações da empresa e, mais especificamente, de sua atividade de P&D;
(iii) Comprovar sua regularidade fiscal;
(iv) Efetuar seus dispêndios com P&D apenas com pessoas físicas ou jurídicas residentes e domiciliadas no país[9].

8 O formulário foi aprovado pela Portaria nº 943, 08 de dezembro de 2006.

9 Salvo nos incentivos onde o dispêndio deva ser obrigatoriamente feito com pessoas físicas ou jurídicas estrangeiras, como na hipótese de aplicação de alíquota zero do IRRF.

A RFB entende, por força de expressa previsão legal[10], que a empresa beneficiária dos incentivos fiscais da Lei nº 11.196/05 deverá manter à sua disposição, pelo prazo de cinco anos, toda a documentação relativa à utilização desses incentivos.

O descumprimento das obrigações previamente assumidas, assim como a utilização indevida dos incentivos fiscais previstos pela Lei nº 11.196/05 implica em sua perda e no recolhimento do valor correspondente aos tributos não pagos devido ao aproveitamento das vantagens tributárias, acrescidos de juros e multa de mora ou de ofício, sem prejuízos de sanções penais eventualmente cabíveis.

## IV. CONCEITO INOVAÇÃO TECNOLÓGICA

Como vimos acima, os incentivos fiscais concedidos pela Lei nº 11.196/05 sempre fazem menção às atividades relacionadas à inovação tecnológica e, por conta disso, faz-se imprescindível delinear seu conceito para fins do aproveitamento das vantagens tributárias.

O § 1º, do artigo 17, da aludida lei dispõe que: "Considera-se inovação tecnológica a **concepção de novo produto ou processo de fabricação, bem como a agregação de novas funcionalidades ou características ao produto ou processo que implique em melhorias incrementais e efetivo ganho de qualidade ou produtividade, resultando maior competitividade no mercado**." (grifos nossos).

Além disso, como citado anteriormente, o artigo 2º do Regulamento considera como P&D, as atividades de:

> a) pesquisa básica dirigida: os trabalhos executados com o objetivo de adquirir conhecimentos quanto à compreensão de novos fenômenos, com vistas ao desenvolvimento de produtos, processos ou sistemas inovadores;

10 Art. 14 (...) § 1º - A documentação relativa à utilização dos incentivos de que trata este Decreto deverá ser mantida pela pessoa jurídica beneficiária à disposição da fiscalização da Secretaria da Receita Federal, durante o prazo prescricional. (grifos nossos)

b) pesquisa aplicada: os trabalhos executados com o objetivo de adquirir novos conhecimentos, com vistas ao desenvolvimento ou aprimoramento de produtos, processos e sistemas;
c) desenvolvimento experimental: os trabalhos sistemáticos delineados a partir de conhecimentos preexistentes, visando a comprovação ou demonstração da viabilidade técnica ou funcional de novos produtos, processos, sistemas e serviços ou, ainda, um evidente aperfeiçoamento dos já produzidos ou estabelecidos;
d) tecnologia industrial básica: aquelas tais como a aferição e a calibração de máquinas e equipamentos, o projeto e a confecção de instrumentos de medida específicos, a certificação de conformidade, inclusive os ensaios correspondentes, a normalização ou a documentação técnica gerada e o patenteamento do produto ou processo desenvolvido; e
e) serviços de apoio técnico: aqueles que sejam indispensáveis à implantação e à manutenção das instalações ou dos equipamentos destinados, exclusivamente, à execução de projetos de pesquisa, desenvolvimento ou inovação tecnológica, bem como à capacitação dos recursos humanos a eles dedicados.

Entretanto, na legislação pátria, não há outros normativos que tratem do conceito de inovação tecnológica. Da mesma forma, não existem atos regulamentadores que tragam elucidações, esclarecimentos e detalhes adicionais acerca da definição de inovação tecnológica e de seu correto emprego.

Nesse sentido, vale mencionar que a maior parte das normas nacionais é inspirada em acordos internacionais e normativos estrangeiros sobre o assunto. Assim, é importante compreender os princípios constantes dos normativos internacionais para que haja maior clareza em relação aos conceitos de inovação tecnológica.

Pois bem, o Manual de Frascati, publicado pela Organização para Cooperação e Desenvolvimento Econômico (OCDE), obra de referência para a definição da investigação e desenvolvimento experimental, ao tratar do conceito de inovação tecnológica, dispôs o seguinte:

> "As atividades de inovação tecnológica são o conjunto de etapas científicas, tecnológicas, organizativas, financeiras e comerciais, incluindo os investimentos em novos conhecimentos, que levam ou que tentam levar à implementação de produtos e de processos novos ou melhorados. A ID não é mais do que uma destas atividades e pode ser desenvolvida em diferentes fases do processo de inovação, não sendo utilizada apenas enquanto fonte de ideias criativas, mas também para resolver os problemas que podem surgir em qualquer fase até a sua implementação.(...)" (grifos nossos)

Posteriormente, o Manual de Oslo, igualmente publicado pela OCDE, com o objetivo de orientar e padronizar conceitos, metodologias e construção de estatísticas e indicadores de pesquisa de P&D de países industrializados trouxe as seguintes definições:

> "Inovações Tecnológicas em Produtos e Processos (TPP) compreendem as implantações de produtos e processos tecnologicamente novos e substanciais melhorias tecnológicas em produtos e processos. Uma inovação TPP é considerada implantada se tiver sido introduzida no mercado (inovação de produto) ou usada no processo de produção (inovação de processo). Uma inovação TPP envolve uma série de atividades científicas, tecnológicas, organizacionais, financeiras e comerciais. Uma empresa inovadora em TPP é uma empresa que tenha implantado produtos ou processos tecnologicamente novos ou com substancial melhoria tecnológica durante o período em análise. A exigência mínima é que o produto ou processo deve ser novo (ou substancialmente melhorado) para a empresa (não precisa ser novo no mundo).
>
> (...)
>
> A inovação tecnológica de produto pode assumir duas formas abrangentes:
>
> • produtos tecnologicamente novos;
>
> • produtos tecnologicamente aprimorados;
>
> Um produto tecnologicamente novo é um produto cujas características tecnológicas ou usos pretendidos diferem daqueles dos produtos produzidos anteriormente. Tais inovações podem envolver tecnologias radicalmente novas, podem basear-se na combinação de tecnologias existentes em novos usos, ou podem ser derivadas do uso de novo conhecimento.

Os primeiros microprocessadores e gravadores de videocassete foram exemplos de produtos tecnologicamente novos do primeiro tipo, utilizando tecnologias radicalmente novas. O primeiro toca-fitas portátil, que combinava as técnicas existentes de fita e minifones de cabeça, foi um produto tecnologicamente novo do segundo tipo, combinando tecnologias existentes em um novo uso. Em cada caso, o produto geral não existia anteriormente.

**Produto tecnologicamente aprimorado**. É um produto existente cujo desempenho tenha sido significativamente aprimorado ou elevado. Um produto simples pode ser aprimorado (em termos de melhor desempenho ou menor custo) através de componentes ou materiais de desempenho melhor, ou um produto complexo que consista em vários subsistemas técnicos integrados pode ser aprimorado através de modificações parciais em um dos subsistemas.

Produtos tecnologicamente aprimorados podem ter grandes e pequenos efeitos na empresa. A substituição de metais por plástico nos equipamentos de cozinha ou mobílias é um exemplo de uso de componentes de melhor desempenho. A introdução de freios ABS ou outras melhorias de subsistemas em carros é um exemplo de mudanças parciais em alguns subsistemas técnicos integrados.

(...)

<u>Inovação tecnológica de processo é a adoção de métodos de produção novos ou significativamente melhorados, incluindo métodos de entrega dos produtos. Tais métodos podem envolver mudanças no equipamento ou na organização da produção, ou uma combinação dessas mudanças, e podem derivar do uso de novo conhecimento</u>. <u>Os métodos podem ter por objetivo produzir ou entregar produtos tecnologicamente novos ou aprimorados, que não possam ser produzidos ou entregues com os métodos convencionais de produção, ou pretender aumentar a produção ou eficiência na entrega de produtos existentes</u>. (...)". (grifos nossos).

Assim sendo, tanto a lei brasileira como os manuais internacionais vinculam o conceito de inovação tecnológica à introdução de um novo bem no mercado ou de uma nova qualidade referente a um bem já existente, mas até então desconhecida e não utilizada. Além disso, as normas mencionadas acima também preveem que a introdução de um novo método de produção ainda não testado e empregado pela indústria de transformação pode ser considerada como inovação tecnológica.

A RFB, nas poucas vezes em que tratou do assunto, se manifestou da seguinte forma:

> "Imposto sobre a Renda de Pessoa Jurídica - IRPJ EMENTA: LUCRO REAL. INCENTIVO FISCAL. INOVAÇÃO TECNOLÓGICA. O conceito de inovação tecnológica é aquele previsto no § 1° do art. 17 da Lei nº 11.196, de 2005, e no art. 2° do Decreto nº 5.798, de 2006, sendo autoaplicável, desde que sejam atendidos todas as formalidades e requisitos normativos pertinentes". (Solução de Consulta nº 50, de 21 de junho de 2010).

> "O incentivo à inovação tecnológica de que trata o capítulo 3° da Lei nº 11.196, de 2005, não é aplicável ao desenvolvimento de projetos relacionados à comercialização, gestão e distribuição de produtos. Fundamentos Legais: Lei nº 11.196, de 2005, arts. 17 a 27; Lei nº 10.973, de 2004, art. 28." (Solução de Consulta nº 372, de 19 de outubro de 2007).

Por fim, vale ressaltar que nem a Lei nº 11.196/05 e tampouco o Regulamento trazem previsão expressa acerca da autoridade competente para fiscalizar as atividades da pessoa jurídica a fim de verificar se essa está, de fato, exercendo atividades relacionadas à inovação tecnológica de modo a fazer jus aos incentivos fiscais.

A RFB julga não ser de sua competência verificar factualmente se as operações do beneficiário cumpriram ou não os requisitos da Lei nº 11.196/05, como se vê da decisão abaixo:

> "PROCESSO DE CONSULTA. <u>O instituto da consulta não se afigura o meio adequado para se confirmar, ou não, se determinada empresa operacionalmente de fato cumpre programas de pesquisa tecnológica e de desenvolvimento de inovação tecnológica, tendo em vista que, além de não se tratar de interpretação da legislação</u>

tributária, mas, sim, de sua aplicação, cabe ao beneficiário dos incentivos fiscais prestar as informações sobre os seus programas na forma da Portaria MCT nº 943, de 2006, e atender às demais normas estabelecidas nos atos que regulamentam o incentivo." (Solução de Consulta nº 138, de 15 de maio de 2008). (grifos nossos)

Portanto, muito embora a RFB tenha capacidade de eventualmente fiscalizar a utilização dos incentivos, o controle periódico, a despeito de previsão, deverá ser feito pelos técnicos do Ministério de Ciências e Tecnologia (MCT).

Nesse mesmo sentido, em publicação sobre a aplicação dos incentivos à inovação tecnológica previstos pela Lei nº 11.196/05, Sérgio André Rocha[11], dispõe o seguinte:

> "Nem a Lei nº 11.196/05, nem o Decreto nº 5.798/06 que a regulamentou, estabelecem claramente de quem seria a competência para a identificação de se determinado contribuinte está desenvolvendo atividades de pesquisa e desenvolvimento para inovação tecnológica que sejam passiveis de incentivo através dos benefícios fiscais. Contudo, parece-nos decorrer da natureza do processo previsto nos aludidos diplomas legais (...) que tal competência seja do MCT. Este parece ter sido também o entendimento acolhido na Solução de Consulta nº 138, de 2008 (...) quando se afirmou que cabe ao beneficiário dos incentivos fiscais prestar as informações sobre os seus programas na forma da Portaria MCT nº 943, de 2006, e atender às demais normas estabelecidas nos atos que regulamento o incentivo".

## V. CONCLUSÃO

Conforme disposto pela Lei nº 11.196/05 e pelo Regulamento a pessoa jurídica que desenvolver atividade relacionada à inovação tecnológica e, igualmente, obedecer aos requisitos formais previstos na legislação em comento, poderá usufruir dos incentivos fiscais aludidos acima.

11 Aplicação dos Incentivos à Inovação Tecnológica Previstos na Lei nº 11.196/05. Revista *Dialética de Direito Tributário* nº 171, Dezembro/2009. Editora Dialética: São Paulo, 2009, p. 132.

Entretanto, por (i) não existir, atualmente, na legislação pátria conceitos muito claros do que seria considerado como inovação tecnológica, (ii) por não haver necessidade de uma prévia aprovação das autoridades competentes para a utilização dos incentivos e, (iii) pela ausência de manifestações da RFB e do MCT sobre o correto aproveitamento desses incentivos, muitas das vezes, os contribuintes não se sentem confortáveis em se aproveitar das vantagens fiscais existentes com receio de, em momento posterior, serem penalizados por eventual utilização indevida dos benefícios fiscais existentes.

Entretanto, à luz das disposições normativas existentes e do aumento progressivo dos investimentos em inovação tecnológica, serão cada vez mais recorrentes o interesse e a aplicação prática de tais normas, assim como a fruição das vantagens tributárias existentes. Portanto, o fato das regras existentes serem novas e demasiadamente abrangentes não deve justificar o afastamento de contribuintes da busca por sua efetiva aplicação.

Com efeito, o Governo Federal tem interesse estratégico em incentivar tais investimentos e caberá ao contribuinte demonstrar de forma clara e evidente que os investimentos realizados estão compreendidos no conceito de inovação tecnológica.

# FUNRURAL - Comentários ao Julgado do Supremo Tribunal Federal e Indispensáveis Esclarecimentos

Lívia Balbino Fonseca Silva

Gabriela Silva de Lemos

Armando Bellini Scarpelli

## I. INTRODUÇÃO

Neste trabalho serão expostas relevantes considerações em relação à contribuição à seguridade social denominada FUNRURAL, a qual tem se demonstrado merecedora de especial atenção, principalmente após a decisão emanada pelo Supremo Tribunal Federal - STF quando do julgamento do recurso extraordinário 363.852, ocorrido no início deste ano.

Naquela ocasião o Plenário do STF, por unanimidade, decidiu pela inconstitucionalidade da contribuição denominada FUNRURAL, criando precedente de suntuosa importância, o qual vem sendo observado pelos magistrados das instâncias inferiores.

Imediatamente após o julgamento da Suprema Corte, o Poder Judiciário se vê diante de um incontável número de interessados que ajuízam ações relativas à matéria, visando não somente o afastamento da exação, como também a restituição da importância indevidamente recolhida nos anos idos.

E não poderia ser outro o cenário que emergiu após o julgamento plenário do STF, levando-se em consideração não apenas a relevante fatia da economia brasileira que se dedica às atividades rurais, mas também o enorme número de produtores rurais pessoas físicas e seus respectivos adquirentes de produção.

Desse modo, o aumento espantoso na quantidade de ações distribuídas para o afastamento do FUNRURAL se deve tanto pela relevância dos valores envolvidos – já que, como veremos adiante, o tributo afeta parcela das receitas da produção rural – quanto pela enorme quantidade de litigantes em potencial.

Contudo, certa confusão tem surgido quanto ao afastamento do FUNRURAL, sendo necessário esclarecer a exata materialidade da relação jurídico-tributária julgada inconstitucional pelo STF.

Também esclareceremos os verdadeiros efeitos do afastamento da contribuição, tanto em relação ao produtor rural propriamente dito quanto ao adquirente de sua produção.

## II. O FUNRURAL EFETIVAMENTE AFASTADO PELO STF

A contribuição nomeada FUNRURAL, que foi afastada pela Suprema Corte, é um tributo cuja incidência se dá por substituição à contribuição previdenciária que normalmente incidiria sobre a remuneração concedida pelo empregador rural pessoa física aos trabalhadores que lhe prestam serviços.

A norma jurídica que obriga o contribuinte ao recolhimento deste tipo tributário é veiculada pelo artigo 25 da Lei nº 8.212/91. Veja-se:

> "Art. 25. A contribuição do empregador rural pessoa física, em substituição à contribuição de que tratam os incisos 1° e 2° do art. 22, e a do segurado especial, referidos, respectivamente, na alínea a do inciso 5° e no inciso 7° do art. 12 desta Lei, destinada à Seguridade Social, é de:

> I - 2% da receita bruta proveniente da comercialização da sua produção;
>
> II - 0,1% da receita bruta proveniente da comercialização da sua produção para financiamento das prestações por acidente do trabalho."

Percebe-se que o produtor rural pessoa física, de acordo com a redação do artigo 25 da Lei nº 8.212/91, deve contribuir com a Seguridade Social não com base na remuneração por ele concedida, mas com percentual da receita bruta decorrente da comercialização de sua produção.

A essa contribuição incidente sobre a receita bruta da pessoa física, em substituição à contribuição que ordinariamente incidiria sobre remuneração, deu-se o nome de FUNRURAL.

Ocorre que o termo FUNRURAL tornou-se um termo plurívoco devido à sua utilização, tanto pela doutrina quanto pela jurisprudência, para designar não apenas o FUNRURAL devido pelo empregador rural pessoa física, como descrito acima, mas também para designar outra sorte de contribuições que em nada devem ser confundidas com o tipo tributário que ora analisamos.

E essa confusão tem levado os contribuintes ligados às atividades rurais a cometerem incorreções quanto à aplicação do julgado do STF manifestado no recurso extraordinário 363.852.

O julgado do Pretório Excelso, que afastou o FUNRURAL, teve sua ementa redigida do seguinte modo:

> "RECURSO EXTRAORDINÁRIO - PRESSUPOSTO ESPECÍFICO - VIOLÊNCIA À CONSTITUIÇÃO - ANÁLISE - CONCLUSÃO. Porque o Supremo, na análise da violência à Constituição, adota entendimento quanto à matéria de fundo do extraordinário, a conclusão a que chega deságua, conforme sempre sustentou a melhor doutrina - José Carlos Barbosa Moreira -, em provimento ou desprovimento do recurso, sendo impróprias as nomenclaturas 'conhecimento' e 'não conhecimento'. CONTRIBUIÇÃO SOCIAL - COMERCIALIZAÇÃO DE BOVINOS - PRODUTORES RURAIS PESSOAS NATURAIS - SUB-ROGAÇÃO - LEI Nº 8.212/91 - ARTIGO 195, INCISO I, DA CARTA FEDERAL - PERÍODO ANTERIOR À EMENDA CONSTITUCIONAL Nº 20/98

- UNICIDADE DE INCIDÊNCIA - EXCEÇÕES - COFINS E CONTRIBUIÇÃO SOCIAL - PRECEDENTE - INEXISTÊNCIA DE LEI COMPLEMENTAR. Ante o texto constitucional, não subsiste a obrigação tributária sub-rogada do adquirente, presente a venda de bovinos por produtores rurais, pessoas naturais, prevista nos artigos 12, incisos 5° e 7°, 25, incisos 1° e 2°, e 30, inciso 4°, da Lei nº 8.212/91, com as redações decorrentes das Leis nº 8.540/92 e nº 9.528/97. Aplicação de leis no tempo - considerações."
(grifos nossos, RE 363852, Relator(a): Min. MARCO AURÉLIO, Tribunal Pleno, julgado em 03/02/2010, DJe-071 DIVULG 22-04-2010 PUBLIC 23-04-2010 EMENT VOL-02398-04 PP-00701 RET v. 13, n. 74, 2010, p. 41-69)

Nota-se que o STF foi explícito ao fazer constar na ementa de seu julgado que a obrigação tributária afastada é aquela prevista pelo artigo 25, 1º e 2º da Lei nº 8.212/91, ou seja, justamente a obrigação atinente ao produtor rural pessoa física, que incide sobre a receita da comercialização de sua produção, conforme descrito anteriormente.

Assim, o tributo efetivamente afastado pela Suprema Corte não foi outro senão, especificamente, a contribuição previdenciária devida pelo produtor rural pessoa física, incidente por substituição à contribuição que incidiria normalmente sobre a remuneração por ele concedida. Essa contribuição afastada pelo STF é denominada pelos juristas de FUNRURAL.

Porém, como mencionamos, os operadores do direito também utilizam o termo FUNRURAL para identificar outras contribuições, como:

(i) a contribuição devida pelo produtor rural pessoa jurídica, incidente sobre a receita bruta da comercialização da sua produção, também em caráter substitutivo à contribuição que normalmente incidiria sobre a remuneração. Essa exação é prevista pelo artigo 25 da Lei nº 8.870/94;
(ii) a contribuição devida pela agroindústria, incidente sobre a receita bruta proveniente da comercialização da produção, novamente em substituição à contribuição incidente sobre a remuneração. Essa contribuição é prevista pelo artigo 22ª da Lei nº 8.212/91;

(iii) a antiga contribuição ao FUNRURAL, instituída pela Lei Complementar nº 11/71 cuja vigência deu-se até o advento da Lei nº 7.787/89;

(iv) a contribuição devida pelo produtor rural, pessoa natural, que exerça suas atividades em regime de economia familiar, sem empregados permanentes.

Nota-se, portanto, que o termo "FUNRURAL" ou "contribuição ao FUNRURAL" é utilizado para a identificação de diversas espécies tributárias, sendo que o STF declarou inconstitucional apenas uma delas: aquela devida pelo produtor rural pessoa física, que incide sobre a receita bruta da comercialização de sua produção, em substituição à contribuição que normalmente incidiria sobre a remuneração por ele concedida àqueles trabalhadores que lhe prestem serviços.

Por essa razão, é imprescindível que se tenha plena noção de que, apesar de a doutrina e a jurisprudência terem imbuído ao termo FUNRURAL caráter plurívoco, o FUNRURAL afastado pelo STF é unívoco, indicando somente o tributo devido pelo produtor rural pessoa física, incidente sobre a receita bruta proveniente da comercialização de sua produção, cuja responsabilidade pelo recolhimento é sub-rogada à pessoa jurídica adquirente de sua produção rural, conforme já exposto.

## III. ANÁLISE DA DECISÃO DO STF E SUAS CONSEQUÊNCIAS - LEGISLAÇÃO POSTERIOR À EMENDA Nº 20/98

Passaremos, a seguir, a detalhar os elementos fundamentais do julgamento do STF que acarretaram o reconhecimento da inconstitucionalidade do FUNRURAL.

A ementa do julgamento proferido no RE 363.852 foi redigida com uma clareza hialina, ao relatar que "ante o texto constitucional, não subsiste a obrigação tributária sub-rogada do adquirente, presente a venda de bovinos por produtores rurais, pessoas naturais, prevista nos artigos 12, incisos V e VII, 25, incisos I e II, e 30, inciso IV da Lei nº 8.212/91, com as redações decorrentes das Leis nº 8.540/92 e nº 9.528/97".

Ora, conforme se verifica, o STF foi categórico ao afastar a contribuição prevista pelos dispositivos legais vergastados no julgado, sendo essa contribuição aquela já tanto mencionada, devida pelos produtores rurais pessoas físicas e incidente sobre sua receita bruta.

Porém, uma análise mais aprofundada do acórdão proferido pelo plenário do STF revela uma fundamentação nem tão terminante quanto a ementa dele originada.

Lembramos que o julgamento em análise restringiu-se ao FUNRURAL previsto pelo artigo 25 da Lei nº 8.212/91 com as redações das Leis nº 8.540/92 e 9.528/97, ambas promulgadas antes da Emenda Constitucional nº 20/98.

Essa secção temporal que ora se sublinha deve ser tomada em elevada consideração, uma vez que ela será determinante para a especificação dos efeitos do julgado do STF no tempo, principalmente após a edição da referida Emenda nº 20/98. Essa emenda, como se sabe, ampliou a competência tributária da União no que diz respeito à instituição de contribuição destinadas ao custeio da Seguridade Social.

Deveras, antes da Emenda nº 20/98, havia previsão para instituição de contribuições à Seguridade Social apenas sobre o faturamento, a folha de salários e o lucro. Após essa emenda, a União passou a poder tributar não apenas o faturamento como também as receitas, conceito contábil muito mais abrangente que faturamento propriamente dito.

Então, é de se notar que o julgado do STF afastou exclusivamente o FUNRURAL instituído pelas Leis nº 8.540/92 e 9.528/97, publicadas antes da Emenda Constitucional nº 20/98. Ocorre que, em 2001, foi publicada a Lei nº 10.256, que, alterando mais uma vez o artigo 25 da Lei nº 8.212/91, representou evidente nova tentativa do legislador para instituir o FUNRURAL, desta vez sob a ordem constitucional pós Emenda nº 20/98 ou, em outras palavras, sob ordem constitucional autorizadora de tributação não apenas de faturamento como também de receitas em si.

Nesse sentido, esclareça-se mais uma vez que a Lei nº 10.256/2001, que intenta reinstituir o FUNRURAL após a Emenda nº 20/98 não foi apreciada pelo STF. Não é de grande surpresa o surgimento de interpretação da Fazenda Pública sobre o julgado STF no sentido de limitá-lo no tempo até a edição da Lei nº 10.256/2001, tornando a cobrança do FUNRURAL supostamente legítima após a edição desse veículo normativo.

E, justamente em razão de eventual interpretação equivocada do Fisco, passaremos à análise dos fundamentos adotados pelo STF para o afastamento da contribuição ao FUNRURAL para, após, verificarmos se esses fundamentos, os quais surgiram em um cenário que autorizava apenas tributação de faturamento, ainda são pertinentes com o atual ordenamento constitucional, que hoje autoriza a tributação de receitas em geral, e que supostamente legitimaria a cobrança do FUNRURAL instituído pela Lei nº 10.256/2001.

Pois bem, os ministros da Suprema Corte utilizaram uma ampla gama de fundamentos como arrimo para o desfecho do julgado que acabou expurgando de nosso sistema a contribuição em análise.

Esses fundamentos vão desde a ofensa ao postulado constitucional da legalidade em virtude de o fato imponível da obrigação tributária estar veiculado por instrução normativa, conforme suscitado pelo então ministro Eros Grau, até a quebra da isonomia que acaba por posicionar o produtor rural pessoa física em uma situação desvantajosa em relação aos seus concorrentes empregadores urbanos, o que foi suscitado pelos ministros Ricardo Lewandowski, Cezar Peluso, Carmen Lúcia e pelo Ministro Relator Marco Aurélio.

O voto do Ministro Relator, Marco Aurélio, e o voto do Ministro Cezar Peluso foram os que mais se aprofundaram na matéria e, por essa razão, acabaram se tornando aqueles que entendemos merecedores de uma análise mais intensa.

Inicialmente, o Ministro Marco Aurélio conclui pela inconstitucionalidade do FUNRURAL pelo fato de que a Constituição Federal não permite a incidência de duas contribuições com a mesma finalidade sobre a mesma materialidade. Então, já existindo desde a Lei Complementar 70/91 a incidência da COFINS, que é uma contribuição à Seguridade Social, que incide sobre o faturamento e as receitas, não há espaço para nova incidência de contribuição securitária sobre o mesmo fato imponível.

Desse modo, não há competência outorgada pela Carta Maior ao legislador federal para que ele possa instituir outra fonte de custeio à Seguridade

Social sobre as receitas provenientes da comercialização da produção rural, tornando o FUNRURAL inconstitucional.

Além do mais, os Ministros Marco Aurélio e Cezar Peluso traçaram uma interessante linha de raciocínio que leva à conclusão de que o FUNRURAL afastado consistiu em uma tentativa da União, em sua ânsia arrecadatória, alargar a autorização constitucional prevista pelo artigo 195, parágrafo 8º da Carta Maior.

O referido dispositivo constitucional autoriza que a União, para custear a Seguridade Social, institua contribuição incidente sobre a produção do empregador rural pessoa física que vive sob regime de economia familiar e não possui empregados permanentes. Note-se que essa autorização constitucional refere-se a um tributo, também denominado FUNRURAL, mas que não é aquele que foi afastado pelo STF, conforme já esclarecido em outro tópico.

E, uma vez que a autorização constitucional prevista pelo artigo 195, parágrafo 8º da Carta Maior refere-se exclusivamente a esse produtor rural com características específicas – sem empregados e de economia familiar – não poderia a União ter instituído fonte de custeio à Seguridade Social, com base neste permissivo constitucional, que onere o empregador rural que tenha empregados e opere em regime comercial.

Referida instituição tributária demandaria lei complementar, haja vista o disposto no artigo 195, parágrafo 4º da Constituição Federal, tornando então o FUNRURAL em análise inconstitucional e acarretando, como o foi, seu afastamento pela Suprema Corte.

Em que pese o acerto jurídico do raciocínio tido pelos Ministros Marco Aurélio e Cezar Peluso, fato é que o mesmo poderia ser contestado pelo Fisco após o advento da Emenda nº 20/98. Isso porque, conforme explicado, a referida emenda estendeu a gama de materialidades passíveis de incidência de contribuições à Seguridade Social. Ocorre que, mesmo com a Emenda nº 20/98, os votos dos Ministros Marco Aurélio e Cezar Peluso subsistem no que concerne a essa linha de raciocínio.

De fato, foi reconhecido por esses ministros que a exação em análise foi instituída sobre resultado da produção rural. Além disso, os mesmos ministros consignaram que os conceitos de faturamento e receita não podem ser confundidos com o conceito de resultado da produção rural.

Ademais, em momento algum, independentemente da Emenda nº 20/98, existiu autorização constitucional para que fosse criada contribuição à Seguridade Social incidente sobre resultado da produção rural, o que nos leva a concluir que, mesmo por essa linha de raciocínio, ainda assim seria necessária a instituição do FUNRURAL por meio de lei complementar.

Desse modo, mesmo após a nova ordem constitucional advinda com a Emenda nº 20/98, que autorizou a criação de contribuição à Seguridade Social sobre a materialidade "receita", ainda assim o FUNRURAL continuaria inconstitucional.

De qualquer forma, a reserva de lei complementar não é a única razão que sustenta a inconstitucionalidade do FUNRURAL, sendo esta originada também, de acordo com o STF, pela duplicidade de tributação na mesma base, quebra de isonomia e violação ao postulado da legalidade. Todos esses motivos são suficientemente fortes para a sustentação da inconstitucionalidade do tributo mesmo após o advento da Emenda Constitucional nº 20/98, apesar do julgado do STF ter limitado sua análise à inconstitucionalidade da legislação pretérita a tal emenda, qual seja, a Lei nº 8.212/91, com as alterações trazidas pelas Leis nº 8.540/92 e nº 9.528/97.

Finalmente, ainda há um importante argumento que por si só sustenta a ilegitimidade do FUNRURAL mesmo após a vinda da Emenda Constitucional nº 20/98. Esse argumento não foi sequer levantado pelo plenário do STF, mas é de juridicidade inconteste: não há instituição de regra-matriz de incidência tributária do tributo em questão após o advento da Emenda nº 20/98.

Isso porque, como já explanado, a instituição do FUNRURAL se deu em momento anterior à Emenda nº 20/98, pelas Leis nº 8.540/92 e 9.528/97. A Lei nº 10.256/2001, por outro lado, tratou do assunto, mas não criou ou reinstituiu a contribuição em tela, já que os elementos da regra-matriz de incidência tributária estavam e permaneceram previstos pelas referidas leis.

Nesse sentido, somente este motivo seria suficiente para afastar a exigência do tributo em foco, também após o advento da Emenda nº 20/98.

Conclui-se, portanto, na hipótese de o Fisco exigir o FUNRURAL após a Emenda Constitucional nº 20/98, com base na lei nº 10.256/2001, não haver dúvidas de sua ilegalidade e inconstitucionalidade, não só pelos argumentos levantados pelo STF, mas também pelo fato de que não houve instituição tributária efetiva após essa emenda.

## IV. OS EFEITOS PRÁTICOS DO AFASTAMENTO DO FUNRURAL

O julgamento emanado pelo plenário do STF ocorreu em sede de recurso extraordinário, ou seja, sobreveio em controle difuso de constitucionalidade. Por essa razão, surte efeito apenas interpartes, sendo necessário que, se o contribuinte desejar afastar o FUNRURAL, ajuíze ação própria para tanto, buscando a prolação de norma individual e concreta que o aproveite.

Tecidas as necessárias considerações sobre o FUNRURAL e os fundamentos do julgamento do STF para sua declaração de inconstitucionalidade, passemos à análise das consequências práticas trazidas ao contribuinte pelo afastamento desse tributo.

Tem legitimidade para discutir o FUNRURAL judicialmente duas espécies de contribuintes: (i) o produtor rural pessoa física e (ii) o adquirente da produção rural de pessoa física contribuinte do FUNRURAL.

O produtor rural possui essa legitimidade por, logicamente, estar sujeito à norma de incidência tributária veiculada pelo artigo 25 da Lei nº 8.212/91.

Por seu turno, o adquirente da produção rural de pessoa física contribuinte do FUNRURAL também se mostra legitimado a requerer judicialmente o afastamento da exação. Isso porque, de acordo com o artigo 30, IV da Lei nº 8.212/91, o adquirente fica sub-rogado na obrigação tributária do produtor rural pessoa física de recolher aos cofres públicos o FUNRURAL.

Dessa maneira, tanto o produtor quanto o adquirente mostram-se legítimos para pleitear o afastamento do FUNRURAL em Juízo. Essa legitimidade inclusive já foi reconhecida pelo Superior Tribunal de Justiça – STJ (recursos especiais 961178 e 800036, entre outros).

Todavia, o mesmo STJ vem demonstrando entendimento diverso quanto à legitimidade para se pleitear a restituição do indébito tributário originado do recolhimento indevido do FUNRURAL. Entende o STJ que apenas o produtor rural pessoa física está legitimado a postular em Juízo a restituição desse indébito (conforme os mesmos recursos especiais mencionados no parágrafo anterior).

Isso porque, apesar da obrigação de recolher o FUNRURAL ser sub-rogada ao adquirente da produção rural, este procede ao destaque da contribuição na nota fiscal correspondente à aquisição da produção e ao consequente desconto quando do pagamento da nota. Desse modo, quem efetivamente suporta o encargo financeiro da exação é o próprio produtor rural.

Essa situação fática levou o STJ a fixar entendimento de que é do produtor rural a legitimidade de pleitear a restituição do tributo. O adquirente da produção, sub-rogado na obrigação tributária, apenas pode postular a restituição se munido de autorização do produtor rural pessoa natural, nos termos do artigo 166 do Código Tributário Nacional.

## V. CONCLUSÃO

As conclusões às quais se chegam após esse breve estudo são as seguintes:

(i) A exigência da contribuição ao FUNRURAL pode ser afastada judicialmente tanto pelo produtor rural pessoa física quanto pelo adquirente de sua produção. Para tanto, é necessário que o interessado proponha ação judicial para produzir norma individual e concreta a ele relacionada, tendo em vista que a decisão do STF não possui efeito *erga omnes;*

(ii) De acordo com orientação jurisprudencial sobre o tema, apenas o produtor rural pessoa natural está legitimado para pleitear a restituição do indébito relativo ao FUNRURAL. Todavia, nada obsta que o adquirente da produção rural, sub-rogado na obrigação em exame, pleiteie a restituição do tributo se munido de autorização para tanto, nos termos do artigo 166 do CTN;

(iii) Apesar de o STF ter limitado sua análise do FUNRURAL sob o ordenamento constitucional anterior à Emenda Constitucional nº 20/98, entendemos que é passível de ser sustentada a sobrevida dos efeitos do julgado mesmo após essa emenda.

# Preços de Transferência – Tendências e Propostas para Alteração da Legislação Atual

Luiz Felipe Centeno Ferraz
Maria Elisa Sabatel Giordano

## I. INTRODUÇÃO

O ano de 2010 representa o décimo quarto aniversário das regras originais de preços de transferência, publicadas através da Lei nº 9.430 em 30 de dezembro de 1996. Ainda que muito já tenha se falado sobre o assunto durante este período, as críticas básicas ao modelo aplicado pelo Brasil mantêm-se inabalavelmente as mesmas: a impossibilidade do uso de métodos transacionais retira alternativas de escolha do contribuinte, a falta dos chamados *Advance Pricing Agreements* (APAs) conservam unilateral a relação entre o contribuinte e a Receita Federal do Brasil (RFB) e, principalmente, as margens fixas para cálculo de preços-parâmetro aplicadas por alguns métodos são injustas e restringem a aplicação do princípio *arm's length* (distorcendo, assim, os parâmetros aceitos pela Organização para a Cooperação e Desenvolvimento Econômico – OCDE).

Em 2001, o Projeto de Lei nº 4.695, de autoria do Deputado Nelson Proença, tentou alterar este cenário, estabelecendo regras que revolucionavam a estrutura de apuração dos preços de transferência no Brasil. O Projeto de Lei apresentou a boa iniciativa de estabelecer conceitos alegadamente mais justos que os da Lei nº 9.430, mas foi arquivado sem aprovação em 2007.

Apesar do fracasso na tentativa feita pelo Projeto de Lei nº 4.695, as regras de preços de transferência sofreram alterações durante estes catorze anos. Tais alterações foram relativamente simples[1] e mantiveram as críticas acima à parte de qualquer mudança porque a RFB não considera a possibilidade de criação de métodos transacionais, alega inconstitucionalidade para permissão ao uso de APAs e entende que as margens fixas visam facilitar o trabalho dos agentes fiscais – e até mesmo do contribuinte.

Em 29 de dezembro de 2009, o Diário Oficial da União publicou a Medida Provisória nº 478 com as primeiras alterações relevantes à Lei nº 9.430 desde 2000:

(i) revogou o Método do Preço de Revenda menos Lucro (PRL) às margens de 20% e de 60% e, em seu lugar, criou o método do Preço de Venda menos Lucro (PVL) à margem de 35%. O método PVL deixou de lado a base de cálculo do método PRL dada pela Lei nº 9.430 e adotou aquela dada pela Instrução Normativa 243 em 11 de novembro de 2002.

(ii) restringiu a possibilidade de uso do método dos Preços Independentes Comparados (PIC) para um percentual (10%) mínimo de amostragem;

(iii) autorizou o Ministério da Fazenda a fixar margens de lucro diferentes por setor ou ramo de atividade econômica para fins de apuração de preços-parâmetro;

1 E sempre de forma a adequar necessidades da vida prática e/ou solicitações do contribuinte. Nestes catorze anos, a alteração mais relevante foi feita pela Lei nº 9.959 em 2000, ao criar a margem de 60% para o método do Preço de Revenda menos Lucro (PRL) na situação de importação para industrialização e posterior venda.

(iv) estabeleceu que a opção por um método para apuração do preço-parâmetro seja efetuada na Declaração de Informação Econômico-Fiscais da Pessoa Jurídica (DIPJ), impedindo a alteração pelo contribuinte uma vez iniciado o procedimento fiscal.

Por falta de votação para conversão em lei, a Medida Provisória nº 478 foi declarada ineficaz em 14 de junho de 2010, e as regras originais da Lei nº 9.430 (então com alterações posteriores) voltaram a viger.

## II. PROPOSTAS PARA ALTERAÇÃO DA LEGISLAÇÃO

Apesar da cessão dos efeitos da MP nº 478, alterações às regras de preços de transferência são esperadas para o curto prazo – para 2010 ou 2011, potencialmente trazendo duas discussões imediatas:

(i) do ponto de vista temporal, se vierem até o fim de 2010, as regras enfrentarão a discussão sobre a limitação do artigo 62, §10 da Constituição Federal, que veda a "*reedição, na mesma sessão legislativa, de medida provisória que tenha sido rejeitada ou que tenha perdido sua eficácia por decurso de prazo*".

Apesar da controvérsia que isto possa gerar nos tribunais administrativos e judiciais, no passado a presidência da Câmara dos Deputados curiosamente opinou que "*primeiro, para se avaliar se houve reedição de medida provisória, deve-se levar em conta o momento da edição da medida e não o momento da deliberação sobre a matéria, nos estritos termos do art. 62, § 10, da Constituição Federal. (...) Terceiro, reiterando os termos da decisão proferida por ocasião da Questão de Ordem nº 150, de 2007, a reedição de medida provisória só se caracteriza pela reprodução integral de seu conteúdo. (...)*".[2]

2 Decisão no Recurso nº 84/2007, à Questão de Ordem nº 150/2007, suscitada pelo Deputado Fernando Coruja (PPS-SC).

(ii) do ponto de vista instrumental, se vierem através de Medida Provisória, como se espera, as regras enfrentarão discussões sobre o princípio da anterioridade legal prevista no artigo 62, §2º da Constituição Federal: Medida Provisória que implique instituição ou majoração de imposto de renda só produzirá efeitos no exercício financeiro seguinte se houver sido convertida em lei até o último dia daquele em que foi editada. Caso haja conversão em 2011[3], as novas regras serão aplicáveis ao contribuinte apenas a partir do ano-calendário 2012.[4]

Ainda que a opinião geral sobre futuras alterações às regras de preços de transferência deverem passar pelas orientações da OCDE, é fato que isto é um conceito ideal. Na prática, a posição diversa da RFB sobre o assunto será observada e quaisquer novas regras não serão revolucionárias; ao contrário, tomarão por base o conceito original da Lei nº 9.430. Expectativas devem, portanto, ser sempre realistas.

As duas propostas para alterações à legislação de preços de transferência mais relevantes, feitas durante os últimos anos, e que provavelmente embasarão próximas alterações legais, tomaram por base essa premissa realista e possuem várias semelhanças entre si – são elas patrocinadas pela Federação das Indústrias do Estado de São Paulo (FIESP) e pela Câmara Americana de Comércio (AmCham). As diferenças verificadas não se baseiam na essência, mas sim em aspectos mais marginais do assunto.

A análise abaixo contempla itens da proposta discutida pela AmCham durante o ano de 2010. Ainda que a versão final de novas regras de preços de transferência venha a ser diferente de tal proposta, este trabalho aborda os tópicos trazidos à discussão durante o período, sendo, assim, um importante registro do trabalho desenvolvido.

3 A conversão em 2010 seria muito pouco provável ainda que a publicação ocorresse em 2010.

4 Esta regra não vale para a Contribuição Social sobre o Lucro (CSLL), que segue princípio diverso por força do artigo 195, §6º da Constituição Federal: *"As contribuições sociais de que trata este artigo só poderão ser exigidas após decorridos noventa dias da data da publicação da lei que as houver instituído ou modificado, não se lhes aplicando o disposto no art. 150, III, "b""*.

## II.1. Substituição do método PRL pelo método PVL com margens específicas

A ideia inicial de se substituir o método do Preço de Revenda menos Lucro (PRL) pelo chamado método do Preço de Venda menos Lucro (PVL) surgiu com a publicação da Medida Provisória (MP) nº 478, e é a mais relevante entre quaisquer ideias que imediatamente surjam em relação ao tema preços de transferência.

Por fazer referência a uma *venda*, o método PVL é denominadamente mais adequado – o PRL (revenda) aplicava-se a uma *venda* e a uma *revenda* – e, portanto, é mais acertado. À parte a questão semântica, o método PVL descrito na MP nº 478 apresentava um cálculo similar àquele descrito pelo artigo 12 da Instrução Normativa (IN) SRF 243, de 11 de novembro de 2002, com o declarado propósito de eliminar o já comum litígio administrativo que discute questões de hierarquia[5]. Um retorno do método PVL ao ordenamento jurídico certamente reapresentará um cálculo similar àquele descrito pela IN 243/02.

Do ponto de vista da margem de lucro, a adoção de margem única de 35% para qualquer operação, conforme originalmente estabelecido pela MP 478, deixava de trazer a diferenciação original do método PRL entre industrialização e venda (60%) e revenda (20%). Esta seria uma tendência a retornar em uma eventual republicação do método PVL, mas fortemente se discute a possibilidade de retorno a um mínimo de duas margens – uma para venda e outra para revenda –, ainda que não haja definição imediata sobre qual seriam os percentuais razoavelmente aplicáveis. Sugestões figuram em torno de 20% para a revenda e 25% ou 35% para a venda.

Ainda que a manutenção de duas margens na forma acima tenda a ser bem aceita pelas autoridades fiscais, mais relevante e inovadora é a discussão sobre a nova legislação autorizar margens setoriais específicas na hipótese de

5 A discussão toma por base o fato de que o método PRL descrito na IN 243/02 é diferente daquele originalmente descrito na Lei nº 9.430/96. Sendo a descrição da IN 243/02 mais prejudicial ao contribuinte, questiona-se a falta de legitimidade que uma Instrução Normativa tem para exceder aquilo que é disposto por diploma hierarquicamente superior, como a Lei Ordinária.

importação para industrialização e posterior venda. Por mais específicas que sejam as análises para estabelecimento de tais margens, um trabalho bastante delicado será estabelecer os setores a serem favorecidos ou até mesmo os limite de cada setor.

Discussões ocorrem, por fim, em relação ao instrumento através do qual as margens setoriais seriam concedidas. Se, por um lado, Instruções Normativas dispensariam aprovação do Congresso Nacional e, portanto, trariam agilidade ao processo de mudança de margens, autorizações através de Leis Ordinárias trariam mais segurança ao contribuinte. É justo afirmar que o instrumento adotado para as primeiras autorizações seja aquele consistentemente utilizado naquelas que vêm a seguir.

## II.2. Flexibilização de Exigências em Pedidos de Mudança de Margem

O artigo 20 da Lei nº 9.430/96 confere ao Ministro do Estado da Fazenda a competência para alterar percentuais e margem de lucros mediante a aprovação do pedido de solicitação de entidade de classe representativa da categoria econômica ou profissional de âmbito nacional ou pela própria pessoa jurídica interessada, sendo este procedimento atualmente regulado pela Portaria 222, publicada em 24 de setembro de 2008.

Referida Portaria explicita quais bens e serviços poderão ter seus percentuais referentes aos métodos ajustados e determina que o prazo mínimo estipulado pela RFB para vigência das mudanças eventualmente aprovadas será de dois anos. Não há fixação de prazo máximo. [6]

6 Ademais, dentre outras disposições específicas a cada um dos métodos relevantes para esse fim, ficou estabelecido que nas operações de importação somente serão permitidas as alterações referentes a: I. prazo para pagamento; II. quantidades negociadas; III. obrigação por garantia de funcionamento do bem ou da aplicabilidade do serviço ou direito; IV. obrigação pela promoção, junto ao público, do bem, serviço ou direito, por meio de propaganda e publicidade; V. obrigação pelos custos de fiscalização de qualidade, do padrão dos serviços e das condições de higiene; VI. custos de intermediação nas operações de compra e venda praticadas pelas pessoas jurídicas não vinculadas, consideradas para efeito de comparação dos preços; VII. acondicionamento; e VIII. frete e seguro. Já nas operações de exportação, serão permitidos, ainda ajustes referentes a risco de crédito.

As discussões para novas regras em relação a este tópico passam pela substituição da necessidade de uma série de relatórios e demonstrativos internos anuais com temas prefixados e de alto nível de exigência pela fundamentação do pedido em relatório preparado por terceiros.

Referidos relatórios, elaborados por empresas ou instituições de notório conhecimento técnico, especificariam o bem, serviço ou direito analisado, o período, o contribuinte e os custos apurados para cada bem, serviço ou direito, bem como conteriam a identificação dos dados analisados e atestariam sua veracidade. Ademais, observariam critérios de avaliação econômicos ou contábeis aceitos internacionalmente e deveriam se referir a período compatível com o de apuração da base de cálculo do imposto de renda.

Na forma proposta, a RFB teria total autonomia para desqualificar este relatório. Sua desqualificação seria formalizada por ato do Secretário da RFB, com base em representação do servidor competente para efetuar o lançamento do tributo e em parecer da Coordenação Geral de Tributação (COSIT).

Historicamente, a RFB resiste em aceitar a preparação de relatórios por terceiros com base em entendimentos por possível parcialidade da entidade que os prepararia – ainda que o contribuinte teoricamente também possa ser parcial neste ponto, ou ainda que a entidade que o prepare seja considerada independente. A fim de evitar uma possível arbitrariedade, a sugestão de alteração de margem colocada à mesa requer que uma eventual resposta negativa de aceitação do relatório seja fundamentada, e concede ao contribuinte a possibilidade de manifestação contrária no prazo de 30 dias, com esclarecimentos e provas, similar a uma emenda do pedido.

## II.3. Medidas de Salvaguarda (*Safe Harbours*) em Importações

As regras de preços de transferência brasileiras estabelecem situações em que o contribuinte se encontra dispensado de comprovar a adequação dos preços praticados com partes vinculadas – todas elas relacionadas a operações de exportação:

(i) artigo 19 da Lei nº 9.430/96 – "*as receitas auferidas nas operações efetuadas com pessoa vinculada ficam sujeitas a arbitramento quando o preço médio de venda dos bens, serviços ou direitos, nas exportações efetuadas durante o respectivo período de apuração da base de cálculo do imposto de renda, for inferior a noventa por cento do preço médio praticado na venda dos mesmos bens, serviços ou direitos, no mercado brasileiro, durante o mesmo período, em condições de pagamento semelhantes*";

(ii) artigo 35 da IN 243/02 – "*a pessoa jurídica que comprovar haver apurado lucro líquido, antes da provisão da CSLL e do imposto de renda, decorrente das receitas de vendas nas exportações para empresas vinculadas, em valor equivalente a, no mínimo, cinco por cento do total dessas receitas, considerando a média anual do período de apuração e dos dois anos precedentes, poderá comprovar a adequação dos preços praticados nas exportações, do período de apuração, exclusivamente com os documentos relacionados com a própria operação*";

(iii) artigo 36 da IN 243/02 – "*a pessoa jurídica, cuja receita líquida das exportações, no ano-calendário, não exceder a cinco por cento do total da receita líquida no mesmo período, poderá comprovar a adequação dos preços praticados nessas exportações, exclusivamente com os documentos relacionados com a própria operação*".

Conforme se verifica, todas as dispensas acima têm como ponto comum a pouca expressão que uma inadequação dos preços praticados geraria ao resultado do contribuinte, considerando a complexidade para cálculo de métodos de preços de transferência e a necessidade de fiscalização da RFB. Por conta disto, e para se atender totalmente ao princípio da razoabilidade, sugerem-se procedimentos semelhantes a importações de bens, serviços ou direitos de pessoa vinculada no exterior nos seguintes casos:

(a) caso o valor total da soma das importações de bens, serviços e direitos de empresas vinculadas seja igual ou inferior a 5% do total das compras no mesmo período;

(b) caso o preço médio de compra de bens, serviços ou direitos, nas importações efetuadas durante o respectivo período de apuração da base de cálculo do IRPJ e da CSLL não seja superior a 110% do preço médio praticado na compra dos mesmos bens, serviços ou direitos, no mercado brasileiro, durante o mesmo período, em condições de pagamento semelhantes.

Ainda que estas dispensas tenham por base imaterialidade de efeitos, suas aprovações não seriam simples: algumas entidades setoriais entendem que elas poderiam favorecer empresas importadoras de bens, serviços ou direitos exportados por pessoas vinculadas que estejam domiciliadas em países com economias subsidiadas, prejudicando, assim, a competitividade no mercado interno. Por favorecer, por outro lado, importadores de bens, serviços ou direitos que transacionem com partes vinculadas que recorram a práticas normais de mercado, no entanto, seria possível que esta regra fosse ajustada para restringir os temores das entidades setoriais.

Outra possibilidade interessante de dispensa seria aquela relacionada à importação de bens de pessoa vinculada sob o regime de *drawback* (importação para produção de outros bens a serem integralmente exportados para pessoas vinculadas), o cálculo do preço-parâmetro seria requerida apenas na exportação dos bens produzidos.

Discussões sugerem que esta autorização seja condicionada ao uso dos métodos CAP, do Preço de Venda por Atacado no País de Destino, Diminuído do Lucro (PVA) e do Preço de Venda a Varejo no País de Destino, Diminuído do Lucro (PVV). Uma eventual autorização de uso do PVEx poderia gerar planejamentos contrários ao espírito da norma e, consequentemente, a transferência de lucros ao exterior.

## II.4. Método PIC

Ao alterar o inciso I do artigo 18 da Lei nº 9.430/96, o texto original da MP nº 478 gerou dúvidas quanto à aplicação do método dos Preços Independentes Comparados (PIC), pois se passou a defini-lo como "*a média aritmética ponderada dos preços de bens, serviços ou direitos, idênticos ou similares, apurados no mercado brasileiro ou de outros países, em operações de compra e venda, empreendidas pela própria interessada ou por terceiros com não vinculadas, em condições de pagamento semelhantes*".

Na leitura do trecho final incluído naquele artigo ("...*empreendidas pela própria interessada ou por terceiros com não vinculadas, em condições de pagamento semelhantes*"), diversos contribuintes equivocadamente entenderam que o método PIC somente poderia ser aplicado em operações próprias com terceiros – e não entre terceiros não vinculados. Verificou-se, com isso, que a utilização de terminologias que possuem ao fim o mesmo significado poderia limitar o universo de transações comparáveis, e, assim, têm sido sugeridas alterações de texto que, afinal, resultariam na redação original contida na Lei nº 9.430/96 (com pequenas alterações no texto no que tange à metodologia de cálculo pela média ponderada). As modificações sugeridas mantêm como alvo a ampla manutenção do princípio *arm's length*, essencial em relação a questões de preços de transferência.

Outro ponto levantado na Medida Provisória nº 478 – e que tende a prevalecer em futuras regras de preços de transferência – corresponde à restrição de uso do método PIC ao contribuinte. A ideia da RFB seria impor um mínimo de representatividade de 10% para importações do contribuinte, evitando, assim, que ele utilize uma operação irrelevante praticada com (ou entre) terceiros para estabelecer o preço-parâmetro máximo de suas importações. É importante lembrar que a restrição deve valer tanto para o contribuinte quanto para a fiscalização, em uma clara aplicação de conceitos igualitários.

A redação dada a Medida Provisória nº 478 para esta restrição não era precisa e, equivocadamente, fazia referência até mesmo ao cálculo do método PVL. Sugestões para revisão deste ponto provavelmente gerarão conceitos mais claros em uma eventual republicação deste ponto em nova legislação.

## II.5. MÉTODO CPL

O método do Custo de Produção mais Lucro (CPL) é definido no artigo 18, 3º da Lei nº 9.430/96 como "*o custo médio de produção de bens, serviços ou direitos, idênticos ou similares, no país onde tiverem sido originariamente produzidos, acrescido dos impostos e taxas cobrados pelo referido país na exportação e de margem de lucro de vinte por cento, calculada sobre o custo apurado*".

Esta definição apresenta restrições de várias ordens para o uso do método. A primeira é relativa à comparação: ao requerer o custo médio de bens, serviços ou direitos idênticos ou similares, o método CPL impõe que o contribuinte tenha conhecimento sobre a composição de custos de produção de bens diversos daqueles adquiridos do exterior – sendo que já seria naturalmente difícil o acesso ao custo dos próprios bens, serviços ou direitos importados.

Autores dizem que não seria esta a ideia original do legislador e que, ao contrário, dever-se-ia aceitar o custo do próprio bem, serviço ou direito importado, ou ainda de idênticos ou similares. Felizmente, a fiscalização tem aceito esta orientação, possibilitando, assim, um maior uso do método CPL. Sugestões de modificação do texto legal consideram deixar expresso este ponto na definição do método.

Outro ponto discutido em relação ao método CPL está na sugestão de que o custo a ser utilizado como base para o cálculo do método CPL seja o padrão, ao invés do custo médio, considerando ser o custo padrão aquele mais eficaz e utilizado para um correto controle e gerenciamento dos custos (e, por conta disto, ser aquele que mais verdadeiramente espelha o custo real de produção e aquisição de bens, serviços e direitos).

Finalmente, uma última restrição diz respeito ao uso do método CPL apenas para importação de bens, serviços ou direitos produzidos por pessoas vinculadas, sem que se possa aplicá-lo a bens, serviços ou direitos por elas adquiridos. Esta vedação naturalmente exclui o uso do método por pessoas vinculadas à pessoa física ou jurídica domiciliada no Brasil que atue apenas como revendedora de bens adquiridos de terceiros.

Ainda que originalmente não aceita, a autorização para uso em casos de aquisição tende a ser bem-vista – a exemplo da autorização dada ao método do Custo de Aquisição ou de Produção mais Tributos e Lucro (CAP) nas operações de exportação –, mas, para se evitar planejamentos indevidos, as sugestões têm sido dadas no sentido de que o custo a ser utilizado seja o de produção nas situações em que a pessoa física ou jurídica brasileira importe bens, serviços ou direitos que, embora tenham sido objeto de simples revenda pela parte vinculada no exterior, tenham sido originalmente produzidos dentro do mesmo grupo societário.

Um ponto derivado da sugestão acima tem sido a aplicação da margem de lucro. É possível que uma margem de lucro em operações de aquisição venha a ser aceita em valor menor que os 20% aplicáveis para a produção.

## II.6. Comprovação Documental nos Preços Parâmetro

A Lei nº 9.430/96 não apresenta uma relação de documentos hábeis para a comprovação do preço-parâmetro a ser utilizado pelo contribuinte brasileiro que esteja submetido às regras de preços de transferência. Para manter uma uniformidade de procedimentos e simplificar controles, propõe-se que estudos de preços de transferência nos moldes internacionais também sejam aceitos pelo fisco brasileiro.

Por decorrência da própria sistemática de alguns métodos – mais precisamente o CPL, o PVV e o PVEx –, a obtenção de dados no exterior é complexa e por vezes impraticável, sendo agravada pela necessidade de também obter e manter em arquivos cópias de toda a documentação que suporte estes custos – principalmente os custos indiretos.

A fim de minimizar a complexidade do processo necessário para a comprovação e possibilitar um maior uso daqueles métodos, sugere-se a faculdade de o contribuinte apresentar relatórios ou estudos de terceiros que, ao apurar o método de cálculo do preço-parâmetro, atestem a veracidade dos dados utilizados – i.e., dos elementos de custo adotados para o cálculo. Tais relatórios ou estudos poderiam ser apresentados desacompanhados de toda a documentação-suporte correspondente (faturas etc.), mas deveriam ser detalhistas em relação a todos os itens de cálculo (critérios de rateio, origens dos números). Uma necessidade de comprovação de determinado número autorizaria a RFB a solicitar ao contribuinte a apresentação do correspondente suporte documental.

Como dito no item 2.2 acima, esta faculdade tende a sofrer resistência das autoridades fiscais por conta da vinculação que tais terceiros poderiam ter com o contribuinte. A sugestão, no entanto, iria na mesma linha: os estudos deveriam ser preparados por entidades independentes, de notório conhecimento técnico, não vinculadas à pessoa domiciliada no Brasil ou no exterior e registradas em órgãos securitários locais. Referidos estudos, caso apresentados pelo contribuinte, não restringiriam o poder fiscalizador das autoridades fiscais, que poderiam ainda discordar dos critérios e/ou metodologia utilizada desde que tal discordância viesse acompanhada da devida fundamentação técnica.

## II.7. Preço Praticado – FOB x CIF

A definição de preço de transferência passa pelo estabelecimento de um preço mínimo ou máximo praticado entre partes consideradas vinculadas, na venda de bens, serviços ou direitos, considerando o que seria praticado entre partes consideradas não vinculadas, em transações comparáveis nas mesmas circunstâncias (princípio *arm's length*).

O método PRL – e a proposta de seu substitutivo, o método PVL – consideram a redução do preço de venda/revenda de bens, serviços e direitos no Brasil até a obtenção de um custo que inclui o valor efetivamente praticado com uma parte considerada vinculada no exterior, acrescido de frete nacional e seguro (o chamado custo CIF – *Cost, Insurance and Freight*). Considerando o fato de que os fretes nacional e seguro seja pagamento feito no País a partes não vinculadas ao contribuinte importador, existe, então, uma clara afronta ao princípio *arm's length*.

Com base neste argumento, diversos contribuintes têm buscado aplicar o chamado custo FOB (*Free on Board*) em processos sobre o assunto no Brasil nos últimos anos. É um argumento justo, na medida em que somente pagamentos a partes consideradas vinculadas deveriam ser controlados pelas regras de preços de transferência.

Uma nova legislação sobre o assunto deveria passar por esta discussão. Sugestões têm sido dadas neste sentido e, ainda possam sofrer resistência da RFB, a ideia é que o controle seja feito pelo contribuinte e apenas validado pela fiscalização, em uma clara manifestação de boa-fé sobre a regra.

## II.8. Momento da Escolha do Método

Com base na vinculação criada na DIPJ, a MP nº 478 excluía do contribuinte a possibilidade de utilização de métodos diversos. Se, por um lado, esta restrição representava uma clara intenção de diminuição dos litígios com contribuintes, por outro, criava a tendência a ser muito contestada no âmbito administrativo e judicial com base em alegações de cerceamento do direito de defesa, de confronto com o princípio da verdade material - e até mesmo pela contradição com o disposto na Lei nº 9.430/96, que garante ao contribuinte o uso do melhor método e lhe assegura o menor ajuste identificado.

Em relação à Lei nº 9.430/96 tampouco há garantia ao contribuinte de que, caso o método por ele escolhido venha a ser desclassificado pela fiscalização durante uma auditoria de seus livros, ele possa apresentar outro cálculo por método distinto do originalmente escolhido, e que da mesma forma justifique o atendimento às regras de preços de transferência.

A fim de garantir justiça na relação entre o contribuinte, a RFB e a legislação tributária, tem-se discutido que a opção de escolha do melhor método possa ser realizada pelo contribuinte a qualquer tempo antes do oferecimento da defesa em processo administrativo - i.e., na DIPJ ou durante o processo de fiscalização. Este procedimento teria, sim, o condão de diminuir litígios na medida em que contribuintes teriam condições de discutir com a RFB a aplicação do melhor método anteriormente ao início de um eventual processo administrativo. Por tender a colocar o contribuinte e a fiscalização em níveis iguais de discussão, este ponto parece correto e encontrar pouca resistência a ser redigido no futuro.

## II.9. Ajustes por Fornecedor

Diversos contribuintes brasileiros que transacionam com bens, serviços ou direitos fornecidos por partes vinculadas no exterior acabam se vendo em situações em que - por exemplo - o custo de um bem importado de determinado fornecedor se revela inferior ao preço parâmetro estabelecido por algum método e o custo de outro bem importado (do mesmo fornecedor) permanece acima do preço-parâmetro estabelecido pelo mesmo ou por outro método. Como resultado, estes contribuintes não têm ajustes em relação ao primeiro bem e ajustam o lucro real e a base de cálculo da CSLL pelo excesso causado pelo segundo bem.

Considerando o fato de que a regra brasileira de preços de transferência visa evitar a transferência de lucros para o exterior, e a premissa de que transações realizadas com um mesmo parceiro comercial sejam analisadas conjuntamente para identificar a presença de transferência irregular de lucros para o exterior *naquela transação*, sugere-se a compensação dos ajustes positivos e negativos de diferentes bens transacionados com uma mesma pessoa vinculada.

Esta é uma das mais interessantes sugestões em discussão para uma alteração às regras de preços de transferência no Brasil e, caso aprovada, significaria uma importante modernização da Lei nº 9.430/96 por abordar o aspecto econômico das relações comerciais e compatibilizar as regras locais com as diretrizes da OCDE sobre o assunto.

Por se tratar de novidade (ou apesar disto), é possível que a ideia encontre resistência da RFB em relação a uma dificuldade de fiscalização. Para que isto seja efetivo, e considerando que a compensação seria de interesse do contribuinte, a sugestão seria de que ele providenciasse todo o controle e que a fiscalização tivesse a autoridade para questioná-lo, desde que de forma fundamentada.

## II.10. Ajustes de Estoques – Método PVL

De acordo com o artigo 5º da IN 243/02, eventual excesso em relação ao preço-parâmetro que justifique um ajuste ao lucro real e à base de cálculo da CSLL deverá ajustado na contabilidade da pessoa jurídica brasileira por meio de lançamento a débito de conta de resultados acumulados do patrimônio líquido e a crédito de:

(i) conta do ativo onde foi contabilizada a aquisição dos bens, direitos ou serviços e que permanecerem ali registrados ao final do período de apuração; ou

(ii) conta própria de custo ou de despesa do período de apuração, que registre o valor dos bens, direitos ou serviços, no caso de já terem sido baixados da conta de ativo que tenha registrado a sua aquisição.

Estabelece ainda o artigo 5º, §3º que "*caso a pessoa jurídica opte por adicionar, na determinação do lucro real e da base de cálculo da CSLL, o valor do excesso apurado em cada período de apuração somente por ocasião da realização por alienação ou baixa a qualquer título do bem, direito ou serviço adquirido, o valor total do excesso apurado no período de aquisição deverá ser excluído do patrimônio líquido, para fins de determinação da base de cálculo dos juros sobre o capital próprio* (...)".

Esta regra não encontra amparo na Lei nº 9.430/96. Sugere-se, desta forma, que discussão desta natureza seja trazida para o nível de Lei Ordinária, estabelecendo um momento diferente para o cálculo do preço-parâmetro: devem-se refletir os efeitos tributários da aplicação da legislação de preços de transferência no momento em que eles afetem o lucro tributável, bem como viabilizar a aplicação do método PVL conforme ocorra a operação de venda que tem impacto na formação do lucro tributável.

Este parece não ser um tópico de controvérsia entre contribuinte e RFB. Conforme se entende, importações de bens, serviços e direitos que não tenham sido revendidos no ano da aquisição não podem estar sujeitas aos métodos de (re)venda.

## II.11. Ajuste de variação cambial

Atualmente negocia-se que o Ministro da Fazenda fixaria o fator de correção dos efeitos de variação cambial para cálculo dos preços de transferência, diante da situação de elevada oscilação da taxa de câmbio a cada período. Referido fator de correção seria aplicado sobre o preço praticado tal como efetuado em anos anteriores, de forma a diminuir a divergência exclusivamente pela diferença em oriunda de variação cambial, quando de sua comparação com o preço-parâmetro obtido.

Sugestões têm sido feitas para a manutenção deste procedimento para as exportações, mas também para a inclusão às importações, a fim de que naqueles casos também não haja distorções quanto à efetividade econômica da transação.

Este não seria um ponto de fácil discussão: algumas entidades setoriais entendem que este ajuste poderia prejudicar a competitividade no mercado interno. Esta posição poderia gerar pouco interesse no prosseguimento de conversas sobre o assunto.

# Direito Tributário Ambiental: o Princípio da Seletividade e os Novos Tempos com a Agenda Ambiental

Marcos Joaquim Gonçalves Alves
Rodolfo Tsunetaka Tamanaha

## I. INTRODUÇÃO

A proteção ao meio ambiente é um dos temas mais candentes da atualidade, pois está diretamente ligado à preservação da própria vida humana nos moldes atuais[1]. Desde o Protocolo de Kyoto, reconhecido como o principal marco propulsor das atuais mudanças relativas à questão ambiental[2], o que se verifica no mundo é uma crescente preocupação com as

1 Cf. BECK, Ulrich. Living in the World Risk Society. In: *Economy and Society*, Volume 35, Number 3, August 2006: 329-345. Disponível em: http://www.skidmore.edu/~rscarce/Soc-Th-Env/Env%20Theory%20PDFs/Beck--WorldRisk.pdf. Acesso em 30 de setembro de 2010.

2 O Protocolo de Kyoto de 1997 definiu como metas a redução das emissões de dióxido de carbono (CO2) entre 2008 e 2012 para níveis 5,2% inferiores aos constatados em 1990 em cada um dos países signatários, também chamado de "primeiro período de compromisso".

condições do meio ambiente[3], o que tem ocasionado a busca por instrumentos efetivos de proteção ambiental.

No Brasil, até o advento da Constituição Federal de 1988 (CF/88), as normas relativas à proteção do meio ambiente não eram tão prolíferas, estando relacionadas invariavelmente às autorizações e licenças administrativas outorgadas pela Administração Pública em assuntos relacionados à saúde pública. Com a promulgação da nova Carta Constitucional, o meio ambiente passou a ser um bem jurídico efetivamente tutelado no plano constitucional, tornando-se, além de direito fundamental[4] (art. 225), verdadeiro princípio geral da ordem econômica (art. 170, VI).

Entre os diversos mecanismos de tutela ambiental previstos na Constituição Federal, como o estudo prévio de impacto ambiental para fins de outorga de licença ambiental, o estabelecimento de espaços territoriais a serem especialmente protegidos, a promoção da educação ambiental entre a população, entre outros, destaca-se a possibilidade de utilização da tributação como forma de incentivar ou prevenir comportamentos em prol do meio ambiente.

Em nível internacional, o que se verifica há alguns anos é que a utilização de imposições tributárias podem ser utilizadas para a defesa do meio ambiente e sua preservação, sendo um exemplo a chamada *Green Tax Reform* ou *Environmental Tax Reform* (ETR), que é um movimento de reforma

3 Para uma visão crítica a respeito do aquecimento global, cf. LOMBORG, Bjorn. *Cool it: Muita Calma Nessa Hora: o guia de um ambientalista cético sobre o aquecimento global* (tradução de Regina Lyra). Rio de Janeiro: Elsevier, 2008.

4 O direito constitucional ao meio ambiente é entendido como direito fundamental de terceira geração, como reconhece o Min. Celso de Mello, do Supremo Tribunal Federal: "(Trata-se de) um típico direito de **terceira** geração que assiste, **de modo subjetivamente indeterminado**, a todo o **gênero humano**, circunstância essa que justifica a especial obrigação – que assiste ao Estado e à própria coletividade – de defendê-lo e de preservá-lo em benefício das **presentes** e das **futuras** gerações, evitando-se, desse modo, que irrompam, no seio da comunhão social, os graves **conflitos intergeracionais** marcados pelo **desrespeito** ao dever de solidariedade na integridade da proteção desse bem essencial de uso comum de todos quantos compõem o grupo social" (MS 22.164-0/SP. Tribunal Pleno, Rel. Min. Celso de Mello, julgado em 30.10.1995, DJ de 17.11.1995).

da legislação tributária[5] que alcançou realidade em grande parte dos países europeus da Organização para a Cooperação e Desenvolvimento Econômico (OCDE)[6].

O objetivo primordial desse movimento é a redução da emissão de gases poluentes na atmosfera, o que denota seu nítido caráter ambiental. Por outro lado, como objetivo igualmente importante, é o incentivo à criação de empregos e geração de renda por intermédio da desoneração fiscal, que representa um importante instrumento de política anticíclica que deve ser considerado em períodos de forte inclinação recessiva e instabilidade econômica[7].

Diante desse cenário, deduz-se que o Direito Tributário pode colaborar para preservar o meio ambiente. Recorde-se que a atividade tributária não é um fim em si mesmo, mas representa um instrumento do Estado, já que viabiliza o levantamento de recursos pecuniários de que o Estado necessita para atingir os fins que lhes são constitucionalmente apontados, como melhorar a saúde da população, garantir a educação, propiciar o acesso à cultura e ao lazer, promover a segurança pública, entre outras medidas.

Por outro lado, os tributos prestam-se igualmente ao atingimento de outros objetivos que não os meramente fiscais[8], como se depreende da

5 Vale consignar, a esse respeito, que encontra-se atualmente em andamento um Projeto de Emenda Constitucional que propõe algumas alterações na Constituição Federal a fim de contemplar diretrizes gerais para uma verdadeira "Reforma Tributária Ambiental", que em muito se assemelha ao mencionado movimento europeu do ETR. É o Projeto de Emenda Constitucional 353/2009, do Deputado Federal Roberto Rocha, do PSDB/MA, apresentada em abril de 2009 na Câmara dos Deputados.

6 Cf. ALVAREZ, Xosé C., GAGO, Alberto, LABANDEIRA, Xavier. Green Tax Reform: Facts and Experiences. *Australian Tax Forum*, Volume 14, n. 01. Disponível em: http://webs.uvigo.es/xavier/papers/atf.pdf. Acesso em 29 de setembro de 2010.

7 "*From this point of view a positive employment effect of an ecological tax reform can be expected*" (KIRCHGASSNER, Gerbhard., MULLER, Ulrich. SAVIOZ, Marcel. *Ecological Tax Reform and Involuntary Unemployment: Simulation Results for Switzerland.* University of St. Gallen, Dept. of Economics, Discussion Paper Nº 9806. Disponível em: http://papers.ssrn.com/sol3/papers.cfm?abstract_id=104675. Acesso no dia 05 de outubro de 2010).

8 Um tributo é chamado de fiscal quanto seu objetivo primordial é arrecadar recursos financeiros para o Estado. Por sua vez, um tributo é entendido como extrafiscal quando atende a outros fins que não (apenas) a arrecadação, tendo como objetivo primário a interferência no domínio econômico, viabilizando que o Estado atue como condutor e/ou planejador da economia, corretor de situações indesejadas e um elemento decisivo para mudanças de comportamento de determinados agentes econômicos.

leitura do art. 170, da Constituição Federal, que, ao tempo em que cuida da ordem econômica, imprime ao Estado brasileiro uma nítida feição social e intervencionista, consentânea em tudo com sua configuração atual de um Estado Democrático de Direito.

Não é nova a percepção de que o tributo, além de mecanismo de obtenção de recursos, pode ser utilizado para a realização de outros objetivos de ordem social, econômica e política (extrafiscalidade), mediante o incentivo ou dissuasão de certas condutas, havendo a preocupação, não obstante, de evitar que referidos instrumentos atinjam o "mínimo existencial"[9] dos contribuintes ou de alguma forma os impossibilitem de manter atividades econômicas lícitas, hipóteses em que a um só tempo se estaria minando a capacidade econômica[10] dos contribuintes e tornando o tributo confiscatório[11].

Com essas considerações, a questão que se impõe é a de estabelecer quais são as possibilidades e limites da tributação extrafiscal direcionada à proteção do meio ambiente à luz do ordenamento jurídico brasileiro.

Por se tratar de uma temática de grande complexidade e multifacetária, neste estudo objetiva-se apenas abordar o tema da seletividade como instrumento do Direito Tributário para concretizar a proteção ao meio ambiente.

9 Acerca dessa teoria, cf. BARCELLOS, Ana Paula de. *A eficácia jurídica dos princípios constitucionais - o princípio da dignidade da pessoa humana.* Rio de Janeiro: Renovar, 2002; e a decisão do STF na ADPF nº 45.

10 O princípio da capacidade contributiva nada mais é do que um corolário do princípio da igualdade. Está expressamente disposto no art. 145, § 1º da Constituição Federal de 1988: "*Sempre que possível, os impostos terão caráter pessoal e serão graduados segundo a capacidade econômica do contribuinte* [...]".

11 É uma norma dirigida ao Estado como forma de garantir ao contribuinte limites para a ação estatal, pois impede o livre-arbítrio do legislador na instituição de tributos que, de alguma forma, impeçam o livre exercício da atividade econômica.

## II. EXTRAFISCALIDADE TRIBUTÁRIA

### II.1. A Influência da Teoria das Externalidades na Tributação Ambiental

De acordo com Fábio Nusdeo[12], as ciência econômicas se desenvolvem a partir da compreensão de que as necessidades humanas são ilimitadas, enquanto que os recursos para a satisfação de tais necessidades são, por sua vez, limitados. Incontornável, portanto, é a lei da escassez, ponto de partida do pensamento econômico, que busca maneiras de atenuar os seus efeitos.

Assim, são considerados bens econômicos aqueles dotados de utilidade para a sociedade e cujo suprimento seja escasso. Com isso, não é difícil perceber a razão pela qual os recursos do meio ambiente nem sempre foram levados em consideração pela ciência econômica. NUSDEO afirma que a relação que prevaleceu até o final do século XIX entre as ciências econômicas e o sistema ecológico foi de considerável independência, uma vez que o sistema produtivo detinha pequenas proporções diante do meio ambiente, não sendo relevante a sua utilização dos bens naturais e a produção de resíduos.

O que se verificou, posteriormente, diante do exponencial crescimento do sistema econômico, foi uma evolução na percepção de que também os bens integrantes do meio ambiente são escassos[13]. A partir dessa constatação, os bens ambientais passaram a ser considerados bens econômicos, não podendo mais ser desconsiderados pelas teorias econômicas.

12 NUSDEO, Fabio. *Curso de economia – Introdução ao direito econômico.* 4ª ed. São Paulo: RT, 2005.

13 Como afirma Maria Alexandra de Sousa Aragão (*O princípio do poluidor-pagador: pedra angular da política comunitária do meio ambiente.* Coimbra: Coimbra Editora, 1997, p. 23): "*Sabemos hoje que os bens livres, mesmo quando sejam autorregeneráveis, também podem escassear, razão pela qual não há uma diferença qualitativa intrínseca entre os bens económicos e os bens livres e que a diferença, a existir, é tão só quantitativa, traduzindo-se na maior ou menor escassez relativa.*"

A partir daí, constatou-se que o uso dos recursos naturais tem a potencialidade de ocasionar externalidades[14] positivas e negativas. Por se tratar de bens difíceis de definir direitos de propriedade, uma vez que, em regra, são bens de toda a coletividade, os agentes econômicos não internalizam[15] os custos sociais nas suas decisões. Assim, os preços praticados nos mercados não refletem os verdadeiros custos econômicos, ocorrendo o cômputo apenas dos custos privados decorrentes do processo produtivo e ocasionando, por via de consequência, o repasse desses custos a terceiros ou para toda a sociedade.

Assim, de acordo com Ronaldo Seroa da Motta e outros[16], para que o verdadeiro preço econômico seja considerado, faz-se necessário internalizar o valor dos custos sociais (ambientais) ao custo privado. Nessa senda, a tributação tem sido defendida como um importante mecanismo de inclusão do valor dessas externalidades nas decisões relacionadas ao uso de recursos provenientes do meio ambiente.

Reputa-se à Arthur Cecil Pigou[17] a inclusão na teoria econômica da tributação como mecanismo para solucionar os problemas do meio ambiente, diante da percepção de que as externalidades ocasionam uma falha do sistema econômico que gera discrepâncias entre a intensidade da utilização dos recursos naturais e o verdadeiro custo dos mesmos[18]. PIGOU sugeriu a

14 KRUGMAN e WELLS (2007: 394) ensinam que: "*Quando os indivíduos impõem custos ou oferecem benefícios para outros, mas não têm incentivo econômico para levar em conta esses custos ou benefícios, os economistas dizem que a situação inclui externalidades*".

15 O termo internalizar é utilizado no sentido de fazer com que as pessoas levem em consideração em suas atividades econômicas os efeitos externos (ambientais) de suas ações.

16 SEROA DA MOTTA, Ronaldo; OLIVEIRA, José Marcos Domingues de Oliveira; MARGULIS, Sergio. *Proposta de Tributação Ambiental. Atual Reforma Tributária Brasileira.* Texto para discussão n. 738. Rio de Janeiro: IPEA, 2000.

17 PIGOU, Arthur Cecil. *The Economics of Welfare.* 4ª ed. London: Macmillan and Co., 1932. Disponível em: http://www.econlib.org/library/NPDBooks/Pigou/pgEW.html. Acesso em 04 de outubro de 2010.

18 Na obra *The Economics of Welfare*, Pigou descreveu as externalidades como serviços (externalidades positivas) ou desserviços (externalidades negativas) que atingem terceiros estranhos à relação contratual. Explicou que tal ocorre quando A, ao prestar um serviço remunerado a B, incidentalmente acaba submetendo outro "serviço" ou "desserviço" a outras pessoas não relacionadas ao processo produtivo, resultando na impossibilidade de se exigir pagamento dos beneficiados, ou impor a compensação em favor das partes prejudicadas.

instituição de um imposto (imposto "pigouviano") para a correção das externalidades negativas, como a poluição do ar e a produção de resíduos[19]. Em outras palavras, a formulação do imposto Pigou é a seguinte: para cada empresa poluidora, devem ser cobrados diferentes valores de tributo por unidade produzida ou por unidade poluente emitida em montante igual aos prejuízos sociais marginais causados, de acordo com Eugenio Lagemann[20].

Segundo LAGEMANN, essa tradição teórica foi ampliada e modificada pela abordagem "padrão de qualidade do meio ambiente-preço" que, de acordo com BAUMOL e OATES, apresenta-se como uma "segunda melhor opção" para a solução do imposto de Pigou, haja vista que a sua base de cálculo passa a ser a quantidade de emissões poluentes, avaliada pelo prejuízo causado em termos físicos. Isso representaria um avanço diante da impossibilidade de quantificar o prejuízo social marginal[21] decorrente das agressões ao meio ambiente – pressuposto do imposto "pigouviano", uma vez que se exige, cumulativamente, a quantificação objetiva dos prejuízos causados e uma avaliação de caráter *subjetivo* (com base numa função de bem-estar social)[22].

Por seu turno, LAGEMANN aponta ainda a abordagem alternativa de KNIGHT, que sugere que a origem das externalidades reside na sobrecarga de qualquer equipamento, sendo por isso necessário que cada participante se responsabilize igualmente por essa sobrecarga. Assim, para alcançar uma utilização racional da natureza, infere-se que o tributo seja exigido de todos

19 E, igualmente, a concessão de um subsídio como compensação para os efeitos externos positivos decorrentes, por exemplo, do fato de um agente econômico se instalar em uma determinada cidade, trazendo investimentos e oportunidade de empregos locais, o que representa um exemplo trivial de internalização de benefícios sociais.

20 LAGEMANN, Eugenio. Tributação ecológica. In: *Ensaios FEE*, Porto Alegre, vol. 23, n. 1, p. 301-324, 2002.

21 O prejuízo marginal social corresponde à diferença entre os custos marginais sociais e privados. De acordo com KRUGMAN e WELLS (2007: 395), o "*custo social marginal da poluição é o custo adicional imposto à sociedade em seu conjunto por uma unidade adicional de poluição. Por exemplo, chuva ácida prejudica estoques de peixe, os cultivos e as florestas, e cada tonelada adicional de dióxido de enxofre liberada na atmosfera aumenta o dano*".

22 Em razão dessa dificuldade de quantificar o curso social marginal diante da ausência de informação no mercado quanto às variações temporais e espaciais das externalidades e as incertezas científicas e metodológicas que inviabilizam a determinação dos impactos ecológicos das emissões, Paul Krugman e Robin Wells (*Introdução à Economia*. Rio de Janeiro: Elsevier, 2007, p. 395) afirmam que "*a sociedade muitas vezes subestima o verdadeiro custo social marginal da poluição*".

os envolvidos na questão (poluidores e não poluidores), o que, a toda evidência, suscita uma dificuldade de ordem política considerável, já que é difícil que um estado intervencionista convença os não poluidores a contribuírem para a melhoria do meio ambiente por cuja degradação eles não são responsáveis.

Por fim, registra-se que Ronald Coase[23] privilegia a atuação do setor privado (negociação entre causador e prejudicado) para lidar com as externalidades, desde que os custos para se fazer uma transação sejam suficientemente baixos, haja vista que a intervenção estatal não é destituída de custos[24]. Todavia, quando os custos de transação impedem o setor privado de lidar com as externalidades, impõe-se a necessidade do Estado intervir.

Vale consignar que a teoria econômica das externalidades influenciou sobremaneira a consolidação do Princípio do Poluidor-Pagador (*Polluter-Pays Principle*) – uma das grandes bases da tributação ambiental –, segundo o qual o poluidor deve arcar com as despesas de adoção das medidas ambientais contempladas pelo Estado e o custo dessas medidas deve refletir nos preços dos produtos e serviços que causam poluição no processo de produção e/ou consumo[25]. Referido princípio se encontra previsto no § 3º, do artigo 225, da Constituição Federal[26].

23 COASE, Ronald. *The Problem of Social Cost. Journal of Law and Economics*, Volume 3 (October, 1960). Disponível em: http://www.sfu.ca/~allen/CoaseJLE1960.pdf. Acesso em 25 de setembro de 2010.

24 No original (p. 12/13): "*But the governmental administrative machine is not itself costless. It can, in fact, on occasion be extremely costly. Furthermore, there is no reason to suppose that the restrictive and zoning regulations, made by a fallible administration subject to political pressures and operating without any competitive check, will necessarily always be those which increase the efficiency with which the economic system operates. [...] it will no doubt be commonly the case that the gain which would come from regulating the actions which give rise to the harmful effects will be less than the costs involved in government regulation*".

25 O Princípio do Poluidor-Pagador é fundamento das medidas reparatórias de danos ambientais, mas também é o pilar de medidas preventivas, repressivas e compensatórias de danos e impactos ao meio ambiente.

26 Referido dispositivo aponta que "*as condutas e as atividades consideradas lesivas ao meio ambiente sujeitarão os infratores, pessoas físicas e jurídicas, a sanções penais e administrativas, independentemente da obrigação de reparar os danos causados*". Originalmente, o Princípio do Poluidor-Pagador foi consagrado pela Lei nº 6938/81, que trata da Política Nacional do Meio Ambiente, prevendo em seu art. 4º, 7º, que essa política visará: "[...] *à imposição, ao poluidor e ao predador, da obrigação de recuperar e/ou indenizar os danos causados e, ao usuário, da contribuição pela utilização de recursos ambientais com fins econômicos*".

Diante dessas considerações, deduz-se que os instrumentos tributários são mecanismos importantes para a defesa do meio ambiente, na medida em que permitem internalizar os custos com a degradação ambiental[27].

## II.2. O princípio da seletividade

De acordo com o ordenamento jurídico brasileiro, a moldura de tributação que se adequa à finalidade almejada de proteger o meio ambiente é claramente a extrafiscal[28], que promove a indução de comportamentos por parte dos agentes econômicos.

Um dos primeiros tributaristas a se debruçar sobre a função extrafiscal dos tributos foi Alfredo Augusto Becker[29], que afirmou que a "*principal finalidade de muitos tributos* [...] *não será a de um instrumento de arrecadação de recursos para o custeio das despesas públicas, mas a de um instrumento de intervenção estatal no meio social e na economia privada*".

Um dos mais importantes instrumentos da tributação extrafiscal é a seletividade, que determina a tributação diferenciada dos produtos[30] ou serviços de acordo com a sua essencialidade. Os produtos ou serviços

27 Há que se observar que a base teórica econômica referente ao uso da tributação para enfrentar a questão ecológica trabalhada neste projeto é oferecida pela teoria do bem-estar, segundo a qual a intervenção do Estado por meio da tributação orienta-se no sentido de corrigir falhas alocativas de mercado – pressupõe-se um mercado de concorrência perfeita – que ocorrem devido à existência de efeitos externos negativos (LAGEMANN, 2002). Ou seja, adotam-se os pressupostos da economia neoclássica. Não se ignora, por outro lado, o desenvolvimento de visões alternativas, como a economia comportamental (*behavioural economics*).

28 Em sua importante obra *O Dever Fundamental de Pagar Impostos* (Coimbra: Almedina, 2004, p. 629), José Casalta Nabais afirma que a extrafiscalidade traduz-se em um conjunto de normas que: "*Ao preverem uma tributação, isto é, uma ablação ou amputação pecuniária (impostos), ou uma não tributação ou uma tributação menor à requerida pelo critério da capacidade contributiva, isto é, uma renúncia total ou parcial a essa ablação ou amputação (benefícios fiscais),* ***estão dominadas pelo intuito de actuar diretamente sobre os comportamentos económicos e sociais dos seus destinatários, desincentivando-os, neutralizando-os nos seus efeitos económicos e sociais ou fomentando-os, ou seja, de normas que contêm medidas de política económica e social***" (g. n.).

29 BECKER, Alfredo Augusto. *Teoria geral do Direito Tributário*. 4ª ed. São Paulo: Noeses, 2007, p. 623.

30 Utiliza-se essa expressão, ao invés de "mercadorias", pelo fato de ser um conceito mais amplo, uma vez que estas últimas são produtos destinados ao comércio.

de primeira necessidade devem sofrer uma carga tributária inferior aos supérfluos, onerando, assim, quem detêm mais capacidade contributiva.

Nesse sentido são as lições de Roque Antonio Carrazza[31]:

> "(,,,) o princípio da seletividade é atendido adotando-se um processo de comparação de produtos industrializados (no caso do IPI) e de mercadorias ou serviços (no caso do ICMS). Nunca, evidentemente, discriminando-se contribuintes, em função de raça, sexo, ocupação profissional, local em que exercem suas atividades etc., que a isto obstam os arts. 5°, I, e 150, 11, ambos da CF. Evidentemente, o princípio da seletividade tem por escopo favorecer os consumidores finais, que são os que, de fato, suportam a carga econômica do IPI e do ICMS. Daí ser imperioso que sobre produtos, mercadorias e serviços essenciais haja tratamento fiscal mais brando, quando não total exoneração tributária, já que em relação a eles o adquirente, em rigor, não tem liberdade de escolha."

Dessa maneira, percebe-se que a seletividade, que originariamente se restringia, de acordo com Aliomar Baleeiro[32], à "*discriminação ou sistema de alíquotas diferenciais por espécies de mercadorias*", pode ser alcançada por outros meios, como a diferenciação da base de cálculo e a criação de incentivos fiscais.

Além disso, é importante observar que o conceito de essencialidade - fundamental para a seletividade tributária - evoluiu no sentido de abarcar um meio ambiente saudável. Leciona Paulo Henrique do Amaral[33]:

> "Atualmente, os produtos, mercadorias e serviços essenciais não representam apenas os bens vitais para a existência humana, mas, sim, bens necessários para que uma pessoa possa viver dignamente. Ultrapassa-se a fase do direito pela existência, busca-se assim, hoje, o direito por uma vida digna, com qualidade de vida e bem-estar."

31 CARRAZZA, Roque Antonio. *Curso de Direito Constitucional Tributário.* Malheiros: São Paulo, 2006, 22ª ed., p. 96.

32 BALEEIRO, Aliomar. *Direito Tributário Brasileiro,* Rio de Janeiro, Forense, 1977, 9ª ed., p. 190.

33 AMARAL, Paulo Henrique do. *Direito Tributário Ambiental.* São Paulo: Revista dos Tribunais, 2007, p.109.

É o que se verifica do *caput* do art. 225, da Constituição Federal, que deixa claro que o meio ambiente ecologicamente equilibrado é atualmente considerado "essencial" à qualidade de vida, o que, evidentemente, alarga o conceito de essencialidade.

E para corroborar essa nova percepção da valoração constitucional do meio ambiente, que impacta diretamente na abrangência da seletividade, deve-se fazer menção à Emenda Constitucional nº 42/2003, que acrescentou o inciso 4º ao art. 170. Referido dispositivo prescreve que a ordem econômica deve observar o princípio da "*defesa do meio ambiente, inclusive mediante tratamento diferenciado conforme o impacto ambiental dos produtos e serviços e de seus processos de elaboração e prestação*".

Diante disso, constata-se que a tributação extrafiscal, por intermédio da seletividade, deve respeitar o princípio do meio ambiente, tornando-se um importante instrumento do Estado para promover a diferenciação dos agentes do mercado, conforme o impacto ambiental dos produtos ou serviços.

# Fator Acidentário de Prevenção - FAP

Maria Isabel Tostes da Costa Bueno
Caio Alexandre Taniguchi Marques

## I. INTRODUÇÃO

A contribuição SAT/RAT (art. 22, II da Lei nº 8.212/1991) se presta a financiar os benefícios previdenciários concedidos em razão de incapacidade laborativa decorrente dos riscos ambientais do trabalho.

A alíquota desta contribuição é definida com base na atividade econômica preponderante[1] das empresas e a sua base de cálculo corresponde ao total da remuneração dos segurados empregados.

1 Vale destacar que o Decreto nº 3.048/99, no seu art. 202, §3º, define a atividade preponderante como aquela *"que ocupa, na empresa, o maior número de segurados empregados e trabalhadores avulsos"*, a qual é aplicada para todos os estabelecimentos da empresa (sendo irrelevante o fato de possuírem atividade econômica distinta). No entanto, a Súmula nº 351 do Superior Tribunal de Justiça autoriza o recolhimento da contribuição de forma individualizada, desde que o estabelecimento possua CNPJ/MF próprio. Sem embargo da discussão acima, recentemente a IN RFB nº 1.071/10, em seu artigo 72, §1º, inciso 2º, determinou que *"na hipótese de a pessoa jurídica desenvolver mais de uma atividade, prevalecerá, para fins de classificação, a atividade preponderante, assim considerada a que representa o objeto social da empresa, ou a unidade de produto, para a qual convergem as demais em regime de conexão funcional"*, sendo que, acaso a empresa seja prejudicada por esta nova metodologia para a definição da atividade preponderante, poderá ingressar em Juízo para pleitear a sua inaplicabilidade com base no Princípio da Legalidade.

Até momento recente, era irrelevante a qualidade do ambiente de trabalho e o quanto – e se – foi investido em prevenção de acidentes. Todavia, esse cenário se alterou radicalmente.

Levando-se em consideração o crescente número de acidentes do trabalho nos últimos anos e, consequentemente, os gastos incorridos pela Previdência Social, a Lei nº 10.666/2003 (art. 10 [2]), regulamentada pelos Decretos nº 6.042/2007 e nº 6.957/2009, criou o Fator Acidentário de Prevenção – FAP, cujas finalidades são (i) identificar as mazelas das empresas em termos de prevenção contra acidentes do trabalho e (ii) atribuir vantagem tributária aos empregadores que investem eficazmente em prevenção contra acidentes do trabalho.

Nesse sentido, sob o ponto de vista ideológico dos criadores do FAP, ele incentivaria as empresas a serem eficazes na prevenção contra a ocorrência de acidentes do trabalho, possibilitando uma significativa melhora no ambiente de trabalho e na qualidade de vida dos trabalhadores. O estímulo para adotar-se tal comportamento consistia na vantagem fiscal outorgada àqueles que investissem de forma preventiva.

No entanto, a proposta para alcançar as finalidades do FAP não tratou de novas políticas de saúde ocupacional, de novos instrumentos técnicos capazes de reduzir a ocorrência de acidentes do trabalho e tampouco da apuração dos investimentos realizados pelas empresas em prevenção contra acidentes do trabalho, como se esperava.

O FAP, conforme se verificará mais adiante, alterou a alíquota da contribuição SAT/RAT (para mais ou para menos) com base no desempenho acidentário das empresas, o qual é apurado a partir de índices de frequência, gravidade e custo de acidentes do trabalho ocorridos no passado.

Diante deste cenário, no qual questões sociais e tributárias foram diretamente vinculadas, este estudo se destina a facilitar a compreensão do FAP,

2 "Art. 10. *A alíquota de contribuição de um, dois ou três por cento, destinada ao financiamento do benefício de aposentadoria especial ou daqueles concedidos em razão do grau de incidência de incapacidade laborativa decorrente dos riscos ambientais do trabalho, poderá ser reduzida, em até cinquenta por cento, ou aumentada, em até cem por cento, conforme dispuser o regulamento, em razão do desempenho da empresa em relação à respectiva atividade econômica, apurado em conformidade com os resultados obtidos a partir dos índices de frequência, gravidade e custo, calculados segundo metodologia aprovada pelo Conselho Nacional de Previdência Social.*"

a mensuração dos seus impactos fiscais, a identificação das suas transgressões legais e os caminhos que podem ser adotados para afastar a sua aplicação, dado que, apesar de concebido com as melhores intenções, a verdade é que o FAP não se presta a atendê-las, conforme adiante será explicitado. E, por assim ser, não podem prevalecer as alterações que foram introduzidas.

As ideias aqui expostas não esgotarão o tema, antes se prestarão a apontar nossa posição a seu respeito.

## II. HISTÓRICO DA CONTRIBUIÇÃO SAT/RAT AO FAP

Dentre as contribuições sociais instituídas para custear os benefícios concedidos pelo Regime Geral de Previdência Social, o art. 22, inciso 2º da Lei nº 8.212/1991 criou a denominada contribuição SAT/RAT, voltada exclusivamente aos benefícios previdenciários concedidos em razão da incapacidade laborativa adquirida no ambiente do trabalho. Confira-se:

> "Art. 22. A contribuição a cargo da empresa, destinada à Seguridade Social, além do disposto no art. 23, é de:
>
> (...)
>
> II - para o financiamento do benefício previsto nos arts. 57 e 58 da Lei nº 8.213, de 24 de julho de 1991, e daqueles concedidos em razão do grau de incidência de incapacidade laborativa decorrente dos riscos ambientais do trabalho, sobre o total das remunerações pagas ou creditadas, no decorrer do mês, aos segurados empregados e trabalhadores avulsos:
>
> a) 1% (um por cento) para as empresas em cuja atividade preponderante o risco de acidentes do trabalho seja considerado leve;
>
> b) 2% (dois por cento) para as empresas em cuja atividade preponderante esse risco seja considerado médio;
>
> c) 3% (três por cento) para as empresas em cuja atividade preponderante esse risco seja considerado grave."

O valor desta contribuição, conforme se verifica, está atrelado ao risco de incidência de incapacidade laborativa na atividade econômica preponderante da empresa (a qual, nos termos do § 3º do art. 202 do Decreto nº 3.048/1999, é aquela "*que ocupa, na empresa, o maior número de segurados empregados e trabalhadores avulsos*"). Quão maior o risco, maior é o tributo.

Nesses termos, e em tese [3], o Ministério da Previdência Social classifica, com base em dados estatísticos, quais são os setores da economia que possuem maior ou menor risco de ocorrência de acidentes do trabalho, atribuindo-lhes uma respectiva alíquota da contribuição SAT/RAT. O anexo V do Decreto nº 3.048/1999 traz a relação de códigos nacionais de atividade econômica – CNAE e as respectivas alíquotas da contribuição SAT/RAT (1, 2 ou 3%).

Por exemplo, para as empresas enquadradas no CNAE nº 0111-3/01 (Cultivo de arroz) o Decreto nº 6.957/2009 determina que a alíquota da contribuição é de 3% (três por cento), enquanto para aquelas que se enquadram no CNAE nº 0111-3/03 (Cultivo de trigo) a alíquota é de 2% (dois por cento) e para o CNAE nº 0133-4/01 (Cultivo de açaí) a alíquota é de 1% (um por cento).

Presumem-se, com base nos dados estatísticos que a Previdência Social possui (ou que deveria possuir), quais são as atividades que mais provocam acidentes de trabalho e, com base nesse estudo, cobra-se mais contribuição daquelas empresas cujo risco de provocar acidentes de trabalho é maior. Aqueles que mais dão causa a gastos que serão incorridos pela Previdência Social contribuem com maiores valores. O custeio é, pois, antecipado.

Conclusivamente, a definição da alíquota da contribuição SAT/RAT parte de um único critério: a atividade econômica da empresa.

Contudo, em 2003 foi editada a Lei nº 10.666, fixando a possibilidade de redução ou majoração da alíquota da contribuição SAT/RAT com base em índices de frequência, gravidade e custo de acidentes do trabalho, conforme metodologia a ser aprovada pelo Conselho Nacional de Previdência Social.

3 Por intermédio dos Decretos nº 6.042/2007 e nº 6.957/2009, o Ministério da Previdência Social efetuou novo enquadramento das atividades econômicas nos graus de risco leve, médio ou grave, com a consequente alteração das alíquotas da contribuição SAT/RAT. Contudo, não há qualquer estudo divulgado que dê suporte aos referidos Decretos.

Entre os anos de 2004 e 2006, o Conselho Nacional de Previdência Social editou as Resoluções n^os^ 1.236 e 1.269 definindo conceitos e métodos para a mensuração dos mencionados índices de frequência, gravidade e custo de acidentes do trabalho.

Pois bem. De acordo com a metodologia criada pelo Conselho Nacional de Previdência Social, a *frequência* dos acidentes está relacionada à quantidade de eventos incapacitantes ocorridos entre abril de 2004 e dezembro de 2006, a *gravidade* está relacionada ao tempo de afastamento do trabalho que tais eventos causaram e o *custo* está relacionado com os gastos incorridos pela Previdência Social com a concessão dos respectivos benefícios naquele período.

Os dados individuais de cada empresa são comparados com aqueles apurados nas demais empresas que possuem a mesma atividade econômica preponderante. O produto desta comparação dá origem a um *ranking* de empresas, cada uma fazendo jus a um índice individual, que varia entre 0.500 e 2.000, denominado Fator Acidentário de Prevenção - FAP.

O FAP é um fator multiplicador da alíquota da contribuição SAT/RAT das empresas, podendo, portanto, reduzí-la em até 50% (se a alíquota da contribuição for 1% e o FAP igual a 0.500) ou majorada em até 100% (se a alíquota da contribuição for 3% e o FAP igual a 2.000 [4]).

Definida a metodologia para o cálculo do FAP, o Poder Executivo fez publicar o Decreto nº 6.042/2007 (baseado nas mencionadas Resoluções nº 1.236 e nº 1.269), regulamentando a possibilidade de modificação da alíquota da contribuição SAT/RAT, tal qual previsto no artigo 10 da Lei nº 10.666/2003. A divulgação do FAP foi prevista para setembro de 2007, com efeitos tributários (alteração da alíquota da contribuição SAT/RAT) a partir de janeiro de 2008.

Em junho de 2007 (Portaria do Ministério da Previdência Social nº 232), foi disponibilizado o rol de eventos que seria considerado para o cálculo do FAP e concedido o prazo de 30 (trinta) dias para que as empresas

4 Esclareça-se que, em virtude do FAP divulgado em setembro de 2009 estar baseado em dados apurados no período de abril de 2007 a dezembro de 2008, foi concedido um bônus de 25% para todas as empresas, ou seja, o FAP máximo corresponde, em relação a 2009, 1.750.

pudessem impugná-los. O prazo para impugnação foi prorrogado até 1º de agosto de 2007 (Portaria do Ministério da Previdência Social nº 269).

Diante do reconhecimento da ausência de disponibilização de dados que possibilitassem a devida impugnação dos eventos que seriam considerados para o cálculo do FAP, o Ministério da Previdência Social publicou o Decreto nº 6.257/2007, por intermédio do qual informou que (i) divulgaria dados complementares até novembro de 2007 (o que ocorreu por intermédio da Portaria do Ministério da Previdência Social nº 457), (ii) reabriria o prazo para impugnação até 30 de dezembro de 2007 e (iii) a divulgação do FAP havia sido prorrogada para setembro de 2008, com efeitos tributários a partir de janeiro de 2009.

Diante das incertezas que ainda permeavam as informações disponibilizadas pelo Ministério da Previdência Social, diversas empresas impetraram mandado de segurança perante o Superior Tribunal de Justiça visando a revisão dos critérios para o cálculo do FAP, com base, essencialmente, na transgressão ao Princípio da Legalidade.

Ao analisar tal pedido, o Superior Tribunal de Justiça concluiu que a ação demandaria dilação probatória, não comportada pela via do Mandado de Segurança. Confira-se um exemplo das decisões proferidas nesse sentido:

> "ADMINISTRATIVO. MANDADO DE SEGURANÇA. FATOR ACIDENTÁRIO DE PREVENÇÃO - FAP. PORTARIA DO MINISTRO DE ESTADO DA PREVIDÊNCIA SOCIAL Nº 457/2007. IMPOSSIBILIDADE DE MANDADO DE SEGURANÇA CONTRA LEI EM TESE. APLICAÇÃO DA SÚMULA 266/STF. AUSÊNCIA DE DIREITO LÍQUIDO E CERTO. NECESSIDADE DE DILAÇÃO PROBATÓRIA. MANDADO DE SEGURANÇA DENEGADO.
>
> 1. A Portaria 457/2007, atacada no presente *writ*, é norma que se dirige, indistinta e genericamente, a todas as empresas cujas atividades envolvem risco de acidente de trabalho, o que a inclui no conceito de "lei em tese" a que se refere a Súmula 266/STF.
>
> 2. Para se acolher o pedido da impetrante, consubstanciado na revisão dos critérios adotados para o cálculo do Fator Acidentário de Prevenção, e proceder

às exclusões pleiteadas, seria necessária a dilação probatória, com prova pericial, inclusive, o que é incabível na via eleita.

3. Mandado de Segurança denegado."

(Mandado de Segurança 13.439 – DF / Relator Benedito Gonçalves / Primeira Seção / DJE de 24.11.2008 pág. 170)

Sem embargo das decisões proferidas pelo Superior Tribunal de Justiça, em franco reconhecimento das inconsistências contidas nos dados que seriam considerados para o cálculo do FAP [5], em setembro de 2008 o Ministério da Previdência publicou o Decreto nº 6.577 para adiar novamente a sua divulgação, desta vez para setembro de 2009, com efeitos tributários a partir de janeiro de 2010.

Já em junho de 2009, o Conselho Nacional de Previdência Social editou novas Resoluções para definição da metodologia do FAP, nºs 1.308 e 1.309, por ter reconhecido a ineficácia da metodologia até então vigente. As principais alterações se referem à base de dados que seria considerada para o cálculo do FAP (o período de apuração passou para abril de 2007 a dezembro de 2008 e foram excluídos do cálculo eventos não relacionados com um acidente do trabalho), bem como às condições para que um FAP redutor da alíquota da contribuição SAT/RAT seja aplicado (ausência de casos permanentes de morte ou invalidez e taxa de rotatividade – número de admissões em relação ao número de vínculos de emprego – inferior a 75%).

No dia 10 de setembro de 2009, ou seja, poucos dias antes do término do prazo para a divulgação do FAP pelo Ministério da Previdência Social, foi publicado o Decreto nº 6.957, incorporando as alterações veiculadas pelas Resoluções nº 1.308 e 1.309 acima mencionadas, exceto no que diz respeito às condições para a aplicação do FAP inferior a 1,000.

5 Tais quais (i) o cômputo de eventos não relacionados com um acidente do trabalho (auxílio-doença e a aposentadoria por invalidez previdenciária), (ii) o cômputo de benefícios previdenciários concedidos fora do período de abril de 2004 a dezembro de 2006, (iii) o cômputo de benefícios previdenciários concedidos para trabalhadores de outras empresas e (iv) a aplicação retroativa da legislação que presume a ocorrência de um acidente do trabalho: Nexo Técnico Epidemiológico.

No dia 30 de setembro, o Ministério da Previdência Social divulgou o FAP das empresas; porém, nos dias 14 e 28 de outubro promoveu novas divulgações do FAP, em virtude de supostas falhas técnicas ocorridas no sistema.

Já no dia 25 de novembro, o Ministério da Previdência fez divulgar dados complementares dos eventos considerados para o cálculo do FAP (identificação do trabalhador, data de início do benefício previdenciário, entre outros) e no dia 11 de dezembro fez publicar a Portaria Interministerial nº 329, por intermédio da qual concedeu prazo de 30 (trinta) dias para que os contribuintes pudessem contestar as eventuais inconsistências do cálculo do FAP.

Inicialmente, a mencionada contestação administrativa não possuía efeito suspensivo, conforme se verifica da leitura do artigo 2º da Portaria nº 329/2009: "*Se do julgamento da contestação, resultar FAP inferior ao atribuído pelo MPS e, em razão dessa redução, houver crédito em favor da empresa, esta poderá compensá-lo na forma da legislação tributária aplicável*". Logo, o FAP entrou em vigor em janeiro de 2010, provocando efeitos sobre o recolhimento da contribuição SAT/RAT promovida até o dia 20 de fevereiro último.

Algumas associações de classe, tal qual aquela que representa as universidades particulares em âmbito nacional, impetraram mandado de segurança perante o Superior Tribunal de Justiça (nº 15.020 - DF) contra as disposições contidas na Portaria nº 329/2009, com o intuito de ver atribuído efeito suspensivo às contestações administrativas apresentadas pelos contribuintes, à luz dos Princípios da Ampla Defesa, do Contraditório e do Devido Processo Legal.

Contudo, ao analisar tal pedido, o Superior Tribunal de Justiça indeferiu a petição inicial, sob o fundamento de que não cabe a impetração de mandado de segurança contra lei em tese. Confira-se a ementa da decisão proferida naqueles autos (publicada no DJE de 19/03/2010, com trânsito em julgado certificado no dia 08/04/2010):

> "TRIBUTÁRIO. MANDADO DE SEGURANÇA. PEDIDO LIMINAR. FATOR ACIDENTÁRIO PREVIDENCIÁRIO - FAP. LEI Nº 10.666/2003. PORTARIA INTERMINISTERIAL Nº 329/2009. IMPOSSIBILIDADE DE MANDADO DE SEGURANÇA CONTRA LEI EM TESE.

1. O STF consolidou o entendimento no sentido de que não cabe a impetração de mandado de segurança contra ato normativo sem efeitos concretos imediatos, consoante Enunciado Sumular nº 266: "Não cabe mandado de segurança contra Lei em tese. (Precedentes do STJ: RMS 26.452/MS, Rel. Ministra ELIANA CALMON, SEGUNDA TURMA, julgado em 19/11/2009, DJe 02/12/2009; MS 13.800/DF, Rel. Ministro HAMILTON CARVALHIDO, PRIMEIRA SEÇÃO, julgado em 14/10/2009, DJe 27/10/2009; MS 9.507/DF, Rel. Ministro TEORI ALBINO ZAVASCKI, PRIMEIRA SEÇÃO, julgado em 09.06.2004, DJ 28.06.2004; MS 8.866/DF, Rel. Ministro LUIZ FUX, PRIMEIRA SEÇÃO, julgado em 10.03.2004, DJ 05.04.2004, p. 187; MS 6.442/DF, Rel. Ministra LAURITA VAZ, PRIMEIRA SEÇÃO, julgado em 10.10.2001, DJ 29.10.2001);

2. *In casu*, trata-se de mandado de segurança, com pedido de liminar, impetrado contra ato do Ministro de Estado da Previdência Social, consubstanciado na ausência de previsão, na Portaria Interministerial nº 329/2009 - que modificou a sistemática de apuração do SAT, instituindo, como alíquota do tributo, o índice denominado FAP - Fator Acidentário Previdenciário - de recurso administrativo com efeito suspensivo contra as decisões do Departamento de Políticas de Saúde e Segurança Ocupacional/MPS;

3. A referida Portaria consubstancia norma geral, dirigida, indistinta e genericamente, a todas as empresas cujas atividades envolvam risco de acidente de trabalho, o que a inclui no conceito de 'lei em tese', não tendo sido indicado fato concreto que viole direito líquido e certo da impetrante ou de seus associados, o que fica claro diante do pedido declinado no *mandamus*, qual seja, a determinação judicial para que as defesas e os recursos administrativos por ela apresentadas sejam recebidos no efeito suspensivo, de forma a suspender a exigibilidade do crédito tributário;

4. Inicial do Mandado de Segurança liminarmente indeferida."

Ocorre que, diante de verdadeira enxurrada de ações judiciais questionando com consistência a aplicação do FAP, as quais se pautavam, inclusive, em manifestos erros no cômputo dos eventos acidentários, tais como acidentes computados em duplicidade, o Fisco retrocedeu em seu propósito de passar a exigir imediatamente a incidência do FAP sobre a Contribuição SAT/RAT.

Deveras, pelo Decreto nº 7.126/2010, o Poder Executivo atribuiu expressamente efeito suspensivo às contestações administrativas do FAP, disciplinando, ademais, o procedimento para a apreciação desse pleito. De acordo com o referido ato infralegal, a contestação deve ser apresentada em até trinta dias contados da divulgação do FAP e só pode versar sobre os eventos acidentários que influenciaram o cálculo do seu FAP. Restou estabelecido, ainda, que contra a decisão que apreciar a contestação administrativa cabe recurso a ser julgado pela Secretaria de Políticas de Previdência Social (órgão dirigido por um dos idealizadores do FAP - Sr. Remígio Todeschini), mantendo-se vigente o efeito suspensivo.

Decisões administrativas de primeira instância começaram a ser proferidas em março de 2010, as quais não analisaram questões relativas à ilegalidade ou inconstitucionalidade da metodologia adotada para o cálculo do FAP, mas tão somente aquelas relativas a erros de fato (tais quais a imputação de acidentes de trabalhadores não empregados da empresa, a imputação de evento diverso daquele efetivamente ocorrido, entre outros).

No mesmo período, a Confederação Nacional do Comércio de Bens, Serviços e Turismo ajuizou a Ação Direta de Inconstitucionalidade nº 4.397/DF, pela qual requereu a declaração de inconstitucionalidade do art. 10 da Lei nº 10.666/03, que previu a aplicação do FAP no cálculo da Contribuição ao SAT/RAT.

Com efeito, a Presidência da República manifestou-se pela constitucionalidade da norma e o Advogado Geral da União se manifestou no processo pela improcedência do pedido, sendo que, nesse último caso, os principais argumentos apresentados foram os de que todos os elementos necessários à cobrança do tributo estariam previstos em lei, a flexibilização das alíquotas da contribuição SAT/RAT atenderia ao Princípio da Equidade na Forma de Participação no Custeio (art. 194, inciso 5º da Constituição Federal) e de que tal expediente implementaria a justiça fiscal em favor de empresas que apresentam índices menores de acidentes.

Por fim, apesar do teor da manifestação acima mencionada, no dia 14 de junho de 2010 o Conselho Nacional de Previdência Social fez publicar a Resolução nº 1.316, por meio da qual alterou, mais uma vez, a metodologia para o cálculo do FAP em franco reconhecimento do seu evidente descabimento.

As principais alterações promovidas desta vez foram: [6]

(i) a descrição, até então omissa, do critério utilizado nos casos de empate de empresas que obtiveram o mesmo desempenho acidentário;
(ii) a definição de que o FAP será de 0,5000 para as empresas que não apresentarem registro de acidente ou doença do trabalho e a concessão de qualquer benefício previdenciário;
(iii) a definição de que o FAP será de 2,000 para os casos em que a fiscalização comprovar que a empresa deixou de apresentar notificação de acidente ou doença do trabalho nos termos da legislação em vigor;
(iv) a desconfiguração de casos de morte ou invalidez, quando decorrentes de acidentes de trajeto, para fim de aplicação do FAP inferior a 1,000; e
(v) a ausência de redução em 25% do valor do FAP, no caso em que a empresa possui registro de morte ou invalidez decorrente de acidente de trabalho.

Ocorre que, apesar da evidente insegurança jurídica que permeia a aplicação do FAP, no dia 24/09/2010 foi publicada a Portaria Interministerial nº 451, por intermédio da qual foram divulgados os índices de frequência, gravidade e custo de cada uma das atividades econômicas previstas pelo CNAE do IBGE (que foram, em tese, utilizados no cálculo individualizado do FAP) e noticiada a divulgação do FAP na rede mundial de computadores, como ocorreu em 2009 - Portarias Interministeriais nº 254 e 329.

6 As alterações apontadas nos itens "(ii)", "(iii)", "(iv)" e "(v)" só se aplicam para o FAP divulgado em setembro de 2010 (com vigência em 2011).

A Portaria nº 451/10 trouxe uma novidade em relação ao FAP divulgado em 2009: a impugnação e o recurso administrativos cabíveis contra as eventuais divergências relativas aos dados que foram considerados para o cálculo do FAP somente serão aceitas por intermédio de formulário que será disponibilizado na rede mundial de computadores nos sítios do MPS e da RFB.

Apresentado o panorama no qual se insere o FAP, passaremos a explorar, sob o ponto de vista tributário e atendidos os preceitos legais em vigor, a sua validade jurídica.

## III. AS TRANSGRESSÕES LEGAIS DO FAP

### III.1. Dissonância do FAP em Relação ao Sistema de Custeio Previdenciário e em Relação à Própria Contribuição SAT/RAT

As contribuições sociais para a Seguridade Social estão submetidas a uma série de diretrizes estabelecidas pelo texto constitucional, dentre elas o Princípio da Preservação do Equilíbrio Financeiro e Atuarial (art. 201) e o Princípio da Equidade na Forma de Participação no Custeio (art. 194, 5º).

A preservação do equilíbrio financeiro e atuarial diz respeito à íntima relação existente entre o custeio e a destinação do produto da arrecadação ("referibilidade"). Não se pode exigir nada mais, nem nada menos, do que o estritamente necessário.

Nesses termos, se pressupõe que o Ministério da Previdência Social, quando definiu o valor das alíquotas da contribuição SAT/RAT – 1, 2 ou 3% (assim como o valor das demais contribuições previdenciárias) partiu de um estudo financeiro e atuarial que permitisse aferir, com precisão, a sua suficiência. Qualquer indício de que essas alíquotas estão aquém, ou além, do necessário tornam a contribuição inconstitucional.

O Supremo Tribunal Federal já se pronunciou sobre a relação existente entre a contribuição social e sua finalidade, corroborando com o nosso entendimento:

"CONTRIBUIÇÃO SOCIAL - MAJORAÇÃO PERCENTUAL - CAUSA SUFICIENTE – DESAPARECIMENTO – CONSEQUÊNCIA – SERVIDORES PÚBLICOS FEDERAIS.

O disposto no artigo 195, § 5°, da Constituição Federal, segundo o qual 'nenhum benefício ou serviço da seguridade social poderá ser criado, majorado ou estendido sem a correspondente fonte de custeio', homenageia o equilíbrio atuarial, revelando princípio indicador da correlação entre, de um lado, contribuições e, de outro, benefícios e serviço. O desaparecimento da causa da majoração do percentual implica o conflito da lei que a impôs como o texto constitucional (...)." (Supremo Tribunal Federal, Plenário, unânime, Relator Marco Aurélio, ADIn nº 790/DF, fev/1993)

No que diz respeito à equidade na forma de participação no custeio, reflexo do Princípio da Isonomia, tal norma trata da possibilidade da aplicação de critérios distintivos para a definição da base de cálculo e da alíquota das contribuições previdenciárias, sem que disso decorra um tratamento desigual. Os critérios eleitos pelo legislador constituinte (art. 195, § 9º), que preservam o tratamento equânime são: atividade econômica, utilização intensiva de mão de obra, porte da empresa ou condição estrutural do mercado de trabalho.

Pois bem. O FAP está em consonância com os princípios aqui abordados? Parece-nos que não.

Isso porque, em relação ao Princípio da Preservação do Equilíbrio Financeiro e Atuarial, o FAP não avalia (tampouco se preocupa) se os valores recolhidos pelo contribuinte, entre abril de 2007 e dezembro de 2008 (período de apuração do FAP), foram ou não suficientes para fazer frente aos gastos incorridos pela Previdência Social. Ou seja, as empresas podem ter a alíquota da contribuição reduzida ou majorada sem qualquer comprovação de que haja necessidade de maior arrecadação, nem mesmo de que haja possibilidade de desoneração fiscal.[7].

7 A invalidade da ausência de apresentação de justificativa financeira capaz de embasar a majoração ou a redução da alíquota da contribuição SAT/RAT também se aplica às alterações promovidas pelos Decretos nº 6.042/2007 e nº 6.957/2009, por intermédio dos quais a maior parte das atividades econômicas teve a alíquota da contribuição majorada, sem justo motivo.

Nesse aspecto, da simples visualização dos dados divulgados pelo Ministério da Previdência Social, especificamente aqueles relativos à "massa salarial" (que é a base de cálculo da contribuição SAT/RAT) e ao "valor total dos benefícios pagos" (que representa a destinação da contribuição SAT/RAT), é possível denotar que a alteração da contribuição SAT/RAT não possui justificativa. Confira-se um exemplo:

**EMPRESA**

| | | |
|---|---|---|
| Nome Empresarial: | | **FAP: 1,7256** |
| CNPJ: | | |
| Endereço: | | |
| Massa Salarial Média: | R$ 37.760.141,93 | |

**Dados que compuseram o cálculo do FAP conforme resoluções CNPS 1308/2009 e 1309/2009**

| | | | |
|---|---|---|---|
| Registros de acidentes de trabalho: | 21 | Registros de doenças do trabalho: | 19 |
| Auxílio-doença por acidente de trabalho - B91: | 25 | Aposentadoria por invalidez em acidente de trabalho - B92: | 0 |
| Pensão por morte por acidente de trabalho - B93: | 0 | Auxílio-acidente por aciente de trabalho - B94: | 0 |
| Valor Total de Benefícios Pagos: | 130.790,81 | Número Médio de Vínculos: | 2.181,19 |
| Total de empresas na CNAE subclasse: | 580 | | |

**INDICADORES DA EMPRESA**

| | | | |
|---|---|---|---|
| Frequência: | 18 | Percentil de Ordem de Frequência: | 98,27 |
| Gravidade: | 1 | Percentil de Ordem de Gravidade: | 98,27 |
| Custo: | 3 | Percentil de Ordem de Custo: | 98,96 |
| Taxa Média de Rotatividade: | 88 | | |

Neste quadro é possível aferir que os empregados de determinada empresa demandaram, entre abril de 2007 e dezembro de 2008, R$ 130.790,81 da Previdência Social; também é possível aferir que essa empresa terá a sua alíquota SAT/RAT para o ano de 2010 majorada pelo FAP = 1,7256.

Ocorre que, supondo que a alíquota SAT/RAT desta empresa é de 1% (alíquota mínima) e a base de cálculo da contribuição corresponde a 1/23 [8] da massa salarial apontada (já que este é o número de competências consideradas no cálculo do FAP - abril de 2007 a dezembro de 2008, considerado o 13º salário), os valores demandados da Previdência Social foram custeados em apenas 8 (oito) meses de recolhimento.

Se considerado todo o período de cálculo do FAP, o recolhimento aos cofres públicos foi de aproximadamente R$ 377.601,35 - quase três vezes os gastos incorridos pela Previdência Social naquele período.

E pior, com a aplicação do FAP em 2010, os recolhimentos que já superavam as demandas foram majorados em 72,56%, sem qualquer justificativa de ordem econômica, financeira e atuarial, como obriga o sistema constitucional.

Neste, e na quase totalidade dos casos que tivemos a oportunidade de analisar, o valor da contribuição recolhida superou, em muito, o valor demandado da Previdência Social. Ainda assim, algumas empresas tiveram a alíquota da contribuição majorada.

Ainda em termos financeiros e atuariais, a verdade é que o FAP propôs verdadeira reviravolta no sistema de custeio previdenciário, transformando-o de reativo (seguro prévio) para preventivo (posterior), sem qualquer embasamento capaz de resguardá-lo. Traçando um paralelo com a vida cotidiana, seria o mesmo que permitir às empresas de seguros privados a cobrança de um valor adicional em virtude dos sinistros ocorridos nos últimos anos.

Deste modo, ao exigir o recolhimento de contribuição previdenciária *a posteriori*, acabou-se por imputar à contribuição SAT/RAT caráter de prêmio ou de punição, o que diverge da definição de tributo descrita no artigo 3º do Código Tributário Nacional.[9]

8 R$ 1.641.745,30.

9 "Art. 3º Tributo é toda prestação pecuniária compulsória, em moeda ou cujo valor nela se possa exprimir, que não constitua sanção de ato ilícito, instituída em lei e cobrada mediante atividade administrativa plenamente vinculada."

A propósito, o entendimento do Sr. Secretário de Previdência Social Helmut Schwarzer, no sentido de que o FAP *"implementa um princípio que já é aplicado no campo da economia do meio ambiente: o princípio de que o causador deve arcar com o dano gerado"* [10], corrobora o descabimento por nós acima assinalado: tributo não pode ser instituído em caráter de punição, ainda mais tendo-se em vista que aos critérios de risco embasam o enquadramento da empresa para fins de custeio prévio da contribuição.

A corroborar com este entendimento está a Resolução CNPS nº 1.316/2010, ao estabelecer que a empresa que deixar de emitir comunicado de acidente ou doença do trabalho, conforme apurado em fiscalização, terá o FAP igual a 2,000, independentemente do seu efetivo desempenho acidentário. Clara demonstração de que não se está diante de tributo, mas sim de punição.

Noutro passo, já no que tange o Princípio da Equidade na Forma de Participação no Custeio, a Constituição Federal elegeu apenas 4 (quatro) fatores que poderiam ser considerados para a distinção da alíquota de contribuições previdenciárias: atividade econômica (utilizada para a definição da alíquota da contribuição SAT/RAT), utilização intensiva de mão de obra, porte da empresa ou condição estrutural do mercado de trabalho. O desempenho acidentário, refletido no FAP, não está previsto no art. 195, § 9º da Constituição Federal e, portanto, não pode ser aceito como apto à definição da contribuição SAT/RAT.

## III.2. Dissonância do FAP em relação ao Princípio da Legalidade

Sem embargo do anteriormente exposto, há que se apontar que a instituição de tributo ou a sua majoração depende de um preceito básico

10 Prefácio da obra de TODESCHINI, Remígio e CODO, Wanderley. *"Novo Seguro de Acidente, Novo FAP"*. Editora LTr, 2009 – página 11.

e incondicional: a edição de lei, em sentido estrito. Assim dispõe a norma contida no art. 150, I da Constituição Federal. E nem poderia ser diferente, pois o art. 5º, II garantiu ao cidadão que apenas a lei, em sentido estrito, poderá compeli-lo a fazer algo ou deixar de fazê-lo.

Trata-se de um princípio básico, mas que a Lei nº 10.666/2003 ousou transgredir.

Conforme expusemos, a Lei nº 10.666/2003 previu que a alíquota da contribuição SAT/RAT poderia variar, de acordo com o seu FAP, de 0.5% (alíquota de 1% reduzida em 50%) até 6.0% (alíquota de 3% majorada em 100%).

Ocorre que, ao invés de definir quais seriam as possíveis alíquotas da contribuição SAT/RAT, uma a uma (como ocorre em relação às alíquotas de 1, 2 ou 3% previstas na Lei nº 8.212/1991), a Lei nº 10.666/2003 tão somente estabeleceu o intervalo de sua aplicação, delegando aos Decretos regulamentares esta tarefa, o que é expressamente vedado pelo Princípio da Legalidade (art. 5º, II) e pelo Princípio da Estrita Legalidade Tributária (art. 150, I).

Nosso entendimento, aponte-se, não se confunde com a discussão travada no passado, relacionada ao enquadramento, pelo Decreto nº 3.048/1999 (e aqueles que o antecederam) das atividades econômicas nos graus de risco leve, médio ou grave (com a consequente definição da alíquota de 1, 2 ou 3%).

Isso porque, naquela ocasião, a Lei nº 8.212/1991 já previa que as alíquotas variariam entre 1, 2 e 3%, cabendo apenas ao Poder Executivo, detentor de dados estatísticos necessários para a classificação dos graus de risco, explicitar a sua aplicação. Já com o FAP, a Lei nº 10.666/2003 não definiu quais seriam as possíveis alíquotas (já que podem variar de 0,500% até 2,000%) e outorgou ao Decreto a criação dos critérios que definem a alíquota do da contribuição SAT/RAT.

Nesse sentido têm sido proferidas diversas decisões pelos Juízes das Seções Judiciárias de São Paulo/SP e de Santa Catarina/RS, reconhecendo a ilegalidade do FAP.

Ainda a respeito da ilegalidade do FAP, merece menção o fato de que a Lei nº 10.666/2003, em seu art. 14, estabeleceu que o Poder Executivo deveria regulamentar a norma contida no art. 10 no prazo de 360 (trezentos e sessenta) dias, contados da data da sua publicação (09 de maio de 2003).

Ocorre que, transcorrido o mencionado prazo legal, sem que nova disposição legal tratasse da regulamentação do art. 10 da Lei nº 10.666/2003, os Decretos nº 6.042/2007 e nº 6.957/2009 acabaram por extrapolar a sua função, já que acabaram por legislar, em ofensa ao Princípio da Legalidade e também ao Princípio da Repartição dos Poderes.

## III.3. Dissonância do FAP em relação aos Princípios da Publicidade e da Segurança Jurídica

Um último aspecto que deve ser por nós abordado, para não deixar dúvidas quanto à insubsistência do FAP, é a ausência de segurança quanto aos dados considerados pelo Ministério da Previdência para o seu cálculo.

Conforme mencionamos no histórico do FAP, foram divulgados sucessivos extratos indicativos dos índices das empresas, em razão de reconhecidos erros no procedimento adotado para a apuração do FAP. Tais inconsistências foram apontadas pelo próprio Ministério da Previdência Social nos seguintes termos:

> "1. Os dados apresentados na página de consulta até as 18 horas do dia 13/10/2009 referenciavam apenas o ano de 2008 (por motivo técnico os dados de 2007 estavam ocultos). A partir deste momento estão disponibilizados integralmente.
> 2. Devido ao fato dos dados de 2007 terem estado ocultos, os índices de frequência, gravidade e custo e respectivos percentis de ordem mostrados estavam incorretos e isto foi sanado a partir das 16 horas do dia 28/10/2009.
> Importante: Tais ocultamentos não interferiram nos elementos de cálculo e no valor do próprio FAP divulgados desde o dia 30 de setembro.
> (http://www2.dataprev.gov.br/fap/fap.htm)

Houve também expresso reconhecimento da existência de inconsistências nas Portarias Interministeriais nº 329/2009 e nº 451/2010, quando se abriu o prazo de 30 (trinta) dias para que os contribuintes contestassem o cálculo do FAP.

No mesmo sentido, as mais diversas alterações da metodologia para o cálculo do FAP (por intermédio das Resoluções CNPS nºs 1.269/06, 1.308/09, 1.309/09 e 1.316/10) convergem para a conclusão de que da própria Previdência Social reconhece o descabimento deste instituto.

Ora, como pode ser definido, e pior exigido, tributo sem a prévia e a plena segurança dos elementos utilizados no seu cálculo? Qual é a garantia de que, assim como ocorreu em relação às tentativas anteriores de se individualizar da alíquota da contribuição SAT/RAT (art. 4º da Lei nº 7.789/1989 e art. 22, §3º da Lei nº 8.212/91) não se está diante da ausência de bases sólidas que possam aferir, com fidedignidade, a realidade ambiental das empresas?

As únicas certezas, a nosso ver, residem no total descabimento do FAP.

## IV. ALTERNATIVAS PARA O QUESTIONAMENTO DO FAP

Esses, em suma, são os vícios que comprometem o FAP e que podem ser invocados pelo contribuinte para afastar a sua aplicação, o que pode ser feito por uma infinidade de formas.

A primeira delas consiste na apresentação da mencionada contestação administrativa, pela qual o contribuinte deverá indicar a existência de equívocos de ordem fática, consistentes no cômputo de evento acidentário que não deveria impactar no cálculo do FAP.

Enquanto estiver em curso essa discussão administrativa, a exigibilidade da dívida correspondente à aplicação do FAP no cálculo da Contribuição SAT/RAT remanescerá suspensa, o que afasta, ainda que provisoriamente, a necessidade de questionamento judicial.

O mesmo vale para o preenchimento do arquivo SEFIP/GFIP, onde devem ser imputadas todas as informações econômicas e cadastrais das empresas para fim de apuração e recolhimento das contribuições previdenciárias. Enquanto perdurar a fase administrativa, o respectivo campo do SEFIP/GFIP poderá ser preenchido com valor igual a 1.000 (tornando o seu efeito sobre a alíquota da contribuição SAT/RAT nulo), não podendo gerar qualquer inconsistência no valor do recolhimento devido ou na renovação da certidão de regularidade fiscal.

Superada essa fase pelo encerramento da discussão administrativa ou mesmo pela ausência de apresentação de contestação pelo contribuinte a tempo e modo, descortina-se a alternativa do questionamento judicial do FAP.

Tal investida pode se dar de duas maneiras: pela impetração de mandado de segurança ou mediante ajuizamento de ação pelo procedimento ordinário.

A via do mandado de segurança mostra-se sedutora sobretudo por não proporcionar risco de condenação do contribuinte em honorários de sucumbência usualmente devidos em caso de derrota em discussão judicial. Além disso, seu procedimento abreviado contribui para desfecho mais breve do litígio.

Entretanto, seu procedimento não comporta a produção de provas.

Nesse contexto, caso o contribuinte não tenha interesse em impugnar o cômputo de determinados eventos acidentários no cálculo do seu FAP – matéria que depende da produção de provas – a via do mandado de segurança mostra-se ajustada às suas pretensões.

Se, por outro lado, houver a pretensão de questionar os eventos considerados pelo Fisco, não restará alternativa que não o ajuizamento de ação pelo procedimento ordinário.

Independentemente da via eleita, deve-se ter em mente que o FAP é um índice com divulgação anual e que pode ser vantajoso ao contribuinte se inferior a 1.000 ou prejudicial, se superior a essa marca. Além disso, para aqueles que pretendem discutir os eventos acidentários, logicamente os acidentes levados em consideração em um ano serão distintos dos indicados nos anos subsequentes.

Diante dessas peculiaridades, parece conveniente limitar a abrangência da ação judicial ao período de um ano, tanto para se assegurar que a cada divulgação do FAP se possa impugnar os acidentes impertinentes quanto para se evitar que a decisão judicial que determine o afastamento do FAP venha a impedir o contribuinte de fazer uso desse índice no futuro na hipótese de lhe ser vantajoso (FAP inferior a 1).

Em qualquer caso, a abstenção do emprego do FAP só deve ocorrer se o respectivo processo administrativo estiver em curso ou se houver decisão suspendendo a sua aplicação. Em qualquer outra hipótese, o expurgo do FAP sujeitará a pessoa jurídica a eventuais autuações fiscais que exigirão a diferença da Contribuição SAT/RAT devida em função da aplicação do FAP incrementada pela SELIC e por multa de ofício na razão de 75% do valor do débito.

Tal contexto remete o contribuinte que não disponha de processo administrativo em trâmite ou de decisão judicial suspendendo a aplicação do FAP ao pagamento do valor reputado devido pelo Fisco ou ao seu depósito judicial, na hipótese de haver ação judicial relacionada ao tema. Nessas hipóteses, sagrando-se o contribuinte vencedor na demanda, será direito seu compensar o valor indevidamente recolhido ou obter sua restituição via precatório, caso tenha recolhido os valores; ou ainda levantar os valores, caso tenha havido depósitos judiciais.

Relativamente à declaração do FAP no SEFIP/GFIP, a decisão judicial que suspender a sua exigibilidade permitirá que ele seja declarado igual a 1.000; acaso essa decisão seja cassada, revogada ou reformada a informação em SEFIP/GFIP deverá ser retificada para refletir o FAP divulgado pela Previdência Social. A inobservância deste procedimento poderá obstar a renovação da certidão de regularidade fiscal da empresa.

Em relação aos depósitos judiciais, esclareça-se que eles não autorizam que o preenchimento do FAP no SEFIP/GFIP divirja do valor divulgado pela Previdência Social; nesse caso, a renovação da certidão de regularidade fiscal dependerá da demonstração de que os valores declarados em SEFIP/GFIP e não recolhidos estão integralmente depositados em Juízo.

Imaginando que o FAP da empresa foi de 1.7256. Se ela o impugnou administrativamente, poderá preencher o campo do SEFIP/GFIP com valor igual a 1.000. Ao término da esfera administrativa, sem êxito, deverá retificar todas as suas GFIP para que conste o FAP igual a 1.7256 e recolher os valores devidos com os acréscimo legais (multa e juros de mora). Contudo, se a empresa ingressar em Juízo o obter decisão favorável, poderá retificar novamente as suas GFIP para que conste o FAP igual a 1.000. Porém, se a decisão judicial for modificada, a informação em GFIP deverá acompanhá-la. Ao término da esfera judicial, em se reconhecendo o descabimento do FAP, a empresa poderá pleitear a restituição ou compensação dos valores indevidamente recolhidos, fazendo constar em suas GFIP o FAP igual a 1.000.

## V. JURISPRUDÊNCIA

Diante de todo o exposto, importante citar alguns julgados que sintetizam a ilegalidade/inconstitucionalidade do FAP:

> "(...).
> Assim sendo, verificado que o art. 10 da Lei nº 10.666/06, quando não esgota a fixação de alíquota cominada à lei ordinária, remetendo-a à parametrização por atos emanados pelo Executivo, bem como o art. 202-A do Decreto nº 3.048/99, com a redação dada pelo Decreto nº 6.957/09, e as Resoluções nº 1.308 e 1.309/09 do CNPS, quando invadem o campo da reserva absoluta de lei ordinária, desatendem o art. 150, I, da Constituição Federal, reconheço sua inconstitucionalidade em controle difuso.
> Do esposado, extraio a verossimilhança das alegações da parte autora, ao passo que o fundado receio de dano irreparável ou de difícil reparação se identifica nos efeitos tributários já iniciados e da previsão do art. 202-A, § 6°, do Decreto nº 3.048/99, capazes de, majorando a tributação da folha salarial da autora, privá-la dos respectivos valores, essenciais a seu funcionamento, ou expor-lhe às nocivas consequências da inadimplência perante o Fisco e à necessidade de futura exigência do indébito por meio da tortuosa via do art. 100 da Constituição.
> Ante o exposto, concedo a segurança para declarar a inexigibilidade do multiplicador FAP incidente sobre a alíquota do RAT, de modo a restaurar-se a aplicabilidade do art. 22, II, da Lei nº 8.212/91, nos termos da fundamentação. (...)"
> (Sentença proferida em 19.02.2010 pela Justiça Federal de Florianópolis / Mandado de Segurança nº 2009.72.00.014526-7 / Juiz Gustavo Dias de Barcellos)

"(...).

Analisando os autos, em se de cognição sumária, observo que os Decretos n^os^ 6.042/2007 e 6.957/09, que regulamentam o artigo 10 da Lei n^os^ 10.666/2003, apenas estabelecem a metodologia para a obtenção do alargamento ou estreitamento das alíquotas anteriormente fixadas, utilizando, para tanto, o Fator Previdenciário de Prevenção.

O FAP é um 'multiplicador variável num intervalo contínuo de cinco décimos (0,5000) a dois inteiros (2,0000), aplicado com quatro casas decimais, considerando os critérios de arredondamento na quarta casa decimal, a ser aplicado à respectiva alíquota', ou seja, um fator determinante para a apuração da alíquota efetiva a ser aplicada sobre a base de cálculo do tributo.

Segundo consta do anexo da Resolução MPS/CNPs nº 1308/2009, 'o objetivo do FAP é incentivar a melhoria das condições de trabalho e da saúde do trabalhador estimulando as empresas a implementarem políticas mais efetivas de saúde e segurança no trabalho para reduzir a acidentalidade'.

Ocorre que, o artigo 195, § 9º da Constituição Federal estabelece que as contribuições sociais do empregador, da empresa e da entidade a ela equiparada poderão ter alíquotas ou bases de cálculos diferenciadas, em razão da atividade econômica ou da utilização intensiva da mão de obra.

Ora, a Lei nº 8.212/91 já prevê a existência da Contribuição Social para o custeio do Seguro Acidente do Trabalho – SAT, com alíquota variável entre 1,2 e 3% de acordo com o risco da atividade desenvolvida.

Portanto, me parece, pelo menos em sede de cognição sumária, que eventual majoração da alíquota da contribuição social ao Seguro de Acidente de Trabalho – SAT, após aplicação do FAP, terá caráter sancionatório e não fiscal, haja vista que será levado em consideração o risco no ambiente de trabalho, medido a critério do Conselho Nacional de Previdência Social. Ou seja, se a empresa representar risco potencial à segurança e a saúde do trabalhador terá que pagar a mais por isso.

Presente, pois, o *fumus boni iuris*.

Tenho que se não concedida a medida pleiteada, a Impetrante encontrar-se-á prejudicada em seu direito. Daí o *periculum in mora*.

Posto isso, considerando serem os pressupostos legais suficientemente sólidos a sustentar a pretendida medida, CONCEDO a liminar para determinar a imediata suspensão da contribuição incidente sobre os Riscos Ambientais do Trabalho – RAT, antigo Seguro de Acidentes de Trabalho – SAT, com alíquota majorada pelo FAP, até decisão final. (...)."

(Decisão proferida em 27.01.2010 pela 12° Vara Cível da Justiça Federal de São Paulo / Mandado de Segurança nº 2010.61.00.001548-4 / Juíza Elizabeth Leão)

"(...).

Repise-se que a Lei nº 10.666/03 nada mais fez do que autorizar o Poder Executivo a alterar a alíquota em cada caso, aumentando-a ou reduzindo-a, respeitados as condições e os limites fixados na lei, na mesma forma em que prevista pelo artigo 153, §1°, o que é vedado, já que a exceção constitucional é expressa, não admitindo extensão para casos nela não explicitados.

Na análise da questão controversa, merece menção o julgamento do Recurso Extraordinário nº 343.446 pelo E. Supremo Tribunal Federal, cujo entendimento foi o de que: 'As Leis 7.787/89, art. 3°, II, e nº 8.212/91, art. 22, II, definem, satisfatoriamente, todos os elementos capazes de fazer nascer a obrigação tributária válida. O fato de a lei deixar para o regulamento a complementação dos conceitos de 'atividade preponderante' e 'grau de risco leve, médio e grave', não implica ofensa ao princípio da legalidade genérica, C.F., art. 5°, 2°, e da legalidade tributária, C.F., art. 150, I.'

Com efeito, até aquele momento, as Leis nº 7.787/89 e nº 8.212/91 definiam todos os elementos do tributo. Todavia, a Lei nº 10.666/03, posterior ao julgado, modificou a estrutura legislativa então existente no tocante à contribuição ao SAT. Portanto, aquele julgamento não se aplica à questão debatida, visto que os parâmetros legislativos são diversos, assim como o são os elementos do tributo em discussão. Desse modo, a análise deve ser feita caso a caso, no que ressalto que a delegação legal a regulamentos, em matéria de tributo, deve restringir-se apenas ao que for necessário à execução da lei, visto que emanados de Poderes distintos, cada qual com a sua competência constitucional.

Pelo exposto, JULGO PROCEDENTE o pedido e CONCEDO A SEGURANÇA para afastar, especificamente no ano de 2010, a aplicação do Fator Acidentário de Prevenção (FAP), introduzido pelos Decretos nºs 6.042/2007 e 6.957/2009, pelo que determino à autoridade coatora que se abstenha da prática de quaisquer atos tendentes à cobrança dos valores supostamente devidos, em razão da suspensão do recolhimento na forma autorizada por esta decisão.

(...)."

(decisão proferida pelo MM. Juiz da 1ª Vara Federal Cível de São Paulo, em 26/05/2010, nos autos do Mandado de Segurança nº 2010.61.00.000976-9)

**De outro lado, porém, já existem julgados que refutam a ilegalidade/inconstitucionalidade do FAP, tal qual o abaixo transcrito:**

"PROCESSUAL CIVIL. AGRAVO LEGAL EM AGRAVO DE INSTRUMENTO. ARTIGO 557, § 1°, DO CPC. CONTRIBUIÇÃO AO SAT. FATOR ACIDENTÁRIO DE PREVENÇÃO-FAP. PEDIDO LIMINAR.

1. O governo federal ratificou Resolução do Conselho Nacional de Previdência Social (CNPS) ao definir a nova metodologia do Fator Acidentário de Prevenção (FAP), que deve ser utilizado a partir de janeiro de 2010 para calcular as alíquotas da tarifação individual por empresa do Seguro Acidente, conforme o Decreto nº 6.957/2009. O decreto regulamenta as Resoluções nºs 1.308/2009 e 1.309/2009, do CNPS e traz a relação das subclasses econômicas - a partir da lista da Classificação Nacional de Atividades Econômicas -, com o respectivo percentual de contribuição (1%, 2% e 3%) de cada atividade econômica, determinando que sobre esses percentuais incidirá o FAP ;

2. Não se percebe à primeira vista infração aos princípios da legalidade genérica e estrita (art. 5°, II e 150, I da CF), em qualquer de suas consequências. O FAP está expressamente previsto no artigo 10 da Lei nº 10.666/2003. O Decreto nº 6.957/09 não inovou em relação ao que dispõe as Leis nºs 8.212/91 e 10.666/2003, apenas explicitando as condições concretas para o que tais normas determinam.

3. Embora não seja legalmente vedada a concessão de liminar ou antecipação de tutela em ação que discute o lançamento de crédito tributário, a presunção de constitucionalidade das leis e de legalidade do ato administrativo, aliás desdobrada na executoriedade da certidão de inscrição em dívida ativa, impõe que a suspensão de sua exigibilidade por provimento jurisdicional precário, sem o

depósito do tributo, só possa ser deferida quando a jurisprudência dos tribunais esteja remansosamente formada em favor do contribuinte, ou quando o ato de lançamento se mostrar teratológico;

4. Agravo a que se nega provimento."

(Tribunal Regional Federal da Terceira Região / Segunda Turma / Processo nº 2010.03.00.002250-3 / Agravo de Instrumento nº 396.693 / Relator Henrique Herkenhoff / Publicado no DJF de 15.04.2010 pág. 208)

## VI. CONCLUSÃO

A jurisprudência ainda não está pacificada. Longe disso, os julgadores ainda começam a se debruçar sobre o assunto para a sua devida compreensão. As Cortes Superiores ainda não analisaram ações distribuídas perante a Justiça Federal e não há perspectiva sobre o posicionamento que será adotado.

Sem embargo, na visão dos Autores o FAP, criado pelo art. 10 da Lei nº 10.666/2003 e regulamentado pelos Decretos nº 6.042/2007 e nº 6.957/2009, inovou a contribuição SAT/RAT ao alterar os critérios que definem a sua alíquota, com a suposta pretensão de incentivar a realização de investimentos eficazes na prevenção contra acidentes do trabalho.

O FAP foi criado com a marca de solução para os problemas acidentários no Brasil, como se a legislação elaborada nos últimos 20 (vinte) anos, apesar de vigente, fosse inútil, ineficaz e inócua.

A verdade, porém, é a de que o aspecto social, as crenças ideológicas e os modelos previdenciários vigentes em outros países que fundamentaram a criação do FAP não se prestam a justificar as transgressões contra a ordem constitucional brasileira por ele cometidas.

# Responsabilidade pelo ICMS nas Operações sob as Condições da Cláusula FOB

Renata Correia Cubas

Leonardo Fabrício Gomes da Silva

## I. CENÁRIO ATUAL DA FISCALIZAÇÃO E DA RESPONSABILIDADE FISCAL RELATIVAS ÀS VENDAS SOB A CLÁUSULA FOB

É fato para contribuintes dos mais diversos setores da atividade empresarial do país que o Fisco dos Estados, nos últimos anos, tem buscado otimizar seus procedimentos de fiscalização e autuação, de forma a arrecadar mais tributos para seus cofres, especialmente no que tange a valores devidos a título de Imposto sobre a Circulação de Mercadorias e Prestação de Serviços - ICMS.

Neste sentido temos acompanhado a inovação de procedimentos de fiscalização e de criação de novas obrigações acessórias para os contribuintes estaduais, tais como a digitalização obrigatória da escrita fiscal, a criação de domicílios fiscais eletrônicos para otimização do relacionamento Fisco-contribuinte no plano das informações econômico-fiscais etc.

De outro plano, porém, temos visto também a otimização de procedimentos fiscalizatórios e arrecadatórios tradicionais, expressos na edição de convênios de colaboração entre Estados para a troca de informações relacionadas aos seus contribuintes, retenção de mercadorias, aumento dos controles de fronteira, limitação dos direitos de defesa dos contribuintes, redução dos prazos de julgamento de autuações fiscais na esfera administrativa, entre outros.

Neste contexto, entre os diversos temas que têm sido objeto de autuações fiscais recorrentes, temos visto o crescimento das autuações relacionadas às vendas com cláusula FOB (extraída dos International Commerce Terms divulgados pela International Chamber of Commerce – ICC, cláusula *Free on Board*), especialmente em setores tais como os produção e revenda de combustíveis, também produção de plásticos e de embalagens.

Estas autuações fiscais, genericamente, têm como pano de fundo a situação envolvendo a realização de venda interestadual de mercadoria por um contribuinte "A" de um Estado, em uma certa data, para um contribuinte "B" de outro Estado, na qual este último se responsabiliza pela retirada das mercadorias no estabelecimento do contribuinte-vendedor "A", incidindo no caso a alíquota interestadual cabível.

Neste casos, por conta de eventuais problemas cadastrais e/ou estruturais verificado pelo Estado do vendedor relativamente à existência e regularidade do estabelecimento adquirente no outro Estado, ou ainda, quanto aos elementos que denotariam o efetivo recebimento das mercadorias por este, **verificado posteriormente à ocorrência das vendas**, o Fisco do Estado de origem das mercadorias procede à autuação do estabelecimento vendedor, responsabilizando-o pela diferença de ICMS entre a alíquota interna (geralmente 18%) e a interestadual (que varia entre 7% e 12%), com base na presunção de que supostamente teria a mercadoria sido desviada para o seu mercado interno, não para o Estado de destino, como inicialmente indicado nas notas fiscais de saída e demais documentos fiscais de apuração emitidos pelo estabelecimento vendedor.

O entendimento dos fiscos estaduais, para fundamentar tal postura, costuma ser no sentido de que o estabelecimento vendedor, por força da legislação do ICMS de seu Estado, em relação às operações de venda que realiza, é obrigado a se certificar da existência jurídica e regularidade fiscal do estabelecimento do contribuinte-adquirente, bem como deve responder objetivamente e diretamente pela eventual diferença de imposto verificada posteriormente, no caso de desvio das mercadorias vendidas por parte do adquirente ou mesmo outros terceiros. Costumam alegar, ainda, que a cláusula FOB mencionada acima, não pode ser oposta ao Fisco pelo estabelecimento vendedor para fins de exonerá-lo de tal cobrança, ainda que não tenha comprovadamente participado de qualquer desvio.

Neste plano, então, se torna questionável tal postura dos fiscos estaduais, especialmente quando se nota os limites para a incidência do ICMS à alíquota interestadual nas operações citadas, bem como os limites legais para a responsabilização do estabelecimento vendedor nas vendas com cláusula FOB e mesmo para a fiscalização da existência jurídica e regularidade fiscal do estabelecimento adquirente pelo estabelecimento vendedor das mercadorias, e ainda, os limites existentes para a aplicação de entendimento particularizado do E. Superior Tribunal de Justiça sobre o tema.

## II. A INCIDÊNCIA DO ICMS E A INVERSÃO DO ÔNUS DA PROVA

Antes de qualquer coisa, em relação ao tema ora enfocado, importante se faz aqui uma explanação acerca da incidência do ICMS nas vendas interestaduais de mercadoria, especialmente considerando os limites da cláusula FOB.

Neste sentido, a fiscalização dos Estados, nas autuações ora destacadas, costuma reclamar o suposto não recolhimento de parcela do ICMS pelo contribuinte-vendedor em decorrência de, não obstante indicar este em suas notas fiscais o contribuinte-adquirente localizado no outro Estado, como destinatário das mercadorias, essas não haverem saído de seu território.

Em suma, bem se vê então que o imposto incide sobre "operações relativas à circulação de mercadorias", assim entendidas como as *circulações de mercadorias que decorram de operações jurídicas, nas quais há o translado da titularidade das mercadorias, de um sujeito de direito para outro* (no caso, de uma pessoa jurídica para outra), de nada importando a sua pura e simples movimentação física para o mundo do Direito.

Mas é de se perguntar então: no caso do ICMS-mercadorias, em que momento se dá a referida transferência de titularidade que dá ensejo à cobrança do ICMS, principalmente em casos como o da compra e venda mercantil ocorrida entre estabelecimentos contribuintes, um vendedor, outro adquirente, realizadas sob a cláusula FOB?

De plano, vale lembrar que a cláusula FOB (*Free on Board*) é aquela que, nos negócios privados, especialmente a compra e venda mercantil, determina que, na venda da mercadoria, os encargos de frete relativo à sua entrega ficam a cargo do adquirente da mercadoria. E neste sentido, então, este é quem escolhe e paga o transportador da mercadoria.

Destacado isso, sobre a incidência do ICMS ainda, para a concretização do fato imponível deste, necessária se faz a transferência da titularidade da mercadoria, no caso de compra e venda, por meio da *tradição* da mercadoria vendida ao comprador. É o que se extrai, aliás, dos seguintes artigos 481 e 1.267 do Código Civil vigente (Lei nº 10.406, de 10 de janeiro de 2002, DOU de 11/01/2002).

Ora, em se tratando de compra e venda sob cláusula FOB, em que o comprador escolhe quem irá efetivar o recebimento da mercadoria em seu nome, dependendo do caso, o transportador próprio ou empresa deste ramo de sua preferência, a conclusão só pode ser uma: tendo o transportador ou representante autorizado recebido a mercadoria, efetivada está a tradição desta para o estabelecimento comprador de outro Estado e, desta forma, ocorrido o fato gerador do ICMS, bem como justificada plenamente a aplicação da alíquota interestadual na venda (de 7% ou 12%).

Por todo o exposto até aqui, se houve operação jurídica no sentido dado a essa expressão pela Constituição Federal, com a respectiva transferência de titularidade e, uma vez verificado que a tradição das mercadorias para o estabelecimento comprador de outro Estado (que então se apresenta como existente e regular no plano fiscal para a empresa vendedora, ante sua documentação e situação fiscal/societária verificadas à época da venda) se efetivou por meio da sua entrega ao transportador próprio ou a empresa deste ramo de sua escolha, concretizando está o fato gerador do ICMS, validando a utilização da alíquota interestadual cabível pelo estabelecimento vendedor.

Não há, então, que se falar em autuações por falta de pagamento do imposto com relação às operações de venda interestadual de mercadorias, muito menos na aplicação de alíquota de operações internas às operações em tela, **se até o momento da efetivação das vendas**, por parte do estabelecimento vendedor, não possui este qualquer conhecimento ou elemento palpável quanto a eventual conluio entre o adquirente e os agentes transportadores, ou mesmo conduta irregular destes especialmente realizada com dolo, fraude ou simulação, tendentes a sonegar o ICMS devido na operação.

Realmente, pois havendo qualquer indício de irregularidade em relação a tais agentes, especialmente quanto à existência jurídica e sua regularidade fiscal destes, **antes** da realização da venda e da entrega das mercadorias ao estabelecimento adquirente, certamente não terá o estabelecimento vendedor interesse na venda e não efetivará esta. Ou seja, só em tais circunstâncias é que se pode exigir que este *adote uma postura diversa*: não vender as mercadorias.

Neste ponto então é que surge boa parte das controvérsias ligadas às vendas com cláusula FOB e às autuações fiscais que tratam do tema, em relação as quais é impositiva em particular uma manifestação mais adequada por parte de nossos tribunais superiores.

Isso porque, não raro, a legislação do ICMS costuma impor, em verdadeira *inversão do ônus da prova* e *do dever de fiscalizar*, que o contribuinte-vendedor, no caso de vendas interestaduais, é obrigado a provar que as mercadorias que vendeu a estabelecimento de contribuinte existente e regular de outro Estado lá chegaram fisicamente. Do contrário, a legislação dos Estados simplesmente *presume* interna a venda interestadual efetivada[1].

Vale notar que estas mesmas normas também não preveem quais seriam estas provas que, na visão do Fisco Estadual, seriam aptas a afastar tal presunção legal, muito menos indicam qual seria o limite dos elementos necessários que deve o vendedor procurar obter e guardar dentro do prazo decadencial para provar a correção da venda interestadual que realizou.

Definitivamente, não se nega que é de se esperar do *homem médio* que vende uma mercadoria a determinado cliente, que este adote certas cautelas quanto à efetivação da venda que atualmente realiza, especialmente a lhe garantir o efetivo pagamento das próprias mercadorias que entregará.

Neste sentido, é de se esperar que o contribuinte, por cautela mínima, levante previamente às vendas interestaduais ao menos alguns documentos relativos à demonstrar a existência e regularidade de seu cliente e também é de se esperar que mantenha, depois de efetivadas as vendas, as provas da efetivação destas, expressas nos comprovantes de pagamento das mercadorias, entre outros.

Porém, é fato que isso não pode implicar em verdadeira *delegação de competência para a fiscalização tributária* a este vendedor. Isso porque, há um *limite* previsto em norma geral tributária para a realização de qualquer fiscalização tributária e lançamento de créditos tributários.

Trata-se da norma fixada nacionalmente no artigo 142 do Código

1 Neste sentido, vide, por exemplo, o disposto no § 4°, do artigo 36 do Regulamento do ICMS de São Paulo, aprovado pelo Decreto 45.490/00:

"Artigo 36 - O local da operação ou da prestação, para efeito de cobrança do imposto e definição do estabelecimento responsável, é (Lei 6.374/89, artigos 12 e 23, este na redação da Lei nº 10.619/00, art. 1º, XII, Lei Complementar federal 87/96, art. 11, com alterações da Lei Complementar nº 102/00, art. 1º, Convênio SINIEF-6/89, art. 73, na redação do Ajuste SINIEF-1/89, cláusula segunda, Convênio ICMS-25/90, cláusula sexta, Convênio ICMS-120/89):
(...)
**§ 4º - Presume-se interna a operação caso o contribuinte não comprove a saída da mercadoria do território paulista com destino a outro Estado ou a sua efetiva exportação."**

Tributário Nacional, a qual deixa claro que apenas aos agentes fiscais dos entes tributantes cabe a fiscalização da regularidade fiscal de qualquer contribuinte, bem como incumbe a estes *provar* se tal contribuinte praticou algum fato gerador e, por conseguinte, deve recolher qualquer tributo ou diferença deste, ou mesmo penalidade, em relação às condutas irregulares que efetivou, quando menciona que: "*Compete privativamente à autoridade administrativa constituir o crédito tributário pelo lançamento, assim entendido o procedimento administrativo tendente a verificar a ocorrência do fato gerador da obrigação correspondente, determinar a matéria tributável, calcular o montante do tributo devido, identificar o sujeito passivo e, sendo caso, propor a aplicação da penalidade cabível.*"

Evidentemente deste modo, que qualquer norma dos entes tributantes, que extrapole tal limite, delegando a certos contribuintes de certa categoria "A" o dever de fiscalizar outros contribuintes de categoria "B", ainda mais quando estes últimos estão de fora de seu próprio território, é norma claramente inválida, e por conseguinte, qualquer lançamento tributário baseado nesta.

E isso salta aos olhos, quando, não raro, a legislação dos Estados, ao mesmo tempo, assegura, em atenção ao primado constitucional do devido processo legal, a *presunção relativa da verdade* (ou seja, até prova em contrário do Fisco) dos lançamentos contidos em livros e documentos contábeis ou fiscais do contribuinte vendedor, quando fundamentados em documentação hábil.[2]

Portanto, bem se vê que, neste tipo de autuação, para que esta possa ter alguma validade jurídica, que os Fiscos estaduais comprovem efetivamente que o contribuinte-vendedor, por uma postura irregular **exclusivamente sua**, agiu com dolo, fraude ou simulação nas operações interestaduais, especialmente quanto à efetiva existência jurídica e regularidade

2 Veja-se como exemplo o disposto no artigo 5º da Lei Complementar nº 939, de 3 de abril de 2003 do Estado de São Paulo:
"Artigo 5º - São garantias do contribuinte:
(...)
**III - a presunção relativa da verdade nos lançamentos contidos em seus livros e documentos contábeis ou fiscais, quando fundamentados em documentação hábil;"**

fiscal de seu cliente, de sorte a sonegar o tributo realmente devido, falseando assim as operações interestaduais, bem como reste comprovado o real destinatário destas mercadorias.

Do contrário, só se terá mera *presunção* da ocorrência de qualquer infração à legislação estadual, mormente caso se restrinja o procedimento fiscal a levantar, **posteriormente às vendas efetivadas,** eventual situação de irregularidade fiscal ou quanto à existência do estabelecimento adquirente, ou ainda, da mera não ocorrência da transposição física das mercadorias das fronteiras entre os Estados, que como visto, não é elemento essencial para a ocorrência do fato gerador do ICMS e aplicação da respectiva alíquota interestadual.

Evidentemente aqui não se pretende que deixe sem qualquer controle a realização e fiscalização das operações interestaduais, por certo contribuinte. Não é esta a ideia que se pretende apresentar aqui, mas apenas deixar claro que situações de condutas praticadas com dolo, fraude ou simulação, por parte de certos vendedores de mercadorias, devem ser assim tratadas nos exatos limites em que realizada a prova da ocorrência destes elementos, no caso concreto.

E de outra parte, que situações em que tanto o Fisco Estadual, como o contribuinte-vendedor são enganados por uma postura irregular e vil de terceiros, que tenham agido de má-fé à época em que realizadas certas operações com mercadorias, devem ser tratados de forma diferenciada, nos exatos limites em que claramente demonstrada, por *provas,* tal situação, no intuito de que sejam punidos os efetivos engendradores de determinada postura sonegatória, não aquele que efetivamente agiu de boa-fé na realização regular de sua atividade empresarial.

Já neste passo então, necessário se faz tratar da responsabilidade tributária aplicável ao contribuinte-vendedor, ante a postura que concretamente adotou nas vendas interestaduais de mercadorias realizadas com base na cláusula FOB, especialmente se considerando a necessidade da perfeita indicação do agente infrator e das possibilidades de responsabilização deste no âmbito da legislação do ICMS.

## III. LIMITES PARA A RESPONSABILIZAÇÃO PELA CLÁUSULA FOB FRENTE ÀS DISPOSIÇÕES DO ARTIGO 135 E 137 DO CTN

Como já esclarecido acima, nas autuações que temos acompanhado sobre o tema, uma situação é aquela em que o Fisco identifica a ocorrência de uma *conduta individualizada* realizada com fraude, simulação ou dolo, **comprovadamente** praticada por certo vendedor de mercadorias, em conluio com o adquirente e/ou transportador da mercadoria, no qual também é identificado o *real destinatário* de mercadorias inicialmente vendidas em operação interestadual, tendente a sonegar ICMS, **já no momento da realização destas vendas.**

Outra, porém, é aquela em que o vendedor, mesmo tomando as cautelas que eram de se esperar do chamado *homem médio*, no intuito de preservar sua boa-fé nas operações interestaduais que realiza com certo adquirente de outro estado, se vê **posteriormente surpreendido por eventual irregularidade praticada pelo adquirente das mercadorias, apontada por parte do Fisco de seu Estado, especialmente relacionada com a sua regularidade fiscal e existência jurídica de seu cliente,** mas sem qualquer participação ou suporte seu, em relação às vendas interestaduais das mercadorias.

Neste plano então, a formulação de acusações com a cobrança de supostas diferenças de ICMS por certo Fisco estadual contra certo vendedor de mercadorias, especialmente adotando o pressuposto fático de que, "não obstante tenha tal estabelecimento vendedor indicado em suas notas fiscais o contribuinte-adquirente localizado no outro Estado, como destinatário das mercadorias, essas não saíram de seu território", deve estar **necessariamente** vinculado à efetiva demonstração, por meio de provas, de que tal contribuinte-vendedor, por uma conduta **exclusiva e voluntária sua**, por meio do emprego de dolo, fraude ou simulação, em conluio com terceiros, realizou na verdade venda interna de mercadorias, a determinada pessoa, com intuito sonegatório.

Realmente, pois no plano da responsabilidade tributária, em acusações em que se alega que houve *intuito deliberado*, ou seja, *dolo* do vendedor em indicar em documento fiscal destinatário seu não existente ou irregular, mas tal postura não é efetivamente demonstrada ou é apenas demonstrada a postura irregular de terceiros envolvidos nas vendas interestaduais, tem cabimento no caso a aplicação da **responsabilidade subjetiva destes terceiros, os reais agentes infratores**, quanto ao crédito tributário e à penalidade, com base nos artigos 135 e 137 do CTN.

Nunca a responsabilização objetiva do contribuinte-vendedor, ainda mais com base na regra de trazida pelo artigo 136 do CTN[3], para o qual não se exige a demonstração de tal aspecto volitivo do agente infrator.

Justifica-se tal postura, na medida em que não podem os Estados pretender a aplicação objetiva de penalidade contra certo vendedor de boa-fé, que tomou as cautelas devidas no momento quanto à regularidade do estabelecimento-adquirente de outro Estado, pelas condutas irregulares e ludibriantes praticadas com intuito lesivo por parte de terceiros, uma vez que tais condutas destes terceiros são definidas em

3 Art. 135. São pessoalmente responsáveis pelos créditos correspondentes a obrigações tributárias resultantes de atos praticados com excesso de poderes ou infração de lei, contrato social ou estatutos:
I - as pessoas referidas no artigo anterior;
**II - os mandatários, prepostos e empregados;**
**III - os diretores, gerentes ou representantes de pessoas jurídicas de direito privado.**
(...)

Art. 136. Salvo disposição de lei em contrário, **a responsabilidade por infrações** da legislação tributária **independe da intenção do agente ou do responsável e da efetividade, natureza e extensão dos efeitos do ato**.

**Art. 137. A responsabilidade é pessoal ao agente:**
I - quanto às infrações conceituadas por lei como crimes ou contravenções, salvo quando praticadas no exercício regular de administração, mandato, função, cargo ou emprego, ou no cumprimento de ordem expressa emitida por quem de direito;
**II - quanto às infrações em cuja definição o dolo específico do agente seja elementar;**
III - quanto às infrações que decorram direta e exclusivamente de dolo específico:
a) das pessoas referidas no artigo 134, contra aquelas por quem respondem;
**b) dos mandatários, prepostos ou empregados, contra seus mandantes, preponentes ou empregadores;**
**c) dos diretores, gerentes ou representantes de pessoas jurídicas de direito privado, contra estas.**

lei como atos ilícitos, sendo ainda mais culpa do agente, *lato sensu*, tida como elemento constitutivo do tipo infracional rotineiramente trazido pela legislação dos Estados.

Em outras palavras, é necessário, nesta hipótese, considerar e demonstrar o Fisco, em suas autuações, aspecto volitivo do suposto agente, de forma a atribuir a responsabilidade pela multa aos responsáveis pelo ilícito, no caso concreto, de forma a traduzir em uma autuação a punição dos reais idealizadores, executores e beneficiários do suposto desvio de mercadorias.

Válido, destacar, neste sentido, trecho do voto do Ministro Castro Meira, proferido nos autos do **Recurso Especial nº 68.087-SP**, que corrobora a argumentação ora apresentada:

> "A mais recente doutrina sobre a interpretação do dispositivo em exame tem acentuado que, malgrado a redação desse dispositivo, no que toca à infração da lei tributária deve ser examinado em harmonia com o art. 137, também do CTN, que consagra a responsabilidade subjetiva. Assim, passa-se a entender que o art. 136 não estabelece mera responsabilidade objetiva."
> (Resp nº 68.087-SP, 2ª Turma, DJ de 16/08/2004 – grifo nosso)

Em vista disso, se em nenhum momento, a Fiscalização dos Estados conseguem provar o efetivo desvio das mercadorias, ou tampouco a participação do vendedor-contribuinte nessa suposta infração, e mais, este mesmo contribuinte ainda prova que em momento algum teve conhecimento do suposto desvio do qual pode ter sido vítima, tendo agido de boa-fé segundo as cautelas que adotou antes da efetivação das vendas frente ao seu cliente de outro Estado, que estavam ao seu alcance como destacado acima, para se garantir da regularidade da existência deste último, tampouco teve a intenção de lesar o Erário e muito menos ainda praticou atos indispensáveis ou de suporte à sua possível consumação de infração à lei, de sua parte, clara esta a invalidade de qualquer autuação ou cobrança que não respeite os limites legais ora apontados.

Assim, diferentemente da generalização praticada pelo Fisco dos Estados, importante se faz sempre a análise do contexto fático de cada caso concreto, especialmente nos casos em que há prova da prática de conduta irregular e dolosa por parte de terceiros no intuito de desviar as mercadorias vendidas em operações estaduais, para se poder falar da efetiva validade deste tipo de autuação lançada de maneira às vezes afoita contra o vendedor das mercadorias sob as condições da cláusula FOB.

## IV. ENTENDIMENTO MANIFESTADO PELO SUPERIOR TRIBUNAL DE JUSTIÇA NOS CASOS DE VENDA SOB CLÁUSULA FOB

No que se refere às operações ora sob debate, é comum a fiscalização dos Estados buscar alegar, em suas autuações que, nos casos de venda sob cláusula FOB, independentemente das cautelas adotadas pelo contribuinte e de que tenha o Fisco levantado prova de ter havido ou não a prática de irregularidades pelo estabelecimento adquirente das mercadorias no intuito de simular e/ou fraudar sua existência e regularidade fiscal em outro Estado, que não há como pretender os contribuintes vendedores se escusar da responsabilidade pelo pagamento das supostas diferenças de ICMS e demais penalidades aplicadas, por meio da oposição de relação de direito privado, expressa na referida cláusula contratual, por conta da restrição trazida pelo artigo 123 do CTN[4] sobre tal pretensão, na linha do que decidido pelo E. Superior Tribunal de justiça no caso do **Recurso Especial nº 37.033/SP**, nos seguintes termos:

> "TRIBUTÁRIO. ICMS. OPERAÇÃO INTERESTADUAL. DESCARACTERIZAÇÃO. CLÁUSULA FOB.
>
> A cláusula FOB opera entre as partes, exonerando o vendedor da responsabilidade

4 "Art. 123 – Salvo disposições de lei em contrário, as convenções particulares, relativas à responsabilidade pelo pagamento de tributos, não podem ser opostas à Fazenda Pública, **para modificar a definição legal do sujeito passivo das obrigações tributárias correspondentes.**" (grifos nossos)

pela entrega da mercadoria ao destinatário, nada valendo perante o Fisco (CTN, art. 123), que só homologa o pagamento do ICMS pela alíquota interestadual se a mercadoria for entregue no estabelecimento do destinatário em outra unidade da operação; não é a nota fiscal que define uma operação como interestadual, mas a transferência física da mercadoria de um Estado para outro. Recurso especial conhecido e provido." (RESP 37.033/SP, Relator Min. Peçanha Martins, sendo Relator para o acórdão o Ministro Ari Pargendler, Segunda Turma, julgamento de 06/08/1998, DJ de 31/08/1998, p. 53)

Definitivamente, como todo julgado proferido por uma Corte Judicial, sobre determinado tema de direito tributário, para a adoção do entendimento jurídico nele expresso, há sempre de ser sopesado o seu conteúdo, considerando-se o contexto fático nele abrangido e as normas nele interpretadas.

Considerando tal exigência hermenêutica básica, tem-se que referido acórdão **não é aplicável** aos casos em que (i) o contribuinte-vendedor toma as cautelas necessárias antes da efetivação das vendas frente ao seu cliente de outro Estado, para se garantir da regularidade da existência deste último, (ii) a Fiscalização dos Estados não conseguem provar o efetivo desvio das mercadorias, ou mesmo a participação do vendedor-contribuinte nessa suposta infração, (iii) este mesmo contribuinte prova que em nenhum momento teve conhecimento do suposto desvio do qual pode ter sido vítima, (iv) tampouco teve a intenção de lesar o Erário e muito menos ainda praticou atos indispensáveis ou de suporte à sua possível consumação, de sua parte, para a ocorrência de infração à legislação tributária.

Pela leitura mais atenta de seu inteiro teor, perceber-se-á que a posição vencedora naquele veredicto é totalmente inaplicável a casos em que se verificam os elementos acima apontados.

O Voto condutor da maioria em referido julgamento, elaborado pelo Min. Ari Pargendler, fixa seu marco a partir de premissas específicas, cabível às particularidades de um certo caso submetido àquela Corte, as quais, toda via, não levam em conta dados como os apontados acima, que costumam se apresentar em autuações mais específicas, de modo que não pode assim ser aplicado a todo e qualquer caso de venda interestadual realizada sob a égide da cláusula FOB.

De fato, naquele acórdão é invocado o artigo 123 do CTN, que trata da impossibilidade de oposição das convenções particulares (no caso, a utilização da cláusula FOB) à Fazenda Pública para modificar a sujeição passiva, e mais à frente, arremata:

> *"Tenha, ou não, sido contratada como interestadual, a operação se resolveu interna – este o fato gerador que o Fisco devia, como fez, identificar".* (grifos nossos)

O trecho acima é decisivo e limita a aplicação do entendimento jurisprudencial trazido no julgado, pois, ao que parece, **naquele caso específico o Fisco demonstrou, efetivamente, que as mercadorias foram destinadas para o território do mesmo Estado do vendedor.** Portanto, foi provada pelo Fisco a ocorrência de operações internas.

Como consequência lógica, **diferente tratamento** deve ser dado aos casos em que o Fisco dos Estados, no caso concreto, não identificam nem comprovaram o fato gerador consubstanciado na operação interna, mas apenas *presumem* a ocorrência da operação interna, com base em mera presunção legal, em elementos meramente indiciários, inconsistentes e/ou inaplicáveis ao vendedor, mormente, ainda, se tais dados do Fisco forem elididos pela documentação apresentada pelo vendedor em processo de fiscalização ou administrativo fiscal, que comprove a regularidade de seu cliente à época das operações, ou ainda, no caso do próprio vendedor provar que foi vítima de uma fraude ou simulação claramente praticada por terceiros.

Realmente, pois, ao correr os olhos pelo voto condutor do referido Acórdão, logo se vê que em nenhum momento há menção a um ato **ilícito praticado por terceiros,** como podem ocorrer em certas situações particularizadas, acaso restasse caracterizado o desvio indevido das mercadorias, contra a vontade e conhecimento do vendedor. Note-se inclusive neste sentido, que não há, no corpo de tal decisão, menção aos artigos 135 e 137 do CTN, dispositivos cujas incidências são deflagradas, justamente em razão da ocorrência de um ato ilícito, por parte de terceiros.

## V. CONCLUSÃO

Diante do exposto, pode-se concluir em relação às autuações lançadas pelos Fiscos estaduais relativamente a operações realizadas com a adoção da cláusula FOB que:

- A incidência do ICMS à alíquota interestadual, no caso de venda de mercadorias sob as condições da cláusula FOB, pode ser considerada como devidamente aperfeiçoada no momento da efetiva *tradição*, da mercadoria, pelo estabelecimento vendedor ao transportador ou representante de estabelecimento adquirente localizado em outro Estado da Federação, que se apresenta neste momento como existente e regular junto aos órgãos de Registro do Comércio e autoridades fiscais competentes, já que incide apenas sobre operações que representem operações de transferência de titularidade de bem destinado ao comércio e especialmente considerando as diversas formas de efetivação da *tradição* em operações de compra autorizadas pelo Código Civil Brasileiro vigente;
- Podem ser consideradas inválidas tais autuações, com base no artigo 142 do CTN, caso se baseiem em uma *inversão do ônus da prova* e *do dever de fiscalizar*, do Fisco para o contribuinte, para o qual não atribui a legislação tributária poder de polícia para tanto, mormente em relação à existência e regularidade fiscal dos estabelecimentos adquirentes de mercadorias, que estão sob jurisdição de outros Estados, para o qual vendeu mercadorias sob as condições da cláusula FOB;
- A responsabilidade tributária por supostas diferenças de ICMS e/ou penalidades, nos casos de autuações envolvendo as vendas em destaque, deve ser sopesada em cada caso concreto, eis que é limitada a sua aplicação pelos termos específicos dos artigos 135, 136 e 137 CTN, de modo que não pode ser banalizada a responsabilização objetiva do estabelecimento vendedor no caso de verificação

*a posteriori* de qualquer irregularidade do estabelecimento destinatário das mercadorias, especialmente quando adota certas cautelas para a efetivação destas junto a seus clientes, bem como deve ser efetivada a responsabilização subjetiva dos *reais agentes* que tenham intencionalmente e comprovadamente praticado um desvio de mercadorias nestes casos;

Não há como se permitir a aplicação indiscriminada pelos Fiscos estaduais do quanto julgado pelo E. STJ no caso do **RESP 37.033/SP**, em relação à aplicação do artigo 123 do CTN nos casos das vendas em debate, sendo ilegal qualquer postura fiscal neste sentido, especialmente quando constatado em certos casos, *in concreto,* a simples *presunção* pela Fiscalização da ocorrência de vendas internas de mercadoria, mormente com base em mera presunção legal, em elementos meramente indiciários, inconsistentes e/ou inaplicáveis ao vendedor, mormente, ainda, se tais dados do Fisco forem elididos pela documentação apresentada pelo vendedor, que comprove a regularidade de seu cliente à época das operações, ou ainda, no caso do próprio vendedor provar que foi vítima de uma fraude ou simulação claramente praticada por terceiros, dados estes que até o momento não foram analisados pelo mesmo tribunal, em autuações específicas, pela jurisprudência atualmente vigente, que afastam a pretensão de responsabilização objetiva do estabelecimento vendedor, em operações com estas características, ante o disposto nos artigos 135 e 137 do CTN.

# Memorandos

# 29/09/2009

## STJ APROVA NOVE SÚMULAS SOBRE DIREITO TRIBUTÁRIO

No último dia 23 de setembro de 2009, a 1ª Seção do Superior Tribunal de Justiça aprovou nove verbetes sumulares a respeito de diversas questões que envolvem incidência de tributos e aspectos processuais da cobrança do crédito tributário. Eis as novas súmulas:

Súmula 391: "O ICMS incide sobre o valor da tarifa de energia elétrica correspondente à demanda de potência efetivamente utilizada"

Súmula 392: "Não se admite a substituição da CDA para a alteração do sujeito passivo dela constante, pois isso não é erro formal ou material, mas sim alteração do próprio lançamento"

Súmula 393: "A exceção de pré-executividade é admissível na execução fiscal relativamente às matérias conhecíveis de ofício que não demandem dilação probatória"

Súmula 394: "É admissível, em embargos à execução fiscal, compensar valores de imposto de renda retidos indevidamente na fonte com os valores restituídos apurados na declaração anual"

Súmula 395: "O ICMS incide sobre o valor da venda a prazo constante na nota fiscal"

Súmula 396: "A Confederação Nacional da Agricultura tem legitimidade ativa para a cobrança da contribuição sindical rural"

Súmula 397: "O contribuinte de IPTU é notificado do lançamento pelo envio de carnê ao seu endereço"

Súmula 398: "A prescrição da ação para pleitear os juros progressivos sobre os saldos de conta vinculada do FGTS não atinge o fundo de direito, limitando-se às parcelas vencidas"

Súmula 399: "Cabe à legislação municipal estabelecer o sujeito passivo do IPTU"

# 01/10/2009

## PARCELAMENTO DE DÉBITOS INSCRITOS NA DÍVIDA ATIVA DO ESTADO DO RIO DE JANEIRO (DECRETO ESTADUAL Nº 42.049/09)

Em 28 de setembro de 2009 foi publicado no Diário Oficial do Estado do Rio de Janeiro – DOERJ o Decreto Estadual nº 42.049/2009 que disciplina o parcelamento dos créditos tributários e não tributários, inscritos em dívida ativa, do Estado do Rio de Janeiro e de suas autarquias e fundações públicas.

De acordo com o artigo 6° do indigitado Decreto Estadual os créditos tributários e não tributários do Estado do Rio de Janeiro, suas autarquias e fundações públicas, inscritos em dívida ativa, poderão ser incluídos no **parcelamento ordinário** que prevê a quitação dos débitos fiscais em até 60 (sessenta) vezes, inexistindo qualquer previsão de anistia ou remissão.

Já o artigo 9° do referido dispositivo legal instituiu o **parcelamento especial** que prevê o parcelamento dos créditos tributários e não tributários do Estado do Rio de Janeiro, suas autarquias e fundações públicas, inscritos em dívida ativa, em até 120 (cento e vinte vezes), também inexistindo qualquer previsão de anistia ou remissão. No entanto, para fazer jus ao Parcelamento Especial, o pedido de parcelamento deverá alcançar a totalidade dos créditos inscritos em dívida ativa contra o requerente até o momento do protocolo do requerimento.

Ademais, cumpre mencionar que nos termos do § 1° do artigo 1° do Decreto Estadual nº 42.049/09 quando o valor do débito for superior a 30.000 (trinta mil) UFIR-RJ a concessão do parcelamento fica condicionada à apresentação de garantia real ou fidejussória.

Por fim, cumpre ressaltar que não será concedido o parcelamento caso o débito parcelado já tenha sido objeto de execução fiscal em que já tenha sido efetivada penhora em dinheiro ou oferecida garantia em valor superior a 80% (oitenta por cento) do valor executado.

# 09/10/2009

## SERVIÇOS BANCÁRIOS E A INTERPRETAÇÃO DA LISTA DE SERVIÇOS – RECURSO REPETITIVO JULGADO PELO SUPERIOR TRIBUNAL DE JUSTIÇA

No dia 08 de outubro de 2009, foi publicado o acórdão proferido nos autos do recurso especial nº 1.111.234/PR, por meio do qual Superior Tribunal de Justiça, por sua Primeira Seção, reafirmou o entendimento de que a lista de serviços trazida pelo Decreto-lei nº 406/68, assim como aquela que acompanha a Lei Complementar nº 116/03, atualmente vigente (Lista de Serviços), tem caráter taxativo, porém admite interpretação extensiva para acomodar serviços idênticos aos ali contidos, mas denominados com nomenclatura diversa.

Tratou-se, no caso, de serviços bancários, mas as premissas adotadas pelo STJ, seguramente, poderão ser utilizadas como precedentes para discussões análogas. Muito embora se trate de ratificação da jurisprudência há muito consolidada naquela Corte, o avanço desta decisão decorre:

- de seu caráter pedagógico para orientar a decisão das Cortes de Justiça, em conformidade com o alerta constante do voto da ministra relatora Eliana Calmon, no sentido de que: "*É preciso que as instâncias ordinárias, a quem compete a averiguação dos tipos de serviço que podem ser tributados pelo ISS, na interpretação extensiva*" observem "*que os serviços prestados, mesmo com nomenclaturas diferentes, devem ser perquiridos quanto à substância de cada um deles. <u>Assim, a incidência dependerá da demonstração da pertinência dos serviços concretamente prestados, aos constantes da Lista de Serviços</u> (...)*";
- do fato de que o recurso foi julgado sobre o rito dos recursos repetitivos, nos termos do art. 543-C, entendido o caso como representativo da controvérsia. Assim, o entendimento exarado neste acórdão deverá ser reproduzido em todos os processos que discutam a mesma questão, e os recursos em sentido diverso passarão a não mais ser admitidos.

De fato, nos julgados mais recentes, o STJ tem negado conhecimento do mérito dos recursos especiais desta natureza, por entender que para afirmar o enquadramento de determinado "serviço" bancário na lista de serviços, para fins de incidência do ISS, seria preciso revolver matéria de prova, o que seria vedado na estreita via do recurso especial nos termos da Súmula 7.

Por sua vez, muitas das decisões que vinham sendo proferidas pelas Cortes de Justiça deixavam de demonstrar este enquadramento do "serviço" dentre aqueles constantes da Lista de Serviços, afirmando, simplesmente, a possibilidade de interpretação extensiva da lista.

Neste ponto, com o julgamento realizado pelo rito do recurso repetitivo, acreditamos que restou realçada a nulidade de qualquer decisão que venha a ser proferida pelas Cortes de Justiça, sem a demonstração precisa do enquadramento do serviço (por sua substância) na lista de serviços vigente.

# 19/10/2009

## FATOR ACIDENTÁRIO DE PREVENÇÃO (FAP)

O Fator Acidentário de Prevenção – FAP foi idealizado pela Lei nº 10.666/2003 e instituído pelos Decretos nº 6.042/2007 e nº 6.957/2009.

Trata-se de uma nova metodologia para a definição da alíquota da contribuição ao SAT, baseada no resultado do confronto dos índices de frequência, gravidade e custo de acidentes do trabalho de uma determinada empresa, ocorridos entre abril de 2007 e dezembro de 2008, com os índices apurados nas demais empresas que possuem a mesma atividade econômica preponderante.

No dia 30 de setembro o Ministério da Previdência Social divulgou os resultados do FAP[1], que impactará no cálculo da alíquota da contribuição ao SAT devida no ano de 2010. No dia 14 de outubro foram divulgados novos dados, sob o argumento de ocorrência de falha técnica.

Ocorre que, sem prejuízo das impugnações ou recursos que tenham sido, ou possam ser, apresentados na esfera administrativa (respeitadas as condições e prazos legais), entendemos ser necessário o ajuizamento de medida judicial tendente a afastar a aplicação da Lei nº 10.666/2003 e, consequentemente, do FAP.

Isso porque, a metodologia criada pela Lei nº 10.666/2003, dentre outros vícios de legalidade, desrespeita princípios constitucionais que regem o sistema de custeio previdenciário: da equidade na forma de financiamento no custeio e da preservação do equilíbrio financeiro e atuarial, assim como direitos constitucionalmente garantidos: da ampla defesa, do contraditório, do devido processo legal e da publicidade dos atos administrativos.

1 http://www2.dataprev.gov.br/pls/fap/pkg_cfc_acesso.pr_acessa_empresa.

# 22/10/2009

## IMPOSTO SOBRE OPERAÇÕES DE CÂMBIO – IOF/CÂMBIO

Foi publicado em 21 de outubro de 2009, o Decreto nº 6.984 que trouxe alterações ao artigo 2° do Decreto nº 6.983, de 19 de outubro de 2009, que trata da incidência do Imposto sobre Operações de Câmbio ("IOF/Câmbio") nas operações de conversão de moeda estrangeira em nacional ou vice-versa.

Ficou esclarecido que o Decreto 6.983, de 19 de outubro de 2009, produzirá efeitos em relação aos contratos de câmbio celebrados a partir do dia 20 de outubro de 2009;

(i) houve majoração da alíquota do IOF/Câmbio para 2% para as liquidações de operações de câmbio para ingresso de recursos no País, realizadas por investidor estrangeiro, para aplicação no mercado financeiro e de capitais. Em outras palavras: os investidores que venham aplicar no Brasil, incluindo os realizados nos termos do que determina a Resolução nº 2.689/00 (Investidor 2.689/00), terão seus recursos tributados quando de seu ingresso no Brasil à alíquota de 2%, independentemente de a aplicação ser de renda fixa ou de renda variável. Note-se que tal tributação se aplica inclusive a operações contratadas até 19 de Outubro de 2009 e liquidadas a partir de 20 de Outubro de 2009;

(ii) é preciso ressaltar, no entanto, que as liquidações de operações de câmbio para fins de retorno de recursos aplicados no mercado financeiro e de capitais permanecem tributadas à alíquota de 0%. O Decreto reforça o entendimento de que somente a entrada de recursos estará sujeita à tributação acima referida e o retorno permanece sujeito à alíquota zero;

(iii) as liquidações de operações de câmbio para remessa de juros sobre o capital próprio e dividendos recebidos pelos investidores estrangeiros, decorrentes dos investimentos realizados mencionados no item (i) acima, permanecem sujeitas a 0% (conforme anteriormente determinava o Decreto nº 6.391/08);

(iv) As operações de câmbio realizadas para ingresso no País de doações em espécie recebidas por instituições financeiras públicas controladas pela União e destinadas a ações de prevenção, monitoramento e combate ao desmatamento, de promoção da conservação e do uso sustentável das florestas brasileiras, de que trata a Lei° 11.828, de 20 de novembro de 2008, permanecem tributadas à alíquota zero. Note-se que nesse caso não houve modificação quanto à alíquota aplicável, que permanece, tendo havido somente uma atualização quanto à base legal (de MP nº 438/08 para Lei nº 11.828/08);

(v) Por fim, foi mantida a regra geral de incidência para as demais operações de câmbio: 0,38%, salvo as outras operações já com tributação específica nos termos da legislação vigente.

Apesar da surpresa com a mudança, a aplicação da nova regra para as operações liquidadas no mesmo dia da publicação do Decreto não fere a legislação em vigor, tendo em vista que o fato gerador do IOF/Câmbio é a liquidação das operações de câmbio. Qualquer discussão com relação às operações contratadas até 19 de Outubro de 2009 e liquidadas a partir de 20 de Outubro de 2009, teria que se fundamentar em conceitos de direito adquirido e segurança jurídica, argumentos estes que seriam de difícil êxito perante o Poder Judiciário.

# 30/10/2009

## MENSURAÇÃO DE ÁGIO - NOVAS REGRAS FISCAIS

Circulam alguns rumores de que o Governo Federal deverá, nos próximos dias, editar uma Medida Provisória (MP) que trará alterações nas regras fiscais de identificação e mensuração do ágio pago na aquisição de participações societárias no Brasil.

Segundo as novas disposições, o referido ágio deve ser mensurado, para fins fiscais, de acordo com as regras da Lei nº 6.404, de 15 de dezembro de 1976 (Lei das Sociedades por Ações – LSA), com as alterações introduzidas pela Lei nº 11.638, de 28 de dezembro de 2007.

Dessa forma, caso seja de fato editada a MP, as novas regras nela contida confirmarão o nosso prévio entendimento de que os novos padrões contábeis brasileiros, no que diz respeito aos critérios de **identificação, apuração e mensuração** do ágio, devem ser observados, da mesma forma, para fins fiscais. Ou seja, o fundamento do ágio que for utilizado para fins contábeis deve ser o mesmo atribuído para fins tributários.

Neste contexto, vale lembrar que a Lei nº 11.638/07, ao alterar algumas disposições da LSA, trouxe mudanças significativas às regras contábeis brasileiras, objetivando aproximá-las das práticas e princípios contábeis internacionais.

No caso do ágio, particularmente, as novas regras de convergência contábil, refletidas em pronunciamentos específicos emitidos pelo Comitê de Pronunciamentos Contábeis (CPC), buscaram determinar o valor do ágio de acordo com os parâmetros que, há tempo, são aceitos e aplicados no exterior.

Referidos parâmetros estabelecem, primeiramente, a alocação do ágio aos ativos tangíveis e intangíveis, identificáveis em uma combinação de negócios, somente eventual saldo residual do preço de aquisição poderá ser fundamentado em rentabilidade futura.

Na prática, a maioria dos ágios apurados em operações de aquisição de participações societárias no Brasil era integralmente, ou em grande parte, justificada com base na rentabilidade futura das sociedades adquiridas, sendo, normalmente, os valores de ativos intangíveis não destacados dos valores das rentabilidades. Com as novas regras, contudo, passa a ser obrigatório o desmembramento do ágio, de forma a alocá-lo proporcionalmente a todos os ativos corpóreos e incorpóreos existentes e identificáveis nas companhias adquiridas.

Em nossa opinião, se confirmada, a MP trará maior tranquilidade e segurança aos contribuintes, na medida em que poderá expressamente definir como serão, a partir da sua entrada em vigor, as regras de identificação e mensuração de ágio para **fins fiscais**.

Outrossim, a MP deverá minimizar as incertezas e preocupações decorrentes invariavelmente da introdução, em nosso ordenamento, das regras de convergência contábil, já que havia o receio de uma possível revogação do benefício fiscal da amortização do ágio, inclusive em relação ao ágio gerado em operações de aquisição realizadas no passado.

Por conseguinte, apesar de tal procedimento, de fato, gerar uma potencial redução da parcela do ágio baseado em rentabilidade futura, o certo é que a MP deverá confirmar que, na hipótese de ser atribuído ao ágio tal justificativa econômica, a sua amortização à razão máxima de 1/60 por mês permanecerá assegurada pela legislação fiscal.

Ou seja, as regras tributárias vigentes não deverão ser alteradas, pois havendo a incorporação das sociedades adquirida e adquirente, permanecerá assegurada (i) a dedução fiscal do ágio de rentabilidade futura de acordo com o critério acima mencionado, (ii) a dedução do ágio de diferença de valor dos bens tangíveis e (iii) o não aproveitamento fiscal do ágio fundamentado em intangíveis, fundo de comércio e outras razões econômicas. Tem-se, portanto, a alteração do critério de alocação do ágio, que, indiretamente, pode afetar o valor a ser deduzido, dependendo da justificativa econômica a ser conferida.

Vale mencionar, ainda, que, para muitos, a MP poderá ser interpretada como uma violação à regra de neutralidade fiscal expressamente prevista pelo artigo 1° da Lei nº 11.638/07.

Por se tratar, todavia, de uma mudança restrita apenas à forma de avaliação e justificativa do ágio, conclui-se que a eventual perda de uma dedução fiscal não decorre efetivamente de ajustes contábeis, os quais, em virtude da aludida previsão de neutralidade fiscal, serão ignorados para fins fiscais (isto é, o fato de não haver mais amortização contábil, por exemplo, não significa dizer, necessariamente, que não haverá dedução fiscal). Além disso, nos parece que a própria MP, se publicada, poderá excetuar a forma de mensuração do ágio da mencionada regra de neutralidade fiscal.

Por fim, cabe-nos destacar que a MP provavelmente deixará a cargo da Receita Federal do Brasil (RFB) a competência para regular, em ato próprio e no âmbito do Regime de Tributário de Transição (RTT), os procedimentos para ajuste do ágio no caso de fatos geradores ocorridos antes da sua entrada em vigor. Não temos como prever e nem tampouco avaliar, neste momento, quais seriam esses procedimentos a serem regulamentados pela RFB e seus impactos aos valores de amortização de ágio que geraram despesas dedutíveis antes da edição da nova regra. De qualquer forma, esperamos que essa eventual regulamentação da RFB respeite os eventos tributários já incorridos.

# 11/11/2009

## PARCELAMENTO DE DÉBITOS INSTITUÍDO PELA LEI Nº 11.941/09 - RECENTES ALTERAÇÕES

Como se sabe, a **Lei nº 11.941/2009** (regulamentada pela **Portaria Conjunta PGFN/RFB nº 6/2009**) instituiu parcelamento de débitos tributários, abarcando dívidas vencidas até 30.11.2008 a serem pagas com anistia integral ou parcial de juros, multas e demais encargos, a depender da opção do contribuinte pelo pagamento à vista ou em parcelas - e, neste caso, sua quantidade -, bem como o fato de terem ou não sido objeto de parcelamentos anteriores.

Recentemente, porém, foram editados 3 (três) instrumentos normativos que alteraram significativamente as disposições relativas aos benefícios aplicáveis a determinados débitos, ao aproveitamento de montantes depositados administrativa ou judicialmente e, ainda, aos prazos para desistência de impugnações/recursos/ações judiciais, devendo ser levados em consideração quando da análise pelos contribuintes quanto à viabilidade e oportunidade de inclusão de seus débitos no parcelamento/anistia.

Com efeito, em 13.10.2009 foi editada a **Medida Provisória 470** que, por seu art. 3º, permitiu o pagamento ou parcelamento, mediante requerimento a ser apresentado até 30.11.2009, de débitos decorrentes do aproveitamento indevido do incentivo fiscal setorial instituído pelo art. 1º do Decreto-Lei nº 491/1969 e os oriundos da aquisição de matérias-primas, material de embalagem e produtos intermediários com incidência de alíquota zero ou como não tributados. Os benefícios previstos são, tanto para pagamento à vista quanto para parcelamento em até 12 prestações mensais, reduções de 100% das multas de mora e de ofício, 90% das multas isoladas, 90% dos juros de mora e 100% dos encargos legais.

Posteriormente, a **Portaria Conjunta PGFN/RFB nº 9/2009**, pretendendo regulamentar os termos da MP 470/09, estabeleceu que:

(i) os débitos passíveis de pagamento/parcelamento com os benefícios por ela instituídos são aqueles vencidos até 14.10.2009 (data de publicação da MP no Diário Oficial);

(ii) o requerimento de adesão deverá ser formulado em nome do estabelecimento matriz do contribuinte, sendo instruído com: (a) DARF que comprove o pagamento da primeira ou única parcela (conforme o montante confessado e o prazo pretendido); (b) cópia do contrato social ou estatuto; (c) procuração (se o caso); (d) cópia de ação judicial ou processo administrativo que comprove a existência de litígio relativo ao aproveitamento indevido dos créditos; (e) segunda via da petição de renúncia ao direito sobre que se funda tal ação judicial ou certidão do Cartório atestando o pedido de extinção nos termos do art. 269, V, do CPC; (f) indicação dos débitos objeto de inclusão e dos montantes de prejuízo fiscal e base de cálculo negativa da CSLL a serem aproveitados (Anexo I); e (g) formulário Pedido de Desistência de Parcelamentos Anteriores (se o caso) devidamente preenchido (Anexo II);

(iii) a opção de pagar ou parcelar débitos nos termos da MP 470 pressupõe a desistência, expressa e irrevogável, até 30.11.2009, das respectivas impugnações e recursos administrativos, renunciando-se ao direito sobre que se fundam as ações judiciais a eles relacionadas.

Como se verifica, portanto, os benefícios instituídos pela MP nº 470/09 e regulamentados pela Portaria Conjunta PGFN/RFB nº 9/2009, relativamente aos débitos a que se referem, são ainda maiores que aqueles previstos pela Lei nº 11.941/09, adotando-se, por outro lado, procedimento de adesão absolutamente diverso.

No entanto, no que concerne à possibilidade de utilização de montantes depositados administrativa ou judicialmente para abatimento/quitação dos valores devidos, a Portaria Conjunta PGFN/RFB nº 9/2009 impôs limitações (no art. 8º e parágrafos) que, numa análise caso a caso, podem vir a se caracterizar como um óbice econômico intransponível, inviabilizando a utilização pelos respectivos contribuintes dos benefícios instituídos pela MP nº 470/09.

Isso porque tal Portaria estabeleceu que os percentuais de redução previstos serão aplicados sobre o valor do débito atualizado à época do depósito e somente incidirão sobre multas de mora e de ofício, vinculadas ou isoladas, juros de mora e encargos legais, quando estes tenham sido efetivamente depositados e desde que inexista decisão definitiva na esfera administrativa ou decisão judicial transitada em julgado, casos em que serão inaplicáveis, assim como impossível será o aproveitamento de prejuízo fiscal ou de base negativa de CSLL próprios.

Mais grave ainda, porém, é o fato dessas mesmas alterações terem sido introduzidas no contexto do parcelamento instituído pela Lei nº 11.941/2009 pela recentíssima **Portaria Conjunta PGFN/RFB nº 10, de 05.11.2009**, que acabou, assim, por incorrer em evidente ilegalidade, na medida em que impôs limitações anteriormente inexistentes.

Ora, a Lei nº 11.941/2009 permitia a utilização de montantes depositados para abatimento ou quitação dos valores devidos sem qualquer restrição quanto à aplicabilidade das reduções previstas, inexistindo ainda qualquer vedação ao aproveitamento dos benefícios relativamente a débitos em relação aos quais houvesse decisão administrativa definitiva ou decisão judicial transitada em julgado, cenário este mais benéfico e devidamente considerado pelos contribuintes que já procederam à sua opção. Nesse sentido, as limitações da Portaria, além da questionável legalidade, também trouxeram grande incerteza jurídica a tal regime de parcelamento, especialmente considerando-se a iminência do término do prazo para adesão.

Ademais, tal Portaria também fixou, para os casos em que o contribuinte decida utilizar-se dos valores depositados, prazo diverso daquele previsto pela Lei nº 11.941/2009 para requerimento de desistência de impugnação, recurso administrativo ou ação judicial, qual seja, 30 dias após o prazo final previsto para efetuar o pagamento à vista ou para opção pelo parcelamento (30.11.2009).

Diante disso, a decisão pela adesão ou não aos regimes instituídos pela Lei nº 11.941/2009 e/ou pela MP 470/2009 deve ser tomada considerando-se todos os aspectos acima ressaltados.

# 18/11/2009

## PARCELAMENTO DE DÉBITOS - LEI Nº 11.941/09 PRAZO PARA DESISTÊNCIA E POSSIBILIDADE DE DISCUSSÃO RELATIVA AOS DEPÓSITOS

Em 12.11.2009 foi editada a **Portaria Conjunta PGFN/RFB nº 11/2009**, que, alterando a redação original do art. 13 da Portaria Conjunta nº 6/2009, instituiu novo prazo para a efetivação e comprovação da desistência de processos administrativos e/ou judiciais cujos créditos tributários, incluídos no parcelamento/anistia previsto pela Lei nº 11.941/2009, encontrem-se com exigibilidade suspensa. O novo prazo é de 30 dias contados do prazo final previsto para o contribuinte efetuar o pagamento à vista ou para exercer a opção pelo parcelamento, ou seja, 30.12.2009.

As únicas exceções a tal regra reportam-se aos casos em que (i) se pretenda a utilização de depósitos para pagamento à vista, caso em que a desistência deve ocorrer até 30.11.2009, ou (ii) o contribuinte, excluído de parcelamentos anteriores, possua ação judicial em curso pretendendo sua reinclusão, caso em que deverá desistir da respectiva ação e renunciar ao direito sobre o qual se funda em até 30 dias contados do prazo final para pagamento à vista ou da data de ciência do deferimento do requerimento do parcelamento.

Diante disso, os contribuintes que optarem por aderir ao parcelamento/anistia da Lei nº 11.941/2009 devem atentar para a alteração acima, de forma a evitar quaisquer prejuízos decorrentes do não cumprimento dos respectivos requisitos.

Por outro lado, no que concerne à **Portaria Conjunta PGFN/RFB nº 10/2009**, que altera o artigo 32 da Portaria Conjunta PGFN/RFB nº 06/2009 para o fim de determinar que deverá ser considerado o depósito judicial no momento em que realizado e não com a sua respectiva atualização (para fins das reduções previstas pela anistia), entendemos ser possível a discussão judicial visando a afastar tal determinação.

Registre-se que já ingressamos com algumas ações judiciais nesse sentido. De qualquer forma, cabe alertar que cada caso deverá ser analisado considerando a sua peculiaridade, para adoção da melhor estratégia.

# 26/11/2009

## FATOR ACIDENTÁRIO DE PREVENÇÃO

"No dia 30 de setembro a Previdência Social divulgou no seu portal eletrônico (http://www2.dataprev.gov.br/fap/fap.htm) o Fator Acidentário de Prevenção – FAP, que reflete o desempenho individual de uma empresa (em termos de frequência, gravidade e custo de acidentes do trabalho, ocorridos entre abril de 2007 e dezembro de 2008) em relação ao desempenho aferido nas demais empresas que possuem a mesma atividade econômica preponderante (assim entendida aquela na qual está alocada a maior parte de empregados e trabalhadores avulsos vinculados à atividade fim da empresa).

O resultado do FAP impacta diretamente (é um fator multiplicador) no valor da contribuição SAT/RAT devida no ano de 2010.

Nos dias 13 e 28 de outubro a Previdência Social alterou parte dos dados por ela divulgados, sob a alegação de ocorrência de problemas técnicos no seu sistema informatizado, mas sem qualquer impacto no resultado do FAP anteriormente divulgado.

Tal expediente acabou por gerar grande incerteza quanto à validade dos dados que foram considerados para o cálculo do FAP, o que ensejou indignação por parte do empresariado manifestada pelas competentes associações e entidades de classe.

No último dia 24 a Previdência Social disponibilizou dados relativos a cada um dos elementos considerados para o cálculo do FAP, a saber: NIT do trabalhador afastado, data de nascimento do segurado, data do acidente do trabalho, data de emissão da CAT e número da CAT emitida.

Deste modo é possível averiguar, a priori, a validade dos dados considerados para o cálculo do FAP. Se houver elementos a contestar, tais como cômputo de acidentes de trajeto, ou de pessoas que não sejam empregadas das empresas, é possível contestar administrativamente os erros perpetrados, caso em que será necessário impetrar um mandado de segurança para atribuir efeito suspensivo a essa impugnação.

Com relação ao prazo para fazer tal contestação administrativa, entendemos que não existe uma previsão legal ou regulamentar que forneça uma resposta única.

Pode-se interpretar que tal prazo seria de 30 dias a contar da última divulgação do FAP (28 de outubro), ou de 30 dias a contar do próprio dia 24 de novembro.

Em ambos os casos entendemos que há elementos suficientes para sustentar a validade e tempestividade da contestação administrativa.

# 02/12/2009

## ICMS – ARRENDAMENTO MERCANTIL

Ocorreu na presente data, 02 de dezembro de 2009, o prosseguimento do julgamento do recurso extraordinário nº 226.899 pelo Plenário do Supremo Tribunal Federal do *leading case* que discutia a constitucionalidade de incidência do ICMS sobre importações mediante arrendamento mercantil.

O Ministro **Eros Grau** inaugurou a divergência em relação ao entendimento exarado pela Ministra **Ellen Gracie**, relatora do caso, quanto à constitucionalidade da exação, consignando em seu voto que no *leasing* não existe a circulação da mercadoria, devendo incidir o ICMS apenas se houver a nacionalização do bem, com o exercício da opção de compra.

A Ministra Ellen Gracie reafirmou seu voto pela constitucionalidade da exigência, por entender que o fato gerador do ICMS seria, nesta hipótese, a entrada de mercadorias ou bens no território nacional, independentemente do negócio jurídico que lastreia a entrada (compra e venda, locação ou arrendamento).

Os Ministros **Dias Toffoli**, **Carmen Lúcia** e **Ricardo Lewandowski**, acompanharam o voto divergente proferido pelo Ministro Eros Grau, de forma favorável ao contribuinte. Em seguida, o julgamento foi suspenso pelo pedido de vista do Ministro **Joaquim Barbosa**, de modo que a questão continua pendente de uma definição.

# 02/12/2009

## JULGAMENTO STF – ISS/*LEASING* DESFECHO DESFAVORÁVEL AO CONTRIBUINTE

Ocorreu na presente data, 02 de dezembro de 2009, a finalização do julgamento dos recursos extraordinários nº 547.245 e 592.905 pelo Plenário do Supremo Tribunal Federal (STF) dos *leading cases* que discutem a constitucionalidade da incidência do Imposto sobre Serviços (ISS) sobre o arrendamento mercantil (*leasing*).

O voto do Ministro **Eros Grau**, relator do caso, já havia sido proferido na primeira sessão, realizada em 05.02.09, ao que o julgamento havia sido paralisado pelo pedido de vista formulado pelo Ministro Joaquim Barbosa.

Reiniciado o julgamento, o Ministro **Joaquim Barbosa** fez um breve relatório do acórdão recorrido, em que o Tribunal de Justiça de Santa Catarina havia reconhecido a inconstitucionalidade da exação - posto que o arrendamento mercantil não se equipararia às obrigações de fazer, únicas que, no seu entender possibilitariam a incidência do ISS -, tendo relatado, ainda, o voto já proferido pelo Ministro Eros Grau.

Entendeu o Ministro que a Constituição Federal não traria nenhum conceito de serviço, que deveria ser buscado no restante da legislação ordinária, tendo feito referências aos conceitos do Código Civil e do Código de Defesa do Consumidor, tendo concluído que a diferenciação das obrigações de dar e fazer teria perdido sentido com a evolução tecnológica. Suscitou o conceito de neutralidade da tributação, fazendo referências de que não se deve buscar a adequação de conceitos que compõem a atividade (no caso do *leasing*, locação, financiamento etc.), mas buscar um conceito que se amolde à totalidade da operação, tendo concluído, portanto, que o *leasing* não seria mero financiamento.

Também entendeu que, não havendo conceito unívoco na legislação infraconstitucional, que de pouca valia seria o comando do art. 110, do CTN para a solução da questão, tendo em vista que este seria mera norma reprodutora do entendimento de que a Constituição estaria acima de todas as leis, devendo sempre ser entendido em contraposição a outros dispositivos legais.

Salientou, ainda, que as normas do Banco Central do Brasil, a quem incumbe a fiscalização das operações de *leasing*, confirmariam que o arrendamento mercantil não seria mero financiamento, mas uma operação complexa, resistindo à configuração de mero financiamento ou mera tolerância de uso.

Ponderou, ainda, que as operações devem ser entendidas pela sua finalidade, trazendo ao plenário o exemplo das operações com o ouro, sendo certo que esta pode ser entendida como uma operação financeira (caso do ouro ativo financeiro) ou como uma circulação de mercadorias (sujeita ao ICMS).

Assim, no caso do arrendamento mercantil, deveria se ater à finalidade da prestação de serviços da arrendadora ao arrendatário, posto que esta atuaria como intermediária e não como mera cedente de crédito, tendo recordado, ainda, que a Medida Provisória 449 teria definido, em seu artigo 40[1], o arrendamento mercantil como operação de crédito apenas se o valor das contraprestações ultrapassasse 75% do custo do bem, dando, assim, provimento ao recurso da municipalidade.

O voto foi seguido pelo Ministro **Dias Toffoli**, que apenas acrescentou que existiria previsão na lei complementar da incidência (LC 116/03) e que, de acordo com pareceres emanados pelos procuradores do Banco Central do Brasil, o Conselho Monetário Nacional não teria editado, até o momento, nenhuma resolução que impedisse a tributação das operações de arrendamento mercantil pelo ISS.

Por sua vez, a Ministra **Carmen Lúcia** apenas acompanhou o voto do ministro Toffoli, no que foi seguida pelo Ministro **Ricardo Lewandowski**, este consignando que, não incidindo o ISS no arrendamento mercantil, tampouco o ICMS, nada incidiria, o que se afiguraria contrário à ordem constitucional brasileira.

O Ministro **Carlos Britto** apenas acompanhou o voto do relator. Em seguida o Ministro **Cezar Peluso** salientou que os conceitos de obrigação de dar e fazer (para fins de definir o que é e o que não é serviço) não seriam compatíveis com a dinâmica das relações jurídicas nos tempos atuais, para concluir pela constitucionalidade da exação. Foi proferido, então, o voto da Ministra **Ellen Gracie**, que acompanhou a relatoria.

O Ministro **Marco Aurélio**, por sua vez, abriu a divergência salientando que as operações de arrendamento mercantil devem ser equiparadas à locação de bens móveis e, neste sentido, reafirmou a jurisprudência já sedimentada no STF há quase uma década de que sobre a locação não poderá incidir o ISS, na medida em que não

1 Dispositivo que foi excluído quando da conversão da referida medida provisória na Lei nº 11.941/09.

há qualquer obrigação de fazer inerente à atividade.

Registrou que não houve nenhuma alteração constitucional substancial entre a data do julgamento do RE 116.121-4, em que a Corte sedimentou a intributabilidade da locação pelo ISS, até os dias atuais que pudesse significar uma necessidade de revisão do entendimento à época firmado, ao que negava provimento ao recurso extraordinário da municipalidade.

Seguiu-se, então, o voto do Ministro **Celso de Mello**, em que reafirmou o entendimento do Ministro Marco Aurélio sobre a impossibilidade de se tributar pelo ISS aquilo que não se materializa como obrigação de fazer, consignando, no entanto, que no seu entender, a operação de *leasing* é complexa e não pode ser identificada como uma mera locação de bens móveis.

Foi então a vez do Ministro Presidente **Gilmar Mendes** proferir o seu voto tendo acompanhado integralmente o voto dos Ministros Eros Grau e Joaquim Barbosa, encerrando-se o julgamento favoravelmente ao Fisco municipal por 10 votos a 1.

Diante deste novo cenário adverso, entendemos prudente aguardar a publicação do acórdão, a fim de verificar os termos em que será redigido, sendo certo que com a definição no STF as questões conexas às exigências fiscais (tais como, base de cálculo, local da prestação, dentre outras), ganham especial relevo e podem ser suficientes, em determinados casos, para o cancelamento das autuações que vêm sendo lavradas pelos Municípios.

# 14/12/2009

## FAP: CONTESTAÇÃO ADMINISTRATIVA

No dia 11 de dezembro de 2009, foi publicada a Portaria Interministerial nº 329, por meio da qual restou instituída, pelos Ministros de Estado da Previdência e da Fazenda, a possibilidade de contestação administrativa do Fator Acidentário de Prevenção – FAP, nos seguintes termos:

(i) o objeto da impugnação se restringe às divergências dos elementos considerados para o cálculo do FAP (índices de frequência, gravidade e custo / informações relativas à massa salarial, aos vínculos empregatícios e à taxa de rotatividade / incorreção do cálculo realizado);

(ii) o prazo para apresentação da impugnação é de 30 (trinta) dias, contados da data da sua publicação (ou seja, o prazo fatal dar-se-á no dia 12/01/2010);

(iii) a impugnação deverá ser dirigida ao Departamento de Políticas de Saúde e Segurança Ocupacional do Ministério da Previdência Social;

(iv) o julgamento será realizado em caráter terminativo, ou seja, não haverá acesso à segunda instância administrativa (interposição de recurso administrativo);

(v) o resultado do julgamento será divulgado no sítio do Ministério da Previdência Social e disponibilizado, por intermédio de *link*, no sítio da Receita Federal do Brasil;

(vi) as impugnações já apresentadas serão encaminhadas ao órgão competente para julgamento; e

(vii) se o resultado da impugnação acarretar em um FAP inferior ao divulgado pela Previdência Social e, em razão da redução, houver crédito em favor da empresa, este poderá ser compensado na forma da legislação aplicável (IN RFB nº 900/08).

Em uma análise preliminar desta norma, evidenciamos os seguintes problemas:

(i) não foi divulgado o local de protocolo das impugnações administrativas, razão pela qual entendemos que todas as agências da Previdência Social deverão receber as defesas e providenciar seu encaminhado ao órgão julgador. Em caso de recusa de recebimento é possível ingressar em Juízo para refutar tal expediente;

(ii) a determinação de julgamento em uma única instância evidencia o caráter tendencioso com o qual deverão ser julgadas as impugnações administrativas;

(iii) não há definição do prazo para prolação de julgamento pela Previdência Social, o que poderá tornar a via administrativa inócua (levando-se em consideração a data da entrada em vigor do FAP);

(iv) as contestações administrativas anteriormente protocoladas, em especial aquelas desprovidas de informações específicas relacionadas aos dados dos afastamentos considerados para o cálculo do FAP (já que foram disponibilizados apenas no dia 24/11/2009) poderão configurar preclusão do direito de apresentação de nova contestação, razão pela qual poderá ser necessário ingressar em Juízo para resguardar o direito de serem alterados ou complementados os argumentos de defesa anteriormente aduzidos, sob égide de legislação que não previa a possibilidade de impugnação administrativa do FAP.

Ressalte-se que, sem prejuízo da impugnação administrativa dos elementos que compõem o FAP, é possível ingressar em Juízo para afastar, desde já, a aplicação do FAP para o ano de 2010, tendo em vista os vícios de legalidade e constitucionalidade que o permeiam.

# 16/12/2009

## PARCELAMENTO DE DÉBITOS - LEI Nº 11.941/09 - DEFERIMENTO DOS PEDIDOS

Conforme dispõe o art. 1º da Portaria Conjunta PGFN/RFB nº 13/2009, a partir do último dia **14.12** a Procuradoria Geral da Fazenda Nacional e a Receita Federal do Brasil passaram a disponibilizar, em seus sítios na Internet (www.pgfn.fazenda.gov.br e www.receita.fazenda.gov.br), informações relativas ao deferimento ou indeferimento dos requerimentos de adesão aos parcelamentos ou pagamento à vista com utilização de prejuízo fiscal ou base de cálculo negativa da CSLL de que tratam a Lei nº 11.941/2009 e a Portaria Conjunta PGFN/RFB nº 06/2009.

Diante disso, faz-se imprescindível que os contribuintes que optaram por usufruir dos benefícios previstos pela Lei nº 11.941/2009, independentemente da modalidade, acompanhem por meio de suas caixas postais o deferimento de seus pedidos (acesso pelo *site* da RFB, no *link* "Deferimento da Lei nº 11.941/2009 / Consulta ao Deferimento do Requerimento de Adesão", por meio do e-CAC), informando-nos de imediato para que possamos adotar eventuais providências cabíveis.

É importante ressaltar, ainda, nos casos de inclusão de saldos remanescentes de parcelamentos anteriores, que a partir do deferimento passa-se a contar o prazo para desistência de ações judiciais que pretendam o restabelecimento da opção ou reinclusão do contribuinte em parcelamentos anteriores.

# 17/12/2009

## FAP - CONTESTAÇÃO ADMINISTRATIVA

Face a publicação da Portaria Interministerial nº 329/09 (por meio da qual restou conferida às empresas a oportunidade de contestar administrativamente as eventuais divergências do Fator Acidentário de Prevenção – FAP), o Diretor de Atendimento da Previdência Social fez circular entre as Agências do INSS o memorando nº 29/INSS/DIRAT, a fim de determinar que as empresas sejam orientadas a apresentar suas contestações diretamente ao Departamento de Políticas de Saúde e Segurança Ocupacional do Ministério da Previdência Social, localizado na Esplanada dos Ministérios, Bloco F, sala 723, CEP: 70059-900, telefone (61) 2021-5236.

Deste modo, há o risco das contestações do FAP não serem recebidas nas agências do INSS, sendo necessário (i) realizar o seu protocolo diretamente no Departamento acima citado ou (ii) postá-las nas Agências dos Correios, com "aviso de recebimento" (a fim de comprovar o atendimento ao prazo legal para contestação).

Aproveitamos a oportunidade para informar que o prazo fatal para impugnação do FAP é dia 10/01/2010 [1].

Lembramos que a contestação administrativa não possui efeito suspensivo, razão pela qual a eventual majoração da alíquota da contribuição SAT/RAT vigorará até que sobrevenha uma decisão favorável na esfera administrativa (procedência das contestações: reconhecimento de divergências na apuração do FAP) ou na esfera judicial (concessão de medida liminar: reconhecimento da ilegalidade e/ou inconstitucionalidade do FAP).

1 Retificando a informação divulgada no memorando enviado no dia 14/12/2009, no sentido de que o prazo fatal para contestação do FAP findaria no dia 12/01/2010.

# 23/12/2009

## MEDIDA PROVISÓRIA Nº 472, DE 15 DE DEZEMBRO DE 2009

Foi publicada em 16 de dezembro de 2009, a Medida Provisória 472 que, dentre outras disposições relevantes, trouxe alterações substanciais no tratamento tributário de juros e outras importâncias pagas ao exterior para fins de dedutibilidade da base de cálculo do Imposto de Renda Pessoa Jurídica (IRPJ) e da Contribuição Social sobre o Lucro Líquido (CSLL).

A MP nº 472/09 introduziu novas regras de dedutibilidade para os **juros** pagos ou creditados por fonte situada no Brasil: (i) a pessoa física ou jurídica vinculada, conforme definida no artigo 23 da Lei nº 9.430, de 27 de dezembro de 1996 Pessoa Vinculada) não constituída em país ou dependência com tributação favorecida ou sob regime fiscal privilegiado (Jurisdição de Tributação Favorecida ou JTF), conforme definido nos artigos 24 e 24-A da Lei nº 9.430/96; e (ii) a pessoa física ou jurídica residente em JTF, neste caso, independentemente de se tratar de Pessoa Vinculada. Tais dispositivos, em princípio, visam restringir a prática da chamada *thin capitalization* (direta ou indiretamente), genericamente consubstanciada no excessivo aporte de recursos nas pessoas jurídicas localizadas no País mediante empréstimos e outras operações de dívida, em detrimento da efetiva integralização de capital.

De um modo geral, quanto aos **juros**, além do requisito de que configurem despesas necessárias para que sejam considerados dedutíveis, a MP nº 472/09 estabeleceu determinados critérios no tocante à relação quantitativa (i) entre o endividamento e a participação da entidade estrangeira credora no patrimônio líquido ("Patrimônio Líquido" ou "PL") da pessoa jurídica residente no Brasil ("PJ Residente"), no caso de Pessoa Vinculada, e (ii) entre o endividamento e o próprio valor do PL da PJ Residente, no caso de entidade credora estrangeira situada em JTF.

Adicionalmente, a MP nº 472/09 introduziu novas regras no tocante à dedutibilidade de **quaisquer importâncias** pagas, creditadas, entregues ou remetidas a qualquer título, direta ou indiretamente, a pessoas físicas ou jurídicas submetidas a um tratamento de JTF, independentemente de ser Pessoa Vinculada à fonte pagadora residente no País.

Nesse sentido, ficou estabelecido que quaisquer importâncias pagas por fontes situadas no País a pessoas físicas ou jurídicas residentes em JTF só serão dedutíveis na apuração do lucro real e da base de cálculo da CSLL quando atendidos determinados requisitos relacionados à identificação do beneficiário e comprovação de sua capacidade operacional de realizar a operação, bem como comprovação do pagamento do preço e do recebimento dos bens ou direitos, ou da utilização dos serviços. Uma reflexão importante sobre essa regra refere-se à sua aplicação ou não aos valores de juros. Nossa avaliação preliminar é de que o dispositivo é suficiente para abranger também tais valores, além de estarem especificamente previstos nas outras regras mencionadas.

Como um ponto de atenção adicional, alertamos para a utilização uniforme de conceito de JTF em todos os dispositivos da MP 472 que tratam do tema, havendo referência expressa aos artigos 24 e 24-A da Lei nº 9.430/96. Vale lembrar que a combinação desses artigos representa a aplicação do conceito mais abrangente possível que temos de JTF em nossa jurisdição, incluindo as regras novas de regime de tributação privilegiada introduzidas pela Lei nº 11.727, de 23 de junho de 2008. Esse procedimento legislativo evidencia uma tendência em aplicar para todas as regras de JTF o conceito mais abrangente e leva-nos a refletir sobre o potencial impacto dessa tendência para as situações antigas que envolvem operações com JTF.

Diante de todo o exposto, vislumbramos impactos bastante relevantes para as empresas brasileiras, especialmente considerando que, tradicionalmente, estas costumam adotar estratégias de redução do lucro tributável no Brasil (carga de tributação corporativa de IRPJ e CSLL, equivalente a 34% ou 40% sobre o lucro, conforme o caso), por meio de pagamentos e remessas de valores ao exterior diversos de dividendos, os quais são indedutíveis por natureza.

Nesse contexto, para facilitar o entendimento das alterações acima relatadas, elaboramos tabela com breve descrição das novas regras, a seguir.

| Requisitos para dedutibilidade de despesas referentes a valores pagos ao exterior, em função do beneficiário e da natureza dos pagamentos | | |
|---|---|---|
| | Juros pagos ou creditados (arts. 24 e 25, MP nº. 472/09) | Importâncias pagas, creditadas, entregues, empregadas ou remetidas a qualquer título, direta ou indiretamente (art. 26, MP nº. 472/09) |
| Beneficiário Pessoa Vinculada não constituída em JTF | Despesas somente serão dedutíveis se, além de necessárias à atividade da PJ Residente, (i) o valor do endividamento, verificado na data da apropriação de juros, não for superior a duas vezes o valor da participação da Pessoa Vinculada no PL da PJ Residente; e (ii) o valor total do somatório dos endividamentos, na data da apropriação dos juros, não for superior ao dobro do valor do somatório das participações de todas as Pessoas Vinculadas no PL da PJ Residente. Aplicam-se essas regras às operações de endividamento da PJ Residente em que o avalista, fiador, procurador ou qualquer interveniente seja Pessoa Vinculada. | Não há previsão na MP nº. 472/09 no caso de o beneficiário não estar domiciliado em JTF. |
| Beneficiário pessoa física ou jurídica residente, domiciliada ou constituída em JTF, <u>independentemente de ser</u> ou não Pessoa Vinculada | Despesas somente serão dedutíveis se, além de necessárias à atividade da PJ Residente, (i) o valor do endividamento com a entidade situada em JTF não for superior a 30% do valor do PL da PJ Residente; e (ii) o valor total do somatório dos endividamentos com todas as entidades situadas em JTF não for superior a 30% do valor do PL da PJ Residente. Aplicam-se essas regras às operações de endividamento da PJ Residente em que o avalista, fiador, procurador ou qualquer interveniente seja residente ou constituído em JTF. | Despesas somente serão dedutíveis se houver (i) identificação do beneficiário efetivo da entidade no exterior, a quem se dirigirem os pagamentos, sendo este entendido como pessoa física ou jurídica cujo único ou principal objetivo não seja economia tributária, que auferir esses valores por sua própria conta (excluem-se, entre outros, agente ou mandatário); (ii) comprovação da capacidade operacional da pessoa física ou entidade no exterior de realizar a operação e (iii) comprovação documental do pagamento do preço e recebimento de bens, direitos ou utilização de serviços (lembrar que o dispositivo fala de importâncias pagas a qualquer título, conferindo um caráter genérico aos pagamentos). |

# 28/12/2009

## NOVAS ALTERAÇÕES DA LEI PAULISTA DO ICMS

Em 23 de dezembro foram publicadas no Diário Oficial do Estado de São Paulo relevantes alterações na legislação tributária estadual, em especial, a Lei nº 13.918 de 22/12/2009, a qual alterou e incluiu dispositivos na Lei nº 6.374/89, que regula a incidência e cobrança do ICMS deste Estado.

Dentre os principais temas afetados por esta nova lei, vale destacar os seguintes:

- Instituição da comunicação eletrônica entre Fisco Estadual e sujeitos passivos credenciados, especialmente do Domicílio Eletrônico do Contribuinte - DEC;
- Disponibilização para os sujeitos passivos credenciados de novos serviços fiscais;
- Alteração das normas de substituição tributária das empresas de energia e que operam com álcool carburante;
- Alteração do conceito de estabelecimento;
- Alteração das normas relativas aos responsáveis por débitos tributários por solidariedade;
- Alteração das regras relativas à inscrição estadual;
- Arbitramento da base de cálculo do ICMS;
- Alteração nas regras de inscrição de débitos fiscais em dívida ativa;
- Novas regras relacionadas a obrigações acessórias;
- Nova autorização para o não lançamento de autos de infração pelas autoridades fiscais em determinados casos;
- Alteração nas normas relativas ao levantamento fiscal do movimento real tributável;
- Alteração das regras relativas à apreensão de mercadorias ou bens pelas autoridades fiscais;
- Alteração das hipóteses de aplicação de diversas multas, bem como de seus valores, relacionadas à falta de pagamento e creditamento do imposto, recolhimento em atraso, bem como ao cumprimento de obrigações acessórias (prestação de informações, especialmente em meio digital; apresentação de documentos fiscais, inscrição estadual etc);
- Majoração dos benefícios para o pagamento de débitos fiscais durante a fase de julgamento administrativo e antes de sua inscrição em dívida ativa do Estado;

- Alteração das regras relativas aos juros incidentes sobre os débitos fiscais;
- Alteração das normas relativas à concessão do parcelamento comum de débitos estaduais e dos respectivos descontos de multa;
- Alteração relativa aos entes considerados como contribuintes do imposto;
- Instituição da sistemática de creditamento opcional por percentual fixo;
- Guerra Fiscal: instituição do recolhimento antecipado do ICMS em operações beneficiadas ou incentivadas em desacordo com as exigências trazidas pela Constituição Federal;
- Criação de novas hipóteses de presunção legal de omissão de operações ou prestações tributáveis com inversão do ônus da prova ao contribuinte sobre a sua não ocorrência;
- Autorização para o Poder Executivo adotar medidas compensatórias / protetivas no âmbito da Guerra Fiscal em relação a outras unidades federadas;
- Guerra Fiscal: instituição de parcelamento especial para débitos fiscais relacionados ao creditamento de ICMS realizado sobre mercadorias beneficiadas com incentivos fiscais ou financeiros indevidos, relativamente a fatos geradores ocorridos até 31/10/2009;
- Criação de crédito outorgado para as empresas que investirem em projetos desportivos credenciados pelo Estado.

Muitas dessas já nos trazem impactos específicos, e muito se discutirá, especialmente quanto a Guerra Fiscal, já que há muitas batalhas sobre o tema. Diante de tantas inovações, um ano certamente cheio de novos questionamentos e impactos jurídicos se anuncia para os mais diversos tipos de contribuintes, conforme seu setor empresarial específico de atuação, especialmente quanto à validade e aplicabilidade destas novas regras tributárias, mormente em relação àquelas relacionadas à chamada Guerra Fiscal entre os Estados, a inversão do ônus da prova e à criação de novas hipóteses a ele relacionadas que implicam em restrições de direitos.

De outro lado, a celeridade na comunicação e as novas hipóteses de redução de multas facilitam a vida dos contribuintes, estimulam o pagamento em casos em que as multas aplicadas são demasiadamente elevadas, e dão aos contribuintes novas opções para administração de suas questões tributárias.

# 05/01/2010

## NOVAS ALTERAÇÕES DA LEGISLAÇÃO PAULISTA PRECATÓRIOS E ICMS

Em 31 de dezembro de 2009 foram publicadas no Diário Oficial do Estado de São Paulo relevantes normas alterando a legislação tributária estadual, as quais merecem uma avaliação criteriosa, tendo em vista os temas importantes de que tratam, a saber:

DECRETO Nº 55.300, DE 30 DE DEZEMBRO DE 2009:

- Dispõe sobre a instituição do Regime Especial de pagamento de precatórios a que se refere o artigo 97 do Ato das Disposições Constitucionais Transitórias da Constituição Federal, introduzido pela Emenda Constitucional nº 62/2009, e dá providências correlatas.

DECRETO Nº 55.302, DE 30 DE DEZEMBRO DE 2009:

- Tributação pelo ICMS da saída interna promovida por produtor ou cooperativa com destino a qualquer estabelecimento da CONAB;
- Tributação pelo ICMS da saída promovida pela CONAB/PGPM.

DECRETO Nº 55.303, DE 30 DE DEZEMBRO DE 2009:

- Substituição tributária relativa ao ICMS incidente nas saídas de talhas, cadernais e moitões, classificados na posição NBM 84.25.

DECRETO Nº 55.304, DE 30 DE DEZEMBRO DE 2009:

- Altera diversos prazos de vigência de benefícios fiscais;
- Estabelece novas condições para a concessão de alguns benefícios fiscais, especialmente no plano da regularidade fiscal do beneficiário;
- Fixa condicionantes para a prorrogação futura de benefícios fiscais.

DECRETO Nº 55.305, DE 30 DE DEZEMBRO DE 2009:

- Altera os fatos geradores abrangidos pelos benefícios fiscais relacionados a bens do ativo fixo estabelecidos em favor de certos contribuintes de alguns setores produtivos;
- Altera o rol dos contribuintes que poderão aproveitar tais benefícios.

DECRETO Nº 55.306, DE 30 DE DEZEMBRO DE 2009:

- Altera o prazo de vigência para benefício fiscal relacionado à produção de queijo ou requeijão;
- Fixa condicionantes para a prorrogação futura deste benefício fiscal.

DECRETO Nº 55.307, DE 30 DE DEZEMBRO DE 2009:

- Fixa prazo especial para recolhimento do ICMS devido, na condição de sujeito passivo por substituição, pelas operações subsequentes com as mercadorias que especifica, aplicável a fatos geradores ocorridos até 31 de dezembro de 2010.

DECRETO Nº 55.308, DE 30 DE DEZEMBRO DE 2009:

- Fixa condicionantes ao reconhecimento da não incidência do ICMS sobre as operações com o papel destinado à impressão de livro, jornal ou periódico, a pretexto de aumentar a fiscalização sobre tal mercadoria.

# 06/01/2010

## NÃO INCIDÊNCIA DE IRPJ E CSLL SOBRE JUROS MORATÓRIOS PAGOS AOS CONTRIBUINTES

O Superior Tribunal de Justiça firmava entendimento, ao qual se perfilavam os Tribunais Regionais, no sentido de que os juros decorrentes de pagamento extemporâneo eram acessórios à obrigação principal, e por tal razão, seguiam a classificação da obrigação (indenizatória ou remuneratória) para fins de incidência ou não do IRPJ e da CSLL.

Ocorre que a 2ª Turma do STJ, em julgado da relatoria da Ministra Eliana Calmon[1], alterou sensivelmente o entendimento acerca da questão ao assentar que os juros de mora, em virtude do disposto no art. 404 do Código Civil, têm inequívoca natureza indenizatória, razão pela qual não se submetem à incidência de IRPJ e CSL.

Seguindo o novo entendimento firmado pelo STJ, os Tribunais Regionais Federais da 1°, 2° e especialmente da 4° Região já possuem precedentes no sentido de que os juros de mora, independentemente da natureza da obrigação ao qual se referem, têm, por si só, natureza indenizatória, não constituindo, portanto, renda tributável pelo IRPJ e CSL.

Diante do novo entendimento exarado pelo STJ acerca da matéria, é possível o ajuizamento de ações com o objetivo de afastar a incidência do Imposto sobre a Renda e da Contribuição Social sobre o Lucro sobre os juros moratórios auferidos pelas empresas computados quando do recebimento de pagamentos em mora, bem como pleitear o reconhecimento do crédito decorrente dos valores indevidamente recolhidos.

1 Recurso Especial nº 1037452 / SC

# 06/01/2010

## INSTITUIÇÃO DO LALUR ELETRÔNICO

Foi publicada em 22 de dezembro de 2009, a Instrução Normativa da Receita Federal do Brasil ("IN RFB") nº. 989, que instituiu o Livro Eletrônico de Escrituração e Apuração do Imposto sobre a Renda e da Contribuição Social sobre o Lucro Líquido da Pessoa Jurídica Tributada pelo Lucro Real ("E-LALUR").

A escrituração e entrega do E-LALUR refere-se à apuração do Imposto sobre a Renda das Pessoas Jurídicas ("IRPJ") e da Contribuição Social sobre o Lucro Líquido ("CSLL") e é obrigatória para as pessoas jurídicas sujeitas à apuração do IRPJ conforme a sistemática de apuração do lucro real.

Deverão ser informadas no E-LALUR, todas as operações que influenciem, direta ou indiretamente, imediata ou futuramente, a composição da base de cálculo e o valor devido do IRPJ e CSLL, sendo que os respectivos registros eletrônicos atenderão às especificações de Ato Declaratório Executivo a ser expedido pelo Coordenador-Geral de Fiscalização.

O E-LALUR deverá ser apresentado pelo estabelecimento matriz da pessoa jurídica até às 23h59min59s, horário de Brasília, do último dia útil do mês de junho do ano subsequente ao ano-calendário de referência, por meio de aplicativo que será disponibilizado pela RFB na internet (www.receita.fazenda.gov.br), salvo em caso de ocorrência de evento especial (cisão, fusão, incorporação ou extinção), que deverá observar regras específicas.

A pessoa jurídica, obrigada à entrega do E-LALUR, que deixar de apresentá-lo no prazo correto sujeita-se à multa de R$ 5.000,00 (cinco mil reais) por mês calendário ou fração de mês calendário de atraso.

Finalmente, em relação aos fatos ocorridos a partir de 1º de janeiro de 2010, as pessoas jurídicas que apresentarem o E-LALUR ficam dispensadas da escrituração do Livro de Apuração do Lucro Real (estabelecido pela IN SRF nº 28, de 13 de junho de 1978) e da utilização do Programa Validador e Assinador da Entrada de Dados para o Controle Fiscal Contábil de Transição ("FCONT"), (estabelecido pela IN RFB nº. 967, de 15 de outubro de 2009).

# 22/01/2010

## LEI Nº 5647/2010 - PROGRAMA DE PARCELAMENTO DE DÉBITOS DO ESTADO DO RIO DE JANEIRO

Em 20.01.2010, foi publicada no Diário Oficial do Estado do Rio de Janeiro, a Lei Ordinária nº 5.647/2010 que estabelece o programa de parcelamento de débitos inscritos ou não na Procuradoria do Estado do Rio de Janeiro, vencidos até 31 de dezembro de 2008, os quais poderão ser parcelados da seguinte forma:

### DÉBITOS QUE NÃO FORAM OBJETO DE PARCELAMENTOS ANTERIORES

Os débitos que não foram objeto de parcelamentos anteriores poderão ser pagos ou parcelados valendo-se das seguintes reduções:

| PASSIVOS | REDUÇÕES DO PAGAMENTO | | |
|---|---|---|---|
| | À vista | Parcelamento de 2 a 30 meses | Parcelamento de 31 a 60 meses |
| Multas (mora e ofício) | 100% | 90% | 80% |
| Multa isolada | 40% | 35% | 30% |
| Juros | 45% | 40% | 35% |
| Encargos legais | 100% | 100% | 100% |

### DÉBITOS QUE JÁ FORAM OBJETO DE PARCELAMENTOS ANTERIORES

Os débitos consolidados em outros programas de parcelamento, concedidos pelo Estado do Rio de Janeiro, poderão ser transferidos para o novo Programa de Parcelamento com redução de 100% (cem por cento) das multas de mora e de ofício, 40% (quarenta por cento) das multas isoladas e dos juros de mora e 100% (cem por cento) dos valores devidos a título de honorários advocatícios.

Para cálculo do saldo a ser parcelado, serão restabelecidos, à data da solicitação, os valores correspondentes ao crédito originalmente confessado e seus respectivos acréscimos legais e, posteriormente, computadas as parceladas pagas, atualizadas pelos critérios aplicados aos débitos, até a data da solicitação do novo parcelamento.

REGRAS GERAIS

A opção pelo pagamento à vista ou pelos parcelamentos de que trata a referida Lei nº 5.647/2010 deverá ser efetivada até o último dia do 3° (terceiro) mês subsequente à sua publicação, ou seja, até 30 de abril de 2010.

O parcelamento ou pagamento à vista dos débitos, com base nos benefícios concedidos pela Lei nº 5.647/2010, importa em confissão irrevogável e irretratável dos débitos indicados pelo contribuintes para compor o referido parcelamento.

Cumpre ressaltar, ainda, que em que pese a legislação do Estado do Rio de Janeiro não prever a compensação entre créditos tributários, o art. 10 da Lei nº 5.647/2010 dispõe que os débitos incluídos no indigitado programa poderão ser liquidados à vista mediante a compensação com créditos representados por Precatórios Judiciais pendentes de pagamento e extraídos contra o Estado do Rio de Janeiro, suas Autarquias e Fundações de Titularidade originária do contribuinte ou na condição de sucessor ou cessionários do crédito oferecido.

DA RESCISÃO E COBRANÇA

O não pagamento de três parcelas (consecutivas ou não) ou de uma parcela, estando pagas as demais, implicará, após a comunicação ao sujeito passivo, na imediata rescisão do parcelamento, bem como, a depender do caso, no prosseguimento da cobrança.

Na hipótese de rescisão do parcelamento, será efetuada, na recomposição do débito, a apuração do seu valor original, com a incidência dos acréscimos legais (até a data da rescisão), devendo ser deduzido desse montante as parcelas anteriormente pagas, também com acréscimos legais.

Por fim, cumpre ressaltar ainda não foram expedidas normas regulamentadoras acerca do referido Parcelamento.

## 01/02/2010

### LEI Nº 11.941/09 - PARCELAMENTO DE DÉBITOS - PRAZO FINAL PARA DESISTÊNCIAS

Conforme dispõe o art. 13 da Portaria Conjunta PGFN/RFB nº 06/2009, com redação dada pela Portaria Conjunta PGFN/RFB nº 11/2009, para que o contribuinte possa aproveitar dos benefícios da Lei nº 11.941/09 em relação a débitos com exigibilidade suspensa, deverá desistir, expressamente e de forma irrevogável, da impugnação ou recurso administrativos e/ou da ação judicial proposta, renunciando a quaisquer alegações de direito sobre as quais se fundam as respectivas discussões.

As petições de desistência/renúncia deverão ser dirigidas ao Delegado da Receita Federal de Julgamento ou ao Presidente do conselho Administrativo de Recursos Fiscais, conforme o caso, na forma do Anexo I.

Ressalte-se que a desistência/renúncia poderá ser parcial, desde que o respectivo débito possa ser distinguido dos demais em discussão, devendo-se identificar com exatidão os períodos e débitos por elas abarcados.

Por fim, é de se destacar que **o prazo para protocolo das mencionadas petições vence no próximo dia 28.02.2010**, após prorrogação pela Portaria Conjunta PGFN/RFB nº 13/2009.

# 03/02/2010

## SUPREMO TRIBUNAL FEDERAL CONSIDERA INCONSTITUCIONAL O FUNRURAL (LEI Nº 8.540/92)

A Lei nº 8.540/92 alterou o regime de recolhimento da contribuição previdenciária devida pelos empregadores rurais pessoas físicas (FUNRURAL), adotando como base de cálculo do tributo a sua receita bruta.

Todavia, tal previsão não encontrava fundamento de validade na Constituição, uma vez que não havia autorização para o uso dessa base de cálculo na hipótese.

O dever de recolhimento do tributo era diferido para o adquirente da produção do empregador rural da pessoa física, o que imputava às pessoas jurídicas o ônus tributário em grande parte dos casos. Diante disso, diversas pessoas jurídicas ingressaram com ações questionando a exigência do FUNRURAL.

Hoje, 3 de fevereiro, **o Supremo Tribunal Federal retomou o julgamento do RE 363.852/MG**, que versa sobre a matéria em foco. Por unanimidade, **o STF considerou inconstitucional a exigência do FUNRURAL na forma prevista pela Lei nº 8.540/92**.

Tal precedente abre margem, inclusive, para que seja postulada a restituição de valores pagos indevidamente no passado, mediante o ajuizamento de ações judiciais.

# 08/02/2010

## SAT E FAP – RECOLHIMENTO EM 19/02 – NOVAS ALÍQUOTAS

Conforme memorandos anteriormente enviados, no mês de fevereiro ocorre o primeiro vencimento da contribuição ao SAT já calculada com as alíquotas trazidas pelo Decreto nº 6.957/2009.

O mencionado decreto alterou as alíquotas base da contribuição ao SAT representando, para várias pessoas jurídicas contribuintes do tributo, uma elevação da carga tributária.

Além do mais, o mesmo decreto estipulou a aplicação do FAP – índice calculado pela Previdência Social e individual para cada contribuinte – sobre a alíquota base da contribuição ao SAT.

O FAP varia conforme o número e a gravidade dos acidentes de trabalho ocorridos com os empregados de cada pessoa jurídica, podendo até diminuir a alíquota base da contribuição ao SAT, mas, em diversos casos, a alíquota pode ser majorada em até 2 vezes.

Ocorre que tanto a majoração da alíquota base da contribuição ao SAT, quanto a aplicação do FAP sobre essa alíquota, estão sendo questionadas no Poder Judiciário, **que vem concedendo liminares tanto para manter a alíquota da contribuição do modo como era antes do Decreto nº 6.957/2009 quanto para afastar a aplicação do FAP.**

# 10/02/2010

## NOVO PROGRAMA DE PEDIDO DE RESTITUIÇÃO E COMPENSAÇÃO DE CRÉDITOS DE PIS E COFINS NÃO CUMULATIVOS

Foi publicada, em 21 de dezembro de 2009, a Instrução Normativa da Receita Federal do Brasil (IN RFB) nº 981, que alterou os artigos 38 e 65[1] da Instrução Normativa RFB nº 900/2008, que disciplina a restituição e a compensação de quantias recolhidas a título de tributo administrado pela Secretaria da Receita Federal do Brasil, de outras receitas da União arrecadadas mediante Documento de Arrecadação de Receitas Federais ou Guia de Previdência Social, o ressarcimento e a compensação de créditos do IPI, da contribuição ao PIS/Pasep e da COFINS.

A alteração promovida pela IN RFB nº 981 se deu em relação: (i) ao percentual da multa isolada lançada de ofício sobre os valores indevidamente compensados com créditos de PIS e COFINS sujeitos ao regime da não cumulatividade, e (ii) à documentação que será exigida dos contribuintes a fim de comprovar o direito creditório pleiteado.

Com efeito, até o advento da IN RFB nº 900/2008, na hipótese em que restasse comprovada a falsidade da declaração apresentada pelo contribuinte, incidia a multa isolada no percentual de 150% sobre o débito indevidamente compensado, podendo

1 Redação original (IN RFB nº 900/2008):
"Art. 38. O tributo objeto de compensação não homologada será exigido com os respectivos acréscimos legais.
§1º Sem prejuízo do disposto no *caput*, será exigida do sujeito passivo, mediante lançamento de ofício, multa isolada de 150% (cento e cinquenta por cento) calculada sobre o valor total do débito tributário indevidamente compensado, quando se comprove falsidade da declaração apresentada pelo sujeito passivo.
§2º A multa a que se refere o §1º passará a ser de 225% (duzentos e vinte e cinco por cento), nos casos de não atendimento pelo sujeito passivo, no prazo marcado, de intimação para prestar esclarecimentos ou apresentar documentos ou arquivos magnéticos.
§3º O lançamento de ofício da multa isolada de que tratam os §§ 1º e 2º será efetuado por Auditor Fiscal da Receita Federal do Brasil (AFRFB) da unidade da RFB que não homologou a compensação declarada pelo sujeito passivo."
"Art. 65. A autoridade da RFB competente para decidir sobre a restituição, o ressarcimento, o reembolso e a compensação poderá condicionar o reconhecimento do direito creditório à apresentação de documentos comprobatórios do referido direito, inclusive arquivos magnéticos, bem como determinar a realização de diligência fiscal nos estabelecimentos do sujeito passivo a fim de que seja verificada, mediante exame de sua escrituração contábil e fiscal, a exatidão das informações prestadas."

esse percentual ser majorado para 225% em caso de não cumprimento, pelo sujeito passivo, de intimação para prestar esclarecimentos.

A partir das alterações mencionadas, os percentuais a serem aplicados serão os seguintes:

- 75%, na hipótese de não ser confirmada a legitimidade ou suficiência do crédito informado na declaração de compensação, podendo este percentual ser majorado para 112,5% nos casos de não atendimento, pelo contribuinte, no prazo marcado, de intimação para prestar esclarecimentos ou apresentar documentos ou arquivos magnéticos; e
- 150%, quando se comprovar falsidade da declaração apresentada pelo sujeito passivo, podendo este percentual ser majorado para 225% nos casos de não atendimento, pelo contribuinte, no prazo marcado, de intimação para prestar esclarecimentos ou apresentar documentos ou arquivos magnéticos.

Ademais, a IN RFB nº 900/2008 apenas mencionava que: *"A autoridade da RFB (...) poderá condicionar o reconhecimento do direito creditório à apresentação de documentos comprobatórios do referido direito"*, sendo que, a partir da publicação da IN RFB nº 981/2009, passou a estabelecer a necessidade de prévia apresentação de documentação específica para o caso de créditos decorrentes da Contribuição para o PIS/Pasep e da COFINS, sob pena de indeferimento do pedido de ressarcimento ou não homologação da compensação.

Posteriormente, em 01 de fevereiro de 2010 foi publicada a IN RFB nº 1.002/2010, que aprova o programa Pedido de Restituição, Ressarcimento ou Reembolso e Declaração de Compensação (PER/DCOMP 4.3), que está disponível para download, no sítio da Secretaria da Receita Federal (RFB) na Internet, pelo *site* www.receita.fazenda.gov.br.

A nova versão do programa já traz as alterações promovidas pela IN RFB nº 981/2009, de modo que:

(i) os pedidos de ressarcimento e a declaração de compensação, nos casos de créditos de PIS e COFINS não cumulativos, somente serão recepcionados pela RFB após a prévia apresentação dos arquivos digitais com os documentos fiscais de entradas e saídas relativos ao período de apuração do crédito; conforme previsto na IN SRF nº 86/2001, e especificado nos itens "4.3 Documentos Fiscais" e "4.10 Arquivos Complementares – PIS/COFINS", do Anexo Único do Ato Declaratório Executivo COFIS nº 15/2001; e

(ii) o arquivo digital será transmitido mediante o Sistema Validador e Autenticador de Arquivos Digitais (SVA), com a utilização de Certificado Digital Válido, estando dispensada desta obrigação a empresa obrigada à Escrituração Fiscal Digital (EFD).

Por fim, importa salientar que, em algumas hipóteses, a seguir enumeradas, será obrigatória a apresentação do PER/DCOMP com assinatura digital (Certificação Digital):

(i) Declarações de Compensação;
(ii) Pedidos de Restituição, exceto para créditos decorrentes de pagamentos indevidos ou a maior, ou de contribuições previdenciárias;
(iii) Pedidos de Ressarcimento;
(iv) Pedido de Cancelamento de PER/DCOMP, e
(v) Retificação à PER/DCOMP.

# 22/02/2010

## PARCELAMENTO DE DÉBITOS - LEI Nº 11.941/09 - VENCIMENTO EM 26.02.2010

Conforme dispõe o art. 2º da Portaria Conjunta PGFN/RFB nº 13/2009, no próximo domingo, 28.02.2010, encerrar-se-á o prazo para desistência dos processos administrativos e/ou judiciais, bem como renúncia ao direito sobre o qual se fundam, cujos débitos se pretenda incluir no parcelamento instituído pela Lei nº 11.941/09.

Nesse sentido, entendemos prudente antecipar os respectivos protocolos para no máximo 26.02.2010, próxima sexta-feira, de forma a evitar eventuais questionamentos por parte da Secretaria da Receita Federal do Brasil e ou da Procuradoria Geral da Fazenda Nacional quanto ao efetivo cumprimento do requisito para fruição do benefício.

# 01/03/2010

## REGULAMENTAÇÃO DO PARCELAMENTO DE DÉBITOS DO ESTADO DO RIO DE JANEIRO

No dia 26 de fevereiro de 2010 foi publicado no Diário Oficial do Estado do Rio de Janeiro o Decreto nº 42.316, que trata do pagamento e parcelamento de débitos, bem como a forma de compensação de crédito inscrito em dívida ativa com precatórios vencidos, entre outras questões.

De acordo com o disposto no referido Decreto, poderão ser objeto de parcelamento e pagamento os débitos de pessoa físicas ou jurídicas, tributários ou não, inclusive os oriundos de autarquias e fundações, além do saldo remanescente de parcelamentos anteriores, cujo fato gerador (nos débitos de natureza tributária), ou prazo de vencimento da obrigação ou penalidade, tenha ocorrido até 31 de dezembro de 2008.

Poderão ser objeto do pagamento/parcelamento os débitos que se encontrem nas seguintes situações:

(i) com exigibilidade suspensa ou não;

(ii) inscritos ou não em dívida ativa, considerados isoladamente, mesmo em fase de execução fiscal já ajuizada;

(iii) que tenham sido objeto de parcelamento anterior, não integralmente quitado, ainda que cancelado por falta de pagamento.

### DÉBITOS QUE NÃO FORAM OBJETO DE PARCELAMENTOS ANTERIORES

Os débitos que não foram objeto de parcelamentos anteriores poderão ser pagos ou parcelados valendo-se das seguintes reduções:

| Passivos | Reduções do pagamento | | |
|---|---|---|---|
| | À vista | Parcelamento de 2 a 30 meses | Parcelamento de 31 a 60 meses |
| Multas (mora e ofício) | 100% | 90% | 80% |
| Multa isolada | 40% | 35% | 30% |
| Juros | 45% | 40% | 35% |
| Encargos legais | 100% | 100% | 100% |

No caso de parcelamento de débitos, a dívida consolidada será dividida pelo número de parcelas indicadas pelo contribuinte, as quais terão vencimento no dia 20 de cada mês e não poderão ser inferiores a:

(i) R$ 50,00 no caso de pessoa física; e
(ii) R$ 100,00, no caso de pessoa jurídica.

O débito consolidado será convertido em UFIR-RJ, bem como o valor da parcela mínima, com a incidência da taxa de juros moratórios prevista na legislação específica de cada natureza de crédito.

**Na hipótese de cancelamento do parcelamento, sobre o saldo remanescente incidirão os acréscimos legais, até a data do cancelamento, com a consequente inscrição em dívida ativa ou prosseguimento da cobrança, se já inscrito.**

DÉBITOS QUE JÁ FORAM OBJETO DE PARCELAMENTOS ANTERIORES

Os débitos consolidados em outros programas de parcelamento, concedidos pelo Estado do Rio de Janeiro, poderão ser transferidos para o novo Programa de Parcelamento com redução de 100% (cem por cento) das multas de mora e de ofício, 40% (quarenta por cento) das multas isoladas e dos juros de mora e 100% (cem por cento) dos valores devidos a título de taxa de serviços estaduais.

Para cálculo do saldo a ser parcelado, serão restabelecidos, à data da solicitação, os valores correspondentes ao crédito originalmente confessado e seus respectivos acréscimos legais e, posteriormente, computadas as parceladas pagas, atualizadas pelos critérios aplicados aos débitos, até a data da solicitação do novo parcelamento.

DA ADESÃO

No que tange à adesão ao parcelamento, o Decreto estabelece que a formalização será realizada conforme estabelecido em atos editados pelos órgãos responsáveis pela administração dos respectivos débitos, sendo certo que serão exigidos, no mínimo:

(i) requerimento assinado pelo representante da Empresa, sócio ou procurador;
(ii) descrição dos débitos a serem pagos à vista; e
(iii) descrição dos débitos que serão objeto do parcelamento.

Ressalte-se que, no caso da opção pelo pagamento à vista, o contribuinte deverá realizar até **30 de abril de 2010** o pagamento dos valores devidos.

Nos casos em que for necessária a consolidação de débitos, o pagamento se dará até o dia **10 de junho de 2010**.

A opção pelo parcelamento ou pagamento de débitos importará:

(i) na confissão irrevogável e irretratável dos débitos abrangidos pelo parcelamento em nome do sujeito passivo, na condição de contribuinte ou responsável, e configurará confissão extrajudicial nos termos dos arts. 348, 353 e 354 do Código de Processo Civil;

(ii) em expresso consentimento, por parte do sujeito passivo, para que os órgãos responsáveis pela administração dos respectivos débitos realizem, pela Internet, eventuais comunicações ou convocações relativas aos parcelamentos ou reparcelamentos.

O pedido de parcelamento deverá ser acompanhado do recolhimento da primeira parcela.

### CONDIÇÕES PARA O APROVEITAMENTO DOS BENEFÍCIOS NO QUE SE REFERE AOS DÉBITOS QUE SE ENCONTREM COM A EXIGIBILIDADE SUSPENSA

Para o aproveitamento dos benefícios de que trata a Lei nº 5647/2010, deverá o contribuinte **desistir, expressamente e de forma irrevogável,** das ações judiciais e dos Embargos à Execução Fiscal que visem à discussão do débito objeto do parcelamento/pagamento **no prazo de 60 dias contados da data do recolhimento da primeira parcela ou da parcela única.**

O Contribuinte deverá apresentar cópia dos documentos comprobatórios da formalização da desistência na Procuradoria responsável pelo acompanhamento das respectivas ações.

### RESCISÃO E COBRANÇA

O parcelamento ou reparcelamento será rescindido se o devedor deixar de recolher três parcelas, consecutivas ou não.

Também é causa de rompimento do parcelamento ou reparcelamento a manutenção por mais de 90 (noventa) dias de uma parcela ou saldo de parcela em aberto, estando pagas todas as demais.

Em qualquer dos casos, a rescisão deverá ser precedida de comunicação ao Contribuinte.

COMPENSAÇÃO DE DÉBITOS COM CRÉDITOS DE PRECATÓRIOS

Os débitos inscritos em Dívida Ativa poderão ser liquidados à vista, com a redução inerente ao pagamento à vista (100% de juros e 100% de multa), mediante compensação com créditos representados por precatórios judiciais pendentes de pagamento e extraídos contra o Estado do Rio de Janeiro, suas Autarquias e Fundações, cujo exercício financeiro de pagamento já tenha terminado.

É possível a utilização de precatórios próprios ou de terceiros, desde que haja a cessão do respectivo crédito, cumpridos os termos do §14 do art. 100 da Constituição Federal.

O Contribuinte interessado na liquidação de débitos mediante compensação com precatórios, deverá protocolar junto à Procuradoria Geral do Estado, **até 30 de abril de 2010**, pedido dirigido ao Procurador-Geral do Estado, instruído com cópia integral dos autos do procedimento do Tribunal respectivo relacionado ao precatório, bem como renunciar, de maneira expressa e irretratável, a qualquer direito com vistas a questionamentos acerca do principal ou acessórios relativos ao precatório utilizado na compensação.

Os valores do débito e do crédito do precatório serão atualizados monetariamente e com juros, desde a data do pedido até a data do deferimento, aplicando-se, para tanto, o disposto na Emenda Constitucional nº 62 de 9 de dezembro de 2009.

Caso o crédito do precatório seja insuficiente para quitação do débito, a diferença existente poderá ser paga a vista ou parcelada, utilizando-se os benefícios previstos no Decreto nº 42.316.

No caso do crédito do precatório ser superior ao débito que pretende liquidar, o precatório respectivo prosseguirá, pelo saldo, aguardando o pagamento, mantida a sua ordem cronológica.

A liquidação do débito implica, para o titular primitivo ou derivado[1], do precatório:

(i) expressa aceitação de todas as condições referentes ao pagamento à vista, parcelamento ou reparcelamento;

1 Considera-se titular primitivo aquele que detiver crédito de relação processual diretamente estabelecida com o Estado, e derivado quando for cessionário do crédito

(ii) quitação integral do precatório utilizado, ou em quitação do montante efetivamente utilizado nos casos em que o precatório tenha valor superior ao do débito.

**Para liquidação, mediante compensação com precatórios, de débitos ainda não inscritos em Dívida Ativa, o Contribuinte deverá requerer até 31 de março de 2010, aos órgãos responsáveis pela administração dos respectivos débitos, o imediato encaminhamento do débito para inscrição em Dívida Ativa, o que implicará em reconhecimento irretratável da dívida e renúncia a eventual defesa ou recurso administrativo.**

DA UTILIZAÇÃO DE DEPÓSITOS JUDICIAIS PARA QUITAÇÃO DO DÉBITO

Os depósitos realizados nas ações que visem à discussão dos débitos serão convertidos em renda do Estado, após a aplicação das reduções para pagamento a vista ou parcelamento.

Por fim, o Decreto estabelece que as demais normas regulamentadoras a serem expedidas pelos órgãos responsáveis pela administração dos respectivos débitos deverão ser editadas até o dia **8 de março de 2010.**

**O Decreto nº 42.316 entrará em vigor em 6 de março de 2010.**

# 02/03/2010

## NÃO INCIDÊNCIA DE PIS/COFINS SOBRE AS RECEITAS DESTINADAS A TERCEIROS

Na rotina empresarial, são frequentes as operações que implicam a apropriação provisória de valores que devem ser canalizados a terceiros por força de obrigação contratual ou legal previamente estipulada.

Enquadram-se em tal situação as vendas de passagens aéreas, em que parte dos valores é direcionada ao pagamento da taxa de embarque do passageiro; as vendas realizadas com cartões de crédito, em que uma fração dos valores é vertida às administradoras dos cartões; a remuneração percebida por empresas agenciadoras de trabalho temporário, que é partilhada com os trabalhadores etc.

Sob o enfoque contábil, as pessoas jurídicas devem registrar contabilmente todo esse valor recebido como receitas. É que tal quantia representa acréscimo patrimonial, ainda que sob o enfoque estritamente formal, haja vista sua posterior destinação a outrem.

Em razão disso, por haver a contabilização de receita, o Fisco entende que a COFINS e a Contribuição ao PIS devem incidir sobre o valor bruto recebido por essas pessoas jurídicas, o que implica a incidência dos tributos também sobre os valores direcionados a terceiros.

Sob o enfoque jurídico, entretanto, receita pressupõe a apropriação de valores com ânimo definitivo, o que não ocorre na hipótese de apropriação provisória de valores que devem ser canalizados a terceiros.

Por essas razões, há precedentes do Superior Tribunal de Justiça afastando a incidência da COFINS e da Contribuição ao PIS sobre os valores que são recebidos e canalizados, na sequência, a terceiros. Na mesma linha, o Ministro Cezar Peluso, do Supremo Tribunal Federal, ao versar sobre o conceito de receita, afirmou recentemente que: *"também estão excluídos do conceito quaisquer valores que representem meros ingressos ou entradas, que não sendo sequer receita, jamais categoria de faturamento"* (EDcl no AgR no RE 400.479/RJ).

Diante disso, consideramos haver sólidos argumentos tendentes a afastar a incidência da COFINS e da Contribuição ao PIS sobre os valores apropriados pela pessoa jurídica de forma provisória, com destinação certa a terceiros.

# 04/03/2010

## FAP – EFEITO SUSPENSIVO AO PROCESSO ADMINISTRATIVO

Foi publicado no DOU de hoje (04/03/2010) o Decreto no 7.126/10, o qual incluiu o artigo 202-B no Decreto no 3.048/99 para reconhecer, por meio de seu § 3º, que os processos administrativos em curso instaurados em razão da contestação apresentada pelo contribuinte em face do Fator Acidentário Previdenciário (FAP) possuem efeito suspensivo.

Importante salientar que é possível que sobrevenha o entendimento no sentido de que o processo administrativo somente terá efeito suspensivo se a contestação apresentada for relativa a divergências quanto aos elementos previdenciários que compõe o cálculo do FAP.

Assim, os contribuintes que possuem contestações administrativas apresentadas em face do FAP, tanto para aqueles em que foi aplicado índice superior a 1, quanto para aqueles em que foi aplicado índice inferior a 1, deverão recolher a Contribuição ao SAT desde janeiro de 2010 com a aplicação de tal índice apenas quando definitivamente julgados seus processos administrativos.

De qualquer forma, entendemos ser possível o ajuizamento de ação judicial para afastar o efeito suspensivo do processo administrativo para aqueles contribuintes em que o índice de FAP foi inferior a 1 e que contestaram administrativamente sua aplicação.

Ademais, é importante salientar que a edição de tal decreto corrobora o argumento no sentido de que o FAP é incerto e os contribuintes que já ingressaram com a ação judicial para afastar sua aplicação possuem hoje um novo argumento a seu favor.

Sendo só o que tínhamos para o momento, colocamo-nos à disposição para dirimir quaisquer dúvidas que possam surgir.

# 04/03/2010

## ISS – FUNDOS E CLUBES DE INVESTIMENTO

Foi publicado na presente data a "reti-ratificação" ao Parecer Normativo SF nº 1, originalmente publicado no Diário Oficial do Município no dia 23.06.09, por meio do qual o Município de São Paulo pretendeu regulamentar a cobrança do Imposto sobre Serviços (ISS) sobre as atividades de gestão de carteira de clubes de investimento.

A importância da republicação reside na nova redação do Parecer, cuja ementa passou de *"Recolhimento do Imposto Sobre Serviços de Qualquer Natureza – ISS incidente sobre serviços de administração e gestão de carteira de fundos de investimento – Enquadramento – Alíquota 5%" para "Recolhimento do Imposto Sobre Serviços de Qualquer Natureza – ISS incidente sobre serviços de administração e gestão de carteiras de clientes, inclusive de clubes de investimento – Enquadramento – Alíquota 5%"*.

Isso porque a redação original criava dúvida sobre a alíquota aplicável ao serviço de administração e gestão de fundos de investimento, atividade que em outras soluções de consulta e de acordo com a Portaria SF 14/04, vinha sendo enquadrada no código de serviço nº 05770, submetido à alíquota de 2,5%, a qual aparentemente teria passado à tributação de 5% de acordo com o Parecer Normativo.

A nova redação vem ressaltar que a alíquota de 5% é aplicável somente à administração e gestão de carteira de clubes de investimento.

No entanto, entendemos que há bons argumentos para questionar o citado Parecer Normativo em Juízo, a fim de obter provimento jurisdicional que assegure o recolhimento do ISS incidente sobre a administração e a gestão de clubes de investimento, à alíquota de 2,5%.

# 15/03/2010

## RESOLUÇÃO Nº 2771 DA PROCURADORIA GERAL DO ESTADO DO RIO DE JANEIRO

Em 10 de março de 2010, foi publicada a Resolução nº 2771 da Procuradoria Geral do Estado do Rio de Janeiro, que regulamenta o programa de pagamento e parcelamento de débitos de que trata a Lei nº 5.647/2010 do Estado do Rio de Janeiro.

Referida resolução, além de reiterar todos os critérios e condições estabelecidos pela Lei nº 5.647/2010 e pelo Decreto nº 42.316/2010, regulamenta questões sobre as quais as normas anteriormente editadas foram omissas, tais como:

### DO PEDIDO DE FRUIÇÃO DO BENEFÍCIO

O Pedido de Fruição do Benefício para pagamento à vista poderá ser realizado mediante entrega de formulário próprio na unidade da PGE, diretamente no sítio eletrônico da dívida ativa da Procuradoria Geral do Estado (http://www.dividaativa.rj.gov.br), ou ainda através da aceitação de correspondência encaminhada pela PGE, valendo o pagamento como expressa aceitação de todas as condição previstas na Lei nº 5.647/2010.

Com relação ao Pedido de Fruição do Benefício parcelado, este deverá ser apresentado por meio de formulário próprio, expedido pelo Sistema Informatizado da Dívida Ativa, apresentado em duas vias à unidade da PGE, instruído com os documentos elencados no art. 4° da referida Resolução, em especial (i) comprovante do recolhimento da primeira parcela através de DARJ e (ii) comprovante do recolhimento dos honorários advocatícios.

### DO CONTROLE DO PAGAMENTO DAS PARCELAS

O pagamento de cada parcela será feito através de DARJ emitido por solicitação do requerente no sítio eletrônico da dívida ativa da Procuradoria Geral do Estado, ou em uma das repartições da PGE.

O controle de parcelas e emissão de DARJ será feito diretamente pelo Sistema Informatizado da Dívida Ativa, sendo vedado o preenchimento manual da guia.

A liquidação do parcelamento será formalizada pelo próprio Sistema Informatizado da Dívida Ativa, desde que confirmada a entrada em receita do valor integral correspondente a cada uma das parcelas.

## DA COMPENSAÇÃO DE DÉBITOS COM CRÉDITOS DE PRECATÓRIOS

O artigo 26 da Resolução em comento estabelece que a fim de liquidar débitos com a utilização de precatórios, o devedor deverá apresentar, até 30 de abril de 2010, formulário próprio instruído com diversos documentos, dos quais destacamos:

(i) cópia da integralidade dos autos do procedimento do Tribunal respectivo relativo ao precatório, inclusive com a prova da condição de titular derivado nos termos do art. 18 do Decreto nº 42.316/2010, se for o caso, e da comunicação da cessão ao Tribunal respectivo;

(ii) renúncia expressa e irretratável a qualquer direito com vistas à provocação futura, sem sede administrativa ou judiciária, de questionamentos acerca do principal ou acessórios relativos ao precatório utilizado na compensação;

(iii) comprovante do recolhimento dos honorários advocatícios;

(iv) declaração de que não existe depósito em dinheiro em ação na qual se discuta o débito que se deseja compensar.

## PAGAMENTO DE HONORÁRIOS ADVOCATÍCIOS

Nos termos do artigo 43 da Resolução nº 2771 da PGE, os honorários advocatícios previstos na Lei Federal nº 8.906, de julho de 1994, serão devidos à razão de 5% sobre o valor do débito com as redução previstas em Lei e na Resolução nos pedidos de fruição dos benefícios de débitos não ajuizados, e à razão de 10% nos pedidos de fruição de benefícios de débitos já ajuizados, salvo se, nos autos das respectivas execuções fiscais, outro percentual houver sido fixado pelo Juízo, hipótese em que tal percentual será adotado.

Os referidos honorários advocatícios poderão ser parcelados no mesmo número das prestações concedidas para o parcelamento ou reparcelamento, obedecidas as parcelas mínimas previstas na Lei nº 5.647/2010.

O pagamento dos honorários advocatícios, seja à vista ou parcelado, deverá ser efetuado por meio da guia para depósito de honorários advocatícios, e acostado ao pedido de adesão ao benefício quando da apresentação do formulário.

Por fim, ressaltamos que se encerra em **31 de março de 2010** o prazo para solicitação de inscrição em dívida ativa dos débitos ainda não inscritos que se pretenda liquidar.

Cumpre relembrar que o prazo final para adesão ao parcelamento encerra-se em **30 de abril de 2010**.

# 26/03/2010

## DECRETO Nº 51.362/10 - REABERTURA DO PPI MUNICIPAL - INCLUSÃO DE FATOS GERADORES 05/06

Foi publicado no Diário Oficial do Município de São Paulo desta data (26.03.10) o Decreto Municipal nº 51.362, de 25 de março de 2010, o qual reabre o prazo para adesão ao Programa de Parcelamento Incentivado originalmente criado pela Lei nº 14.260/07 e atualmente regulamentado pela Lei nº 15.057/09.

A novidade na reedição do prazo para adesão ao PPI está na inclusão de novos fatos geradores, os quais antes estavam limitados ao exercício de dezembro de 2.004 sendo que agora poderão ser incluídos no parcelamento fatos geradores ocorridos até 31 de dezembro de 2006.

Permanecem passíveis de inclusão no programa os débitos tributários e não tributários, constituídos ou não, inclusive os inscritos em dívida ativa, ajuizados ou a ajuizar, ficando de fora os débitos relativos às infrações de trânsito, de natureza contratual ou decorrentes de condenações ao pagamento de indenizações ao município.

Formalmente, os trâmites para adesão ao programa permanecem os mesmos, sendo que o contribuinte que optar pela inclusão dos débitos deverá acessar o sistema da Prefeitura do Município de São Paulo por meio do endereço eletrônico www.prefeitura.sp.gov.br/ppi e escolher especificamente os débitos que tem interesse no parcelamento, ao que, confirmada a adesão, é instantaneamente emitida guia para pagamento na rede bancária autorizada. Também é possível, por meio do *site* da Prefeitura, simular os benefícios do PPI nas hipóteses de pagamento a vista e parcelado.

Mantém-se autorizado, ainda, o abatimento do saldo devedor do programa com depósitos realizados em ações judiciais que discutam a validade do débito, mantidas as formalidades para a desistência e renúncia, especialmente quanto aos prazos para comprovação junto à prefeitura de tais desistências (60 dias), bem como para apresentação de autorização para levantamento dos depósitos, sendo que, a ausência de comprovação de tais providências implica na exclusão do programa. No caso de ações especiais (declaratórias, anulatórias e embargos), deverá ser comprovado no prazo de 90 dias o pagamento dos honorários advocatícios devidos, bem como foi regulamentado que a expedição de certidão positiva de débitos com efeitos de negativa somente será expedida após a homologação formal do parcelamento.

Restou prevista ainda a hipótese de amortização do saldo devido no PPI por meio de compensação com valores líquidos e certos de competência do exercício de 2004 e anteriores, que o contribuinte tenha contra o Município de São Paulo, incluindo prestações da dívida pública, excluídos os relativos a precatórios judiciais, permanecendo no PPI o saldo do débito que eventualmente remanescer.

Os benefícios concedidos no programa continuam os mesmos:

- na hipótese de pagamento em parcela única 100% dos juros de mora, 75% da multa aplicada e 75% dos honorários advocatícios, este último caso o débito já esteja em fase de execução fiscal;
- na hipótese de pagamento parcelado, os descontos serão de 100% do juros de mora, 50% da multa e 50% dos honorários advocatícios.

Nas outras hipóteses de parcelamento (em 12 ou até 120 parcelas mensais), a projeção poderá ser feita por meio do sítio eletrônico da Prefeitura do Município, informando, ainda, que foi retirada da presente regulamentação a hipótese de parcelamento baseada em percentual da receita bruta, conforme previsto em edições anteriores. Para o pagamento em 12 parcelas, estas terão o seu valor reajustado pela tabela PRICE, enquanto na hipótese de pagamento em 120 parcelas os valores serão reajustados pela SELIC.

Cumpre informar que o prazo para adesão está programado para até 17 de dezembro de 2010.

# 07/04/2010

## COMÉRCIO EXTERIOR
## REGIME DE *DRAWBACK* INTEGRADO - PORTARIA CONJUNTA RFB/SCE Nº 467/2010

A Portaria Conjunta RFB/SCE nº 467, publicada em 26.03.2010, disciplinou o denominado Regime de *Drawback* Integrado, o qual prevê a suspensão do pagamento do II, do IPI, da Contribuição ao PIS/Pasep, da COFINS, da Contribuição ao PIS/Pasep-Importação e da COFINS-Importação na aquisição no mercado interno ou na importação, realizadas de forma combinada ou não, de mercadoria para emprego ou consumo na industrialização de produto a ser exportado.

Referida Portaria também disciplinou a modalidade de *Drawback* Integrado denominada *Drawback* Intermediário, a qual prevê a suspensão dos mesmos tributos na aquisição realizada no mercado interno ou na importação de mercadoria por empresas fabricantes-intermediários, para industrialização de produto intermediário a ser diretamente fornecido a empresas industriais-exportadoras, para emprego ou consumo na industrialização de produto final a ser exportado.

É importante mencionar que o Regime de *Drawback* Integrado aplica-se também à aquisição no mercado interno ou à importação de mercadorias para emprego em reparo, criação, cultivo ou atividade extrativista de produto a ser exportado.

A habilitação para o referido Regime Aduaneiro Especial será feita por meio de ato concessório expedido pela SECEX, devendo ser solicitada por meio de requerimento específico no Sistema Integrado de Comércio Exterior (SISCOMEX).

Destaca-se, ainda, que a Portaria permite, em regra, a conversão de ato concessório de *Drawback* Verde-Amarelo em *Drawback* Integrado, quando o primeiro tiver sido concedido antes da vigência da Portaria em comento.

O prazo para a suspensão do pagamento dos tributos, conforme estabelecido no artigo 4° da Portaria Conjunta RFB/SCE nº 467/2010, será de até 1 (um) ano, podendo ser prorrogado por igual período. Além disso, no caso de mercadorias destinadas à produção de bens de capital de longo ciclo de fabricação, a suspensão poderá ser concedida por prazo compatível com o de fabricação e exportação do bem, até o limite de 5 (cinco) anos.

Por fim, vale observar que a Portaria em comento entrará em vigor 30 (trinta) dias após a data de sua publicação, ficando revogadas as Portarias Conjunta RFB/SECEX nº 1.460/2008, RFB/SECEX nº 01/2009 e o artigo 90 da Portaria SECEX nº 25/2008.

# 20/04/2010

## TRANSFORMAÇÃO DA DEAIN/SP E DA DEINF/RJ EM DELEGACIAS ESPECIAIS DE MAIORES CONTRIBUINTES (DEMAC) - PORTARIA RFB Nº 547/2010

Foi publicada, em 12 de abril de 2010, a Portaria da Receita Federal do Brasil (Portaria RFB) nº 547, que prevê a transformação, a partir de 03 de maio deste ano, da Delegacia Especial de Assuntos Internacionais (DEAIN) em São Paulo e da Delegacia Especial de Instituições Financeiras (DEINF) no Rio de Janeiro em Delegacias Especiais de Maiores Contribuintes (DEMAC).

De acordo com o artigo 2° da Portaria MF nº 206/2010, que acrescentou o artigo 208-A ao Regimento Interno da Receita Federal do Brasil (aprovado pela Portaria MF nº 125/2009), as **DEMAC** terão competência para fiscalizar os contribuintes de relevante interesse, definidos por ato do Secretário da Receita Federal do Brasil, e os demais contribuintes pertencentes ao mesmo grupo econômico ou a eles relacionados, quanto aos tributos e contribuições administrados pela RFB.

Apesar de a referida Portaria não ter indicado qual o ato normativo estabelece as condições necessárias para a definição dos contribuintes de "relevante interesse", é possível que a delimitação trazida pelo artigo 1° da antiga Portaria RFB nº 2.923, de 16/12/09, sejam aplicáveis ao caso, quais sejam:

(i) pessoas jurídicas sujeitas à apuração do lucro real, presumido ou arbitrado, cuja receita bruta anual, no ano-calendário de 2008, seja superior a R$ 80.000.000,00 (oitenta milhões de reais);

(ii) pessoas jurídicas cujo montante anual de débitos declarados nas Declarações de Débitos e Créditos Tributários Federais (DCTF), relativas ao ano-calendário de 2008, seja superior a R$ 8.000.000,00 (oito milhões de reais);

(iii) pessoas jurídicas cujo montante anual de Massa Salarial informada nas Guias de Recolhimento do Fundo de Garantia do Tempo de Serviço e Informações à Previdência Social (GFIP), relativas ao ano-calendário de 2008, seja superior a R$ 11.000.000,00 (onze milhões de reais); ou

(iv) pessoas jurídicas cujo total anual de débitos declarados nas GFIP's, relativas ao ano-calendário de 2008, seja superior a R$ 3.500.000,00 (três milhões e quinhentos mil reais).

Ainda, de acordo com o parágrafo primeiro do artigo 208-A do Regimento Interno da Secretaria da Receita Federal do Brasil, alterado pela Portaria MF nº 206, de 03/03/10, as DEMAC também desenvolverão as atividades de fiscalização concernentes às operações de preços de transferência entre pessoas vinculadas, tributação em bases universais, valoração aduaneira, movimentação de recursos no exterior, operações de remessas internacionais consubstanciadas em operações de câmbio e de transferências internacionais em moeda nacional, e demais transações de conexão com o exterior com impacto tributário.

Por fim, informamos que, nos termos do artigo 3° da Portaria RFB nº 547, de 09/04/10, os Mandados de Procedimentos Fiscais (MPF) e as Requisições de Informação sobre a Movimentação Financeira (RMF), emitidos pelas Delegacias que serão transformadas[1], permanecem válidos até a sua conclusão e passam a ser alterados e prorrogados pelas Delegacias resultantes da transformação.

1 Salientamos também, por oportuno, que a Delegacia da Receita Federal de Administração Tributária no Rio de Janeiro (DERAT) será transformada em Delegacia da Receita Federal do Brasil (DRF) no Rio de Janeiro I (RJ I) e a Delegacia da Receita Federal do Brasil de Fiscalização (DEFIS) no Rio de Janeiro será transformada em Delegacia da Receita Federal no Brasil (DRF) no Rio de Janeiro II (RJ II).

# 23/04/2010

## PRAZO PARA RESTITUIÇÃO DE INDÉBITOS TRIBUTÁRIOS – AÇÕES DEVEM SER AJUIZADAS ATÉ 08.06.2010

Historicamente, o Superior Tribunal de Justiça considerava que o prazo para o contribuinte postular judicialmente a restituição de indébito tributário seria de 10 (dez) anos. Sobreveio, então, a Lei Complementar n° 118/05, que estabeleceu prazo de 5 (cinco) anos para tanto.

Recentemente, o Superior Tribunal de Justiça consolidou seu entendimento quanto ao tema. Para o referido Tribunal, o novo prazo de prescrição de 5 (cinco) anos só será efetivamente aplicado para as ações ajuizadas **a partir de 9 de junho de 2010**. Até a mencionada data, **prevalecerá o prazo de prescrição de 10 (dez) anos**.

Na prática, essa alteração de entendimento permite às empresas buscarem judicialmente, mediante **ação judicial a ser ajuizada até 8 de junho próximo**, valores indevidamente recolhidos relativos à competência de abril de 2000, como, por exemplo, a COFINS e o PIS na forma da Lei n° 9.718/98 (base de cálculo), as Contribuições ao FGTS instituídas pela Lei Complementar n° 110/01 no ano de 2001, o ICMS e/ou ISS incluídos na base de cálculo da COFINS e do PIS, a CSL incidente sobre receitas de exportação, dentre outras discussões com boas probabilidades de êxito no Poder Judiciário.

# 23/04/2010

## PORTARIA/PGFN Nº 180/10 - RESPONSABILIZAÇÃO SOLIDÁRIA DE SÓCIOS E ADMINISTRADORES DE EMPRESAS

Em 26 de fevereiro do ano corrente foi publicada a Portaria nº 180 pela Procuradoria Geral da Fazenda Nacional, dispondo sobre sua atuação no tocante às dívidas tributárias de pessoas jurídicas e o redirecionamento da obrigação tributária aos sócios e administradores.

Pois bem, a referida Portaria determinou, em linhas gerais, que o redirecionamento da obrigação tributária ao responsável solidário, este entendido como o sócio ou terceiro não sócio que possua poderes de gerência sobre a pessoa jurídica, deve estar condicionado à "*declaração fundamentada da autoridade competente*", com base nos seguintes requisitos: I – excesso de poderes; II – infração à lei; III – infração ao contrato social ou estatuto e IV – dissolução irregular da pessoa jurídica.

Há que se destacar que a Portaria prevê que na hipótese de dissolução irregular da sociedade, o sócio-gerente e o terceiro não sócio com poder de gerência à época da dissolução e da ocorrência do fato gerador serão considerados responsáveis pelo adimplemento da obrigação.

Nos casos de créditos tributários devidos à Seguridade Social, cujo fato gerador tenha ocorrido antes de 04.12.2008 (entrada em vigor da MP 449/08, convertida na Lei nº 11.941/09), prevê o art. 3º, *caput* da Portaria que o sócio de empresa por cota de responsabilidade limitada poderá ser incluído no polo passivo de cobrança judicial, independentemente de fundamentação por parte da Exequente. Porém, convém destacar que essa determinação vai de encontro ao entendimento pacificado do STJ, que reconheceu a ilegitimidade da dicção legal do revogado art. 13, da Lei nº 8.620/63, que previa a imputação de responsabilidade solidária independentemente de quaisquer requisitos (AGRESP 761.928/RS).

Por outro lado, o terceiro não sócio que exerça poderes de gerência deverá ter sua inclusão na lide devidamente fundamentada.

Por fim, uma vez definitivamente constituído o crédito tributário e inscrito em dívida ativa, acaso se constate a ocorrência de alguma das situações que justifiquem o redirecionamento da cobrança do débito em questão, exigir-se-á, quando do ajuizamento da respectiva execução fiscal, a juntada dos documentos que comprovem a legitimidade da responsabilidade solidária.

Feito esse breve retrospecto sobre as disposições contidas na Portaria/PGFN nº 180/2010, entendemos que a orientação para que o redirecionamento da responsabilidade tributária das empresas aos seus sócios e/ou diretores seja fundamentado na ocorrência de pelo menos uma das situações previstas pelo art. 135 do CTN deverá ter como consequência uma considerável diminuição da inclusão indevida de sócios/diretores no polo passivo de execuções fiscais.

A nosso ver, essa Portaria, apesar de definir regras importantes para evitar a indiscriminada imputação de responsabilidade aos sócios e administradores, contém regras que ainda não estão em consonância com a própria lei que é o Código Tributário Nacional, que prevê a responsabilidade solidária apenas aos sócios no caso de liquidação de sociedade de pessoas.

Segundo o diploma tributário, os sócios e gerentes serão responsabilizados não solidária, mas pessoalmente pelas obrigações tributárias às quais derem causa em decorrência da prática de atos de excesso de poderes ou infração legal.

# 29/04/2010

## PRORROGAÇÃO DO PRAZO PARA ADESÃO AO PARCELAMENTO DE DÉBITOS DO ESTADO DO RIO DE JANEIRO DE QUE TRATA A LEI Nº 5.647/2010

Foi publicado no Diário Oficial do Rio de Janeiro de hoje, 29 de abril de 2010, o projeto de Lei nº 3034/2010, que estabelece que o prazo para adesão ao parcelamento de débitos do Estado do Rio de Janeiro de que trata a Lei nº 5.647/2010, referente a pagamento à vista, parcelamento de débitos e compensação de débitos com créditos representados por precatórios judiciais pendentes de pagamento e extraídos contra o Estado do Rio de Janeiro **fica prorrogado até o último dia do mês de maio de 2010**.

# 04/05/2010

## PARCELAMENTO - LEI Nº 11.941/09 – CONSOLIDAÇÃO

Conforme dispunha o art. 15 da Portaria Conjunta PGFN/RFB nº 6/2009, que regulamentou a anistia/parcelamento instituído pela Lei nº 11.941/09, após a formalização do requerimento de adesão aos parcelamentos seria divulgado o prazo para que o sujeito passivo apresentasse as informações necessárias à sua consolidação.

Pois bem. Foi publicada em 03.05.2010, no Diário Oficial da União, a Portaria Conjunta PGFN/RFB nº 3/2010, que "*dispõe sobre a necessidade de manifestação dos sujeitos passivos optantes pelos parcelamentos previstos na Lei nº 11.941, de 27 de maio de 2009, com relação à inclusão dos débitos nas respectivas modalidades de parcelamento*".

Diante disso, tem-se que os contribuintes que aderiram às modalidades de parcelamento instituídas pela Lei nº 11.941/09 (e não pelo pagamento à vista) devem atentar para o seguinte:

(i) a consolidação somente surtirá efeitos se devidamente pagas todas as parcelas provisórias até o momento vencidas (de novembro/2009 a abril/2010) – art. 15, parágrafo primeiro, I e II da Portaria nº 06/2009;

(ii) a consolidação não considerará débitos cuja exigibilidade esteja suspensa e em relação aos quais não tenham sido apresentadas petições de desistência/renúncia nas respectivas ações judiciais e/ou processos administrativos – art. 1°, § 1°, I da Portaria nº 03/2010;

(iii) o sujeito passivo deverá, no período de 01 a 30 de junho de 2010, exclusivamente por meio dos sítios da PGFN e SRFB (www.pgfn.gov.br e www.receita.fazenda.gov.br), indicar os débitos a serem parcelados, o número de prestações e os montantes de prejuízo fiscal e de base de cálculo negativa da CSLL a serem utilizados para abatimento dos valores devidos – art. 1° da Portaria no 03/2010 e artigo 15, §2° da Portaria no 06/2009[1];

1 Vale lembrar que ainda não foi disponibilizado acesso pela PGFN/RFB aos respectivos campos, de forma que a afirmação se dá exclusivamente com base na interpretação conjunta das diversas Portarias que regulamentaram o parcelamento instituído pela Lei nº 11.941/09.

(iv) o sujeito passivo que incluir a totalidade dos seus débitos nos respectivos parcelamentos poderá emitir Certidão Positiva de Débitos com Efeito de Negativa, conjunta ou específica, pela Internet, desde que inexistentes outros impedimentos – art. 1º, §4º da Portaria nº 03/2010;

(v) diversamente, o contribuinte que não indicar a totalidade dos débitos ficará impedido de obter a referida certidão pela Internet; nessa hipótese, além da manifestação pelos sítios www.pgfn.gov.br e www.receita.fazenda.gov.br (no período de 01 a 30/junho/2010), o sujeito passivo deverá comparecer à unidade da PGFN/RFB de seu domicílio, conforme o caso, para indicar, pormenorizadamente, os débitos a serem incluídos no parcelamento, conforme formulários anexos à Portaria nº 3/2010 (Anexos I a IV) – art. 1º, §5º e 6º da Portaria nº 03/2010;

(vi) o contribuinte que não apresentar as informações acima (item iii) terá o pedido de parcelamento cancelado, sem o restabelecimento dos parcelamentos anteriores eventualmente rescindidos – art. 1º, §2º da Portaria nº 03/2010 e art. 15, §3º da Portaria nº 06/2009.

A Portaria nº 3/2010 também estabelece que, no caso de o contribuinte ter realizado, até 30.11.2009, o pagamento à vista do saldo remanescente de parcelamentos anteriores, e desde que tal pagamento abranja a integralidade dos débitos da respectiva modalidade, eventual não desistência expressa dos respectivos parcelamentos não importará exclusão dos benefícios, porquanto se considerará realizada – art. 2º.

Por fim, ressalta-se que os débitos dos contribuintes, passíveis de inclusão nas modalidades de parcelamento, podem ser consultados nos sítios eletrônicos da PGFN e RFB, no *link* "Certidões" para débitos previdenciários e "Pesquisa de Situação Fiscal" para os demais tributos – art. 1º, §7º da Portaria nº 03/2010.

## 05/05/2010

### PRAZO PRESCRICIONAL (LC Nº 118/05) – INÍCIO DE JULGAMENTO PELO STF

O Plenário do Supremo Tribunal Federal iniciou em 05/05/2010 o julgamento, no regime da repercussão geral, do Recurso Extraordinário nº 566.621 interposto pela União acerca da constitucionalidade da aplicação retroativa do prazo prescricional de 5 (cinco) anos contados do pagamento antecipado, estabelecido pelo artigo 3º da Lei Complementar nº 118/05, para o ajuizamento de ação de repetição do indébito.

Por meio do referido recurso será definitivamente decidido se o prazo prescricional de 5 (cinco) anos previsto pelo artigo 3º da Lei Complementar nº 118/05 é retroativo aos fatos geradores ocorridos anteriormente ao seu advento ou se deveria ser mantido o prazo de 10 (dez) anos para fins de restituição dos tributos pagos indevidamente, tal como definido pela jurisprudência consolidada do Superior Tribunal de Justiça.

Até o momento, foram proferidos 5 (cinco) votos favoráveis ao contribuinte (Relatora Ellen Gracie, Carlos Britto, Ricardo Lewandowski, Celso de Mello e Cezar Peluso), no sentido da inconstitucionalidade da aplicação retroativa do artigo 3º da Lei Complementar nº 118/05, contra 4 (quatro) votos contrários no sentido da constitucionalidade de tal dispositivo (Ministros Marco Aurélio, Gilmar Mendes, Dias Toffoli e Cármen Lúcia).

O julgamento foi suspenso em razão do pedido de vista do Ministro Eros Grau, que indicou que o assunto será retomado na semana que vem.

Tão logo o julgamento seja retomado, enviaremos novas informações sobre o caso.

# 27/05/2010

## PARCELAMENTO - LEI Nº 11.941/09 - PRÉ-CONSOLIDAÇÃO

Conforme noticiado no memorando de 04.05.2010, a Portaria Conjunta PGFN/RFB nº 3/2010 determina que, entre 1º e 30 de junho de 2010, os contribuintes optantes pelos parcelamentos previstos na Lei nº 11.941/2009 manifestem-se relativamente a quais débitos pretendem incluir nas respectivas modalidades de parcelamento, de forma a possibilitar sua consolidação.

Pois bem. Em 24.05.2010 foram veiculadas nos sites www.receita.fazenda.gov.br (RFB) e www.pgfn.gov.br (PGFN) notícias relativas ao prazo instituído pela Portaria Conjunta nº 03/2010, trazendo ao menos duas inovações quanto à interpretação de seus dispositivos.

A **primeira** é no sentido de que, já a partir de 1º de junho, todos os contribuintes optantes pelos parcelamentos instituídos pela Lei nº 11.941/09 ficarão impedidos de obter certidão positiva de débitos com efeitos de negativa, conjunta ou específica, até que se manifestem pela Internet quanto à intenção de incluir a totalidade de seus débitos no parcelamento.

A **segunda**, por sua vez, prevê que - diferentemente do que se poderia entender a partir da leitura da Portaria - no prazo de 1º a 30 de junho os contribuintes deverão, exclusivamente, apontar se pretendem ou não incluir a totalidade de seus débitos nas respectivas modalidades de parcelamento, mediante o preenchimento de uma tela com opções de 'sim' e 'não'.

Aos contribuintes que optarem pelo 'sim' será possível obter certidão positiva com efeito de negativa pela Internet; os que optarem pelo 'não', para obter a referida certidão deverão se dirigir à unidade da RFB/PGFN de seu domicílio para indicar, pormenorizadamente, mediante o preenchimento dos formulários anexos à Portaria nº 03/2010, os débitos a serem incluídos no parcelamento, devendo aguardar o prazo para análise específica do pedido de certidão (em regra, de 10 dias).

Vale ainda lembrar que a consolidação (i) somente surtirá efeitos se devidamente pagas todas as parcelas provisórias vencidas até 05/2010; (ii) não considerará débitos cuja exigibilidade esteja suspensa e em relação aos quais não tenham sido apresentadas petições de desistência/renúncia nas respectivas ações judiciais e/ou processos administrativos. Ainda, o contribuinte que não apresentar as informações acima terá o pedido de parcelamento cancelado, sem o restabelecimento dos parcelamentos anteriores eventualmente rescindidos.

Os débitos dos contribuintes passíveis de inclusão nos parcelamentos instituídos pela Lei nº 11.941/09 poderão ser consultados nos sítios eletrônicos da PGFN e RFB, a partir de 1º de junho.

# 09/06/2010

## RELAÇÃO DE PAÍSES COM TRIBUTAÇÃO FAVORECIDA E REGIMES FISCAIS PRIVILEGIADOS - INSTRUÇÃO NORMATIVA Nº 1.037, DE 04 DE JUNHO DE 2010

QUAL A NOVIDADE?

Foi publicada no último dia 07 de junho a Instrução Normativa (IN) nº 1.037, em substituição à IN nº 188, de 06 de agosto de 2002, pela qual a Receita Federal do Brasil enumerou países e dependências por ela considerados com tributação favorecida ou com regimes fiscais privilegiados.

Em comparação à IN nº 188/02, a presente IN nº 1.037/10 trouxe algumas inovações com a divisão da lista em dois grupos: (i) artigo 1°: países e dependências com tributação favorecida (JTF); e (ii) artigo 2°: regimes fiscais qualificados como privilegiados (RFP) e disponíveis em países que não são considerados genericamente como JTF.

Para fins do artigo 1°, estabeleceu-se como JTF os países ou dependências que não tributam a renda ou que a tributam à alíquota inferior a 20% ou, ainda, cuja legislação interna não permita acesso a informações relativas à composição societária de pessoas jurídicas ou à sua titularidade. Ademais, para determinação da lista de JTF, além das jurisdições já previstas anteriormente na IN nº 188/02 e que foram repetidas na IN nº 1.037/10, foram introduzidas mais 14 novas jurisdições a seguir listadas: (i) Ilhas Ascensão; (ii) Brunei; (iii) Kiribati; (iv) Ilha Norfolk; (v) Ilha Pitcairn; (vi) Ilha Queshm; (vii) Ilhas de Santa Helena; (viii) Federação de São Cristovão e Nevis; (ix) Ilha de São Pedro e Miguelão; (x) Ilhas Solomon; (xi) Saint Kitts e Nevis; (xii) Suazilândia; (xiii) Suíça; e (xiv) Tristão da Cunha. Por outro lado, verifica-se que Malta e Luxemburgo já não integram a lista de JTF genérica, mas tão somente algumas formas de sociedades ali constituídas foram consideradas como RFP, conforme veremos a diante.

Já o artigo 2° da IN nº 1.037/10 apresenta os regimes qualificados como RFP pela Receita Federal, a saber: (i) *holding companies* em Luxemburgo, Dinamarca e Países Baixos; (ii) *Sociedades Financieras de Inversión* (SAFI) no Uruguai, constituídas até 31 de dezembro de 2010, (iii) *International Trading Company* na Islândia (iv) *offshore*

*KFT* na Hungria, (v) *Entidad de Tenencia de Valores Extranjeros* (ETVE) na Espanha; (vi) *International Trading Company* e *International Holding Company* em Malta e (vii) *Limited Liability Companies* (LLC) Estaduais detidas por não residentes e não sujeitas ao imposto de renda Federal nos Estados Unidos.

## COMO INTERPRETAR A IN Nº 1.037/10?

A despeito da edição da IN nº 1.037/10, entendemos ser fundamental que a mesma seja analisada à luz da legislação tributária em vigor que efetivamente rege a aplicação dos conceitos de JTF e/ou RFP. Qualquer conclusão sobre a aplicação das listas previstas da referida IN pressupõe uma avaliação conjunta e criteriosa das referidas regras.

Nesse contexto, vale esclarecer que, para fins de aplicação da legislação tributária, não há um conceito uniforme do que genericamente denominamos "paraísos fiscais". Pelo contrário, há regras legais diversas e específicas para algumas situações.

O conceito de JTF, por exemplo, varia conforme a transação específica em que seja aplicável. Dessa forma, é possível afirmar que a legislação fiscal brasileira pode estabelecer concepções de JTF e RFP diferenciadas segundo o tipo de transação, ainda que, em certos pontos semelhantes.

## QUAL O IMPACTO PARA OS INVESTIMENTOS NO MERCADO FINANCEIRO E DE CAPITAIS?

No caso de não aplicação de um tratamento tributário mais benéfico de Imposto de Renda aos rendimentos e ganhos auferidos por investidores estrangeiros nos mercados financeiro e de capitais brasileiros por meio da Resolução do Conselho Monetário Nacional nº 2.689, de 26 de janeiro de 2000 (Investidores Qualificados), o conceito de JTF que deve ser adotado é apenas o de países que não tributam a renda ou o fazem a alíquota inferior à 20%, conforme disposto na Lei nº 9.959 de 27 de janeiro de 2000. Note-se que, nesse caso, não há qualquer menção ao conceito de RFP. Além disso, a referida Lei também não faz qualquer menção ao acesso de informações sobre a composição societária. Por consequência, nosso entendimento é de que o artigo 2° (RFP) não deve trazer qualquer impacto para definição da aplicação ou não do tratamento mais benéfico de Imposto de Renda nos mercados financeiros e de capitais.

Apenas as jurisdições expressamente incluídas na lista consubstanciada no artigo 1º da IN nº 1.037/10 poderiam ser desconsideradas para fins de aproveitamento do tratamento tributário mais benéfico de Imposto de Renda existente para os Investidores Qualificados.

## E OS EFEITOS PARA PREÇOS DE TRANSFERÊNCIA E SUBCAPITALIZAÇÃO?

Provavelmente nesses casos verifiquem-se os maiores efeitos da nova IN. Para fins de aplicação das regras de preço de transferência e subcapitalização (*thin capitalizaton rules*), o conceito de JTF a ser observado é o definido pelo artigo 24 da Lei nº 9.430, de 27 de dezembro de 1996, o qual, com as alterações legais posteriores (principalmente a introdução do artigo 24-A pela Lei nº 11.727, de 23 de junho de 2008) veio prever expressamente a observância também do conceito de RFP para essas duas situações. Diante disso, para a aplicação das regras de preço de transferência e subcapitalização, tanto as jurisdições enumeradas no artigo 1º da IN nº 1.037/10, como os regimes elencados no artigo 2º da referida IN devem ser considerados.

Como antes da IN nº 1.037/10 não havia uma lista da Receita Federal que enumerasse os casos de RFP, os contribuintes apenas avaliavam a aplicação das regras de preço de transferência e subcapitalização à luz dos conceitos legais, o que gerava um maior grau de incerteza.

## COMO FICA A TRIBUTAÇÃO DE REMESSA DE RENDIMENTOS E GANHOS DE CAPITAL DE NÃO RESIDENTES?

Já para fins de incidência de uma alíquota majorada de 25% a título de Imposto de Renda Retido na Fonte (IRFonte) no contexto de remessa de rendimentos para residente em JTF, bem como ganhos de capital auferidos por residentes em JTF, observa-se que o conceito está expresso em outros dispositivos legais que, em princípio, não incluem menção expressa ao conceito de RFP. Nesses casos, apesar de tais dispositivos remeterem ao artigo 24 da Lei nº 9.430/96 de alguma forma, não o fazem com relação ao superveniente artigo 24-A, afastando, portanto, referência ao conceito de RFP. Argumenta-se ainda que não há também qualquer menção nesses dispositivos ao acesso de informações na composição societária. Logo, para a aplicação de alíquota de 25% nas remessas de rendimentos e ganhos de capital, apenas as jurisdições enumeradas no artigo 1º da IN nº 1.037/10 seriam consideradas.

## A LISTA É TAXATIVA?

A despeito de todas as particularidades mencionadas, entendemos que as novas listas devem ser interpretadas à luz da legislação em vigor, ou seja, em conformidade com os conceitos legais efetivos de JTF e/ou RFP, aplicáveis em cada situação. Isto significa que, pela perspectiva jurídica, as listas da IN nº 1.037/10 seriam exemplificativas. Assim, por exemplo, ainda que determinado país ou jurisdição tenha sido incluído como JTF no artigo 1° da IN nº 1.037/10, haveria a possibilidade de questionamento caso a situação fática e jurídica nesse país ou jurisdição permita provar que a sua inclusão está equivocada se for considerado o conceito legal de JTF aplicado para determinado caso. Isso porque todos os dispositivos legais atualmente existentes - e que dispõem acerca das situações em que possa ser aplicado o tratamento de JTF e/ou RFP - não remetem às listas elaboradas pela Receita Federal e tampouco enumeram jurisdições, mas sim definem conceitos. Da mesma maneira, transações com outros países e jurisdições não listados pela IN em comento podem ser eventualmente considerados como JTF e/ou RFP, se assim a legislação dessas jurisdições não atender aos conceitos legalmente previstos.

De qualquer forma, vale mencionar que, historicamente, a Receita Federal tende a se ater às jurisdições enumeradas para determinar o conceito de JTF e/ou de RFP, conforme o caso. Nesse sentido, embora não possamos prever qual será o entendimento da Receita Federal em relação às novas listas, as autoridades deverão manter a interpretação no sentido de que estas são taxativas.

A despeito dessa posição pragmática da Receita Federal, com efeito, confere-se maior segurança jurídica às operações com pessoas residentes ou localizadas em países ou jurisdições que não estão listadas na IN e ainda não podem ser nela enquadrados face aos conceitos legais de JTF e RFP. Além disso, a existência das listas poderia ser usada como argumento de defesa no caso de eventuais questionamentos envolvendo países ou jurisdições não ali incluídas.

## QUAL A CONCLUSÃO?

A nosso ver, o maior mérito da IN nº 1.037/10 foi reconhecer que a legislação tributária não apresenta um conceito único para "paraísos fiscais". Há casos de JTF e há casos de RFP e essas situações devem ser avaliadas de forma segregada. Talvez o seu maior prejuízo seja eventual erro na inclusão ou não nas listas de alguma jurisdição ou regime por falta da correta interpretação da legislação estrangeira.

# 18/06/2010

## ICMS – GUERRA FISCAL – PRECEDENTE STJ

No dia 28 de maio pp. foi publicado o acórdão proferido por força do julgamento do recurso especial nº 1.125.188/MT, no qual se apreciou a possibilidade do Estado do Mato Grosso proceder à retenção de caminhões de origem do Estado do Mato Grosso do Sul transportando cimento.

A apreensão da mercadoria se dá com o cruzamento da fronteira entre os Estados porque o Estado do Mato Grosso entende que a empresa produtora do cimento não recolhe a diferença do ICMS/ST de acordo com decreto estadual que permite o creditamento de apenas 2% do valor devido na operação anterior.

Trata-se da conhecida problemática relativa à guerra fiscal ocorrida entre os Estados, na medida em que o Estado do Mato Grosso do Sul concede um crédito presumido ao contribuinte no importe de 60% do valor do ICMS devido, o que na prática significa que a alíquota de 12% relativa ao ICMS/ST é reduzida para 4,8%, enquanto a nota fiscal consta o destaque da alíquota de 12%, que é assumido como crédito para o adquirente da mercadoria.

O Estado do Mato Grosso alega que este crédito presumido equivaleria às hipóteses constitucionalmente previstas de isenção ou não incidência e que, por esta razão, não poderia gerar crédito porque em tais situações não haveria "imposto devido".

Muito embora o objeto do recurso estivesse adstrito à liberação da mercadoria apreendida nos caminhões que cruzam a fronteira entre os dois Estados, o acórdão de lavra do Ministro Relator Benedito Gonçalves acompanhado à unanimidade pela Primeira Turma foi contundente em afirmar que "imposto devido" não deve ser confundido com *"imposto efetivamente recolhido"* e que *"o benefício fiscal concedido pelo estado de origem não altera o cálculo do imposto devido, mas, apenas, resulta em recolhimento a menor em face da concessão de crédito, deve ser descontado o percentual de 12% do ICMS/ST devido ao estado destinatário"*.

Na lógica exposta no acórdão, não permitir o creditamento integral do imposto *"resultaria, no caso concreto, na possibilidade de o Estado de destino, em prejuízo ao contribuinte, apropriar-se da totalidade do incentivo concedido pelo estado de origem, tornando-o sem efeito, situação essa que conspira contra a autonomia fiscal dos entes federados, que só pode ser regulada por norma de caráter nacional".*

Assim, de acordo com tal precedente, o Estado destinatário das mercadorias não está autorizado a cobrar o ICMS que supostamente não foi recolhido integralmente no Estado de origem em razão de benefício fiscal outorgado ao contribuinte.

Portanto, muito embora no caso concreto a decisão tenha afetado apenas a possibilidade de apreensão dos caminhões transportando o cimento, dá bons indícios de que o Superior Tribunal de Justiça enfrentará ações declaratórias e anulatórias de mesmo objeto.

# 18/06/2010

## LEI Nº 12.249/2010 - DISPOSIÇÕES SOBRE PARCELAMENTOS

No dia 14.06.2010 foi publicada, no Diário Oficial da União, a Lei nº 12.249 que, dentre outras coisas, trata:

(i) de **nova anistia / novo parcelamento** de débitos, inscritos ou não em dívida ativa, objeto ou não de executivos fiscais, que sejam administrados pelas autarquias[1] e fundações públicas[2], [3]federais e débitos tributários ou não com a Procuradoria-Geral Federal[4];

(ii) **da utilização de prejuízo fiscal e base de cálculo negativa da CSLL** para abatimento de valores correspondentes às prestações do parcelamento previsto na Medida Provisória nº 470/2009;

(iii) da suspensão da exigibilidade (art. 151, VI, CTN) dos débitos de devedores que tenham optado pelas modalidades de parcelamento instituídas pela **Lei nº 11.941/09** até que devidamente indicados quais montantes deverão compô-los.

1 Decreto nº 200/67. Art. 5º, I. **Autarquia** - o serviço autônomo, criado por lei, com personalidade jurídica, patrimônio e receita próprios, para executar atividades típicas da Administração Pública, que requeiram, para seu melhor funcionamento, gestão administrativa e financeira descentralizada. (ex.: CREA, OAB, CVM, CRM, ANVISA, ANATEL, ANTT etc.).

2 Decreto nº 200/67. Art. 5º, IV. **Fundação Pública** - a entidade dotada de personalidade jurídica de direito privado, sem fins lucrativos, criada em virtude de autorização legislativa, para o desenvolvimento de atividades que não exijam execução por órgãos ou entidades de direito público, com autonomia administrativa, patrimônio próprio gerido pelos respectivos órgãos de direção, e funcionamento custeado por recursos da União e de outras fontes. (ex.: IPEA, IBGE etc.).

3 O disposto desta Lei **não se aplica** a débitos administrados pelo Conselho Administrativo de Defesa Econômica - **CADE** e pelo Instituto Nacional de Metrologia, Normalização e Qualidade Industrial - **INMETRO**.

4 Lei nº 10.480/2002, Art. 10. À **Procuradoria-Geral Federal** compete a representação judicial e extrajudicial das autarquias e fundações públicas federais, as respectivas atividades de consultoria e assessoramento jurídicos, a apuração da liquidez e certeza dos créditos, de qualquer natureza, inerentes às suas atividades, inscrevendo-os em dívida ativa, para fins de cobrança amigável ou judicial.

I. DA NOVA ANISTIA / NOVO PARCELAMENTO

**Até 31.12.2010** poderão ser pagos à vista ou parcelados em até 180 meses, nos termos da Lei nº 12.249/10, os **débitos vencidos até 30.11.2008**, de pessoas físicas ou jurídicas, constituídos ou não, inscritos ou não em dívida ativa, mesmo em fase de execução fiscal, com exigibilidade suspensa ou não, administrados pelas autarquias e fundações públicas federais e com a Procuradoria-Geral Federal. Os débitos poderão ser pagos ou parcelados valendo-se das seguintes reduções:

| Redução de penalidades para pagamento à vista<br>Débitos que não foram objeto de parcelamentos anteriores | |
|---|---|
| Penalidades | Redução |
| Multa de Mora e de Ofício | 100% |
| Multa Isolada | 40% |
| Juros | 45% |
| Encargo Legal | 100% |

| Redução de penalidades para débitos que não foram objeto de parcelamentos anteriores | | | | |
|---|---|---|---|---|
| Penalidades | Opções de parcelamento | | | |
| | **30 meses** | **60 meses** | **120 meses** | **180 meses** |
| Multa de Mora e de Ofício | 90% | 80% | 70% | 60% |
| Multa isolada | 35% | 30% | 25% | 20% |
| Juros | 40% | 35% | 30% | 25% |
| Encargo Legal | 100% | 100% | 100% | 100% |

A dívida consolidada será dividida pelo número de parcelas indicadas pelo contribuinte, que não serão inferiores a R$ 50,00 no caso de pessoas físicas e R$ 100,00, no de pessoas jurídicas, sendo estas últimas obrigadas a indicar, pormenorizadamente, já no momento da adesão, quais débitos deverão ser nele incluídos.

Referido requerimento:

(i) importa na confissão irrevogável e irretratável dos débitos em nome do sujeito passivo, na condição de contribuinte ou de responsável, e por ele indicados para compor os referidos parcelamentos;

(ii) importa na confissão extrajudicial nos termos dos arts. 348, 353 e 354 do Código de Processo Civil;

(iii) condiciona o sujeito passivo à aceitação plena e irretratável de todas as condições estabelecidas nesta Lei.

Os optantes pelo parcelamento poderão amortizar seu saldo devedor com as reduções do pagamento à vista mediante a antecipação de no mínimo 12 prestações, o que implicará a redução proporcional da respectiva quantidade de parcelas vincendas.

O não pagamento de 3 parcelas consecutivas ou não ou de 1 parcela, estando pagas as demais[5], implicará, após a comunicação ao sujeito passivo, a imediata rescisão do parcelamento e o prosseguimento da cobrança pelo valor reconstituído, abatidos os pagamentos realizados.

O saldo dos depósitos existentes, em espécie ou instrumentos da dívida pública federal (exceto precatórios), vinculados aos débitos a serem pagos ou parcelados, será automaticamente convertido em renda das respectivas autarquias e fundações, após aplicação das reduções sobre seu valor atualizado para pagamento à vista ou parcelamento. Na hipótese em que o saldo exceda ao valor do débito, o saldo remanescente será levantado pelo sujeito passivo caso inexistam outros débitos vencidos e exigíveis.

No cálculo dos saldos em espécie existentes na data de adesão ao pagamento ou parcelamento serão excluídos os juros remuneratórios sobre débitos cuja exigibilidade tenha sido suspensa por meio do referido depósito e que não tenham incidência de multa ou juros de mora.

A Advocacia-Geral da União editará em até 120 dias a partir da data da publicação desta lei a regulamentação necessária.

## II. UTILIZAÇÃO DE PREJUÍZO FISCAL E BASE DE CÁLCULO NEGATIVA DA CSLL - PARCELAMENTO DA MP 470/09

A MP 470/09 dispunha que poderiam ser pagos ou parcelados, até 30.11.2009, os débitos decorrentes do aproveitamento indevido do incentivo fiscal setorial instituído pelo art. 1º do Decreto-Lei nº 491/69 (crédito-prêmio do IPI) e os oriundos da aquisição de matérias-primas, material de embalagem e produtos intermediários relacionados na Tabela de Incidência do Imposto sobre Produtos Industrializados - TIPI (Dec. 6.006/06) com incidência de alíquota zero ou como não tributados.

A Lei nº 12.249/10, por sua vez, prevê a possibilidade de os contribuintes optantes

5 Parcelas pagas com até 30 dias de atraso não configurarão inadimplência.

por tal parcelamento liquidarem os valores correspondentes às respectivas prestações com a utilização de prejuízo fiscal (alíquota de 25%) e de base de cálculo negativa da CSLL (alíquota de 9%) relativos aos períodos de apuração encerrados até 31.12.2009 desde que próprios, compensáveis e que tenham sido devidamente declarados.

Tal benefício deverá obedecer à ordem decrescente de vencimento das parcelas, não se lhe aplicando o limite de 30% (trava) previsto nos arts. 42 da Lei 8981/95 e 15 da Lei 9065/95.

A Procuradoria Geral da Fazenda Nacional e a Secretaria da Receita Federal do Brasil editarão em até 30 dias a partir da data da publicação desta lei a regulamentação necessária.

III. SUSPENSÃO DA EXIGIBILIDADE - PARCELAMENTOS DA LEI Nº 11.941/09

Os débitos de contribuintes que tiveram deferidos seus pedidos de parcelamento nos moldes da Lei nº 11.941/09 consideram-se parcelados - e, consequentemente, têm sua exigibilidade suspensa (art. 151, VI, CTN) - até que seja feita a indicação pormenorizada de quais valores irão compor a dívida total a ser paga (consolidação).

**Nesse sentido, lembramos que os optantes pelos parcelamentos instituídos pela Lei 11.941/09 deverão, até 30.06.2010, exclusivamente pelos sites da PGFN (www.pgfn.fazenda.gov.br) e RFB (www.receita.fazenda.gov.br), declarar sua intenção quanto à inclusão da totalidade ou não dos débitos elegíveis[6], constantes de sua conta corrente, nas respectivas modalidades.**

6 Débitos elegíveis: vencidos até 30.11.2008, constituídos e sem causa de suspensão da exigibilidade (ou que tenham sido apresentadas as desistências cabíveis).

# 24/06/2010

## CONTRIBUIÇÕES PREVIDENCIÁRIAS - PAGAMENTOS DIVERSOS

Em respeito a recentes decisões do Supremo Tribunal Federal e do Superior Tribunal de Justiça, os tribunais regionais federais e os magistrados de primeira instância estão afastando a incidência de contribuições previdenciárias sobre diversos pagamentos realizados pelas empresas a seus empregados, uma vez que esses pagamentos não têm natureza remuneratória.

Nessa linha, o Poder Judiciário vem proferindo decisões eximindo as empresas do recolhimento de contribuições sociais destinadas à Previdência Social, que incidiriam sobre aviso prévio indenizado, terço adicional de férias, vale transporte pago em dinheiro, horas-extras e auxílio-doença e auxílio-acidente concedido pelo empregador nos 15 primeiros dias de afastamento do empregado.

Além disso, é possível buscar também a restituição (via compensação ou repetição de indébito) dos valores recolhidos nos últimos 5 anos a título dessa exação.

Considerando a massiva carga tributária sobre a folha de pagamentos das empresas, as ações judiciais que visam afastar a tributação desses pagamentos importam em significativa economia fiscal.

# 29/06/2010

## PARCELAMENTO - LEI Nº 11.941/09 - DECLARAÇÃO "NÃO" - PRAZO PARA APRESENTAÇÃO DOS ANEXOS

Conforme noticiado nos memorandos de 04 e 27.05.2010, a Portaria Conjunta PGFN/RFB nº 3/2010 determinou que, entre 1° e 30 de junho de 2010, os contribuintes optantes pelos parcelamentos previstos na Lei nº 11.941/2009 se manifestem relativamente à inclusão da totalidade ou não dos seus débitos (passíveis de parcelamento) nas modalidades de parcelamento a que tenham aderido, de forma a possibilitar a emissão de Certidão de Regularidade Fiscal e futura consolidação.

Aos contribuintes que responderem 'sim' - ou seja, manifestarem sua intenção de incluir a totalidade de seus débitos elegíveis nos parcelamentos - será facultado, no momento da efetiva consolidação, oportunidade para retificação de possíveis erros ou inconsistências nos débitos.

Os contribuintes que responderem 'não', por sua vez, deveriam aguardar até o momento de renovar sua Certidão de Regularidade Fiscal para a apresentação dos Anexos I a IV, previstos na Portaria 03/2010, de forma a indicar pormenorizadamente quais débitos deveriam ser incluídos nos respectivos parcelamentos.

Não obstante, em 28.06 foi publicada a **Portaria Conjunta PGFN/RFB nº 11**, de 24 de junho de 2010, que fixa **até 30.07.2010** o prazo para os contribuintes que responderem negativamente à Declaração prevista pela Portaria anterior **apresentarem os Anexos I a IV nas unidades da RFB e/ou PGFN de seu domicílio**, elencando pormenorizadamente os débitos a serem incluídos em cada modalidade de parcelamento.

Vale lembrar que (i) a consolidação somente surtirá efeitos se devidamente pagas todas as parcelas provisórias vencidas desde a adesão até a efetiva consolidação; (ii) a Declaração pelo 'não' desacompanhada da apresentação dos Anexos implicará o cancelamento do parcelamento, sem o restabelecimento de parcelamentos anteriores eventualmente rescindidos.

# 05/07/2010

## PARCELAMENTOS DA LEI Nº 11.941/09 - IN/RFB Nº 1.049/2010

Em 01.07.2010 foi publicada, no Diário Oficial da União, a Instrução Normativa nº 1.049, que dispõe sobre a possibilidade de inclusão, nas modalidades de parcelamento instituídos pela Lei nº 11.941/09 e regulamentadas pela Portaria Conjunta PGFN/RFB nº 6/09[1], de:

*(i)* ***débitos ainda não declarados,*** *vencidos até 30.11.2008, desde que seja apresentada a respectiva declaração até 30.07.2010* ***(DCTF, GFIP, DSPJ, DIRPF e DITR)****, não sendo perdoadas as multas por falta ou atraso na entrega;*

*(ii) débitos vencidos até 30.11.2008 e respectivas multas, correspondentes a* ***períodos de apuração sob fiscalização iniciada até 30.07.2010*** *e não concluída até o momento da consolidação do parcelamento, a serem indicados na forma e no prazo de que trata o art. 15 da Portaria Conjunta PGFN/RFB nº 06/2009;*

(iii) ***débitos declarados a menor****, desde que seja entregue declaração retificadora até 30.07.2010, para inclusão do valor complementar;*

*(iv) débitos ainda* ***não constituídos total ou parcialmente, vencidos até 30.11.2008, de devedores desobrigados à entrega das declarações*** *acima referidas, desde que sejam confessados de forma irretratável e irrevogável por meio de formalização, até 30.07.2010, de processo administrativo, nas formas e condições estabelecidas pelo art. 2º da IN 1049/2010.*

O item *(iv)* acima refere-se aos seguintes débitos: *(a)* oriundos de obras de construção civil[2] de pessoa física decorrentes das contribuições sociais das empresas, incidentes sobre a remuneração paga ou creditada aos segurados a seu serviço, e dos trabalhadores, incidentes sobre o seu salário de contribuição; *(b)* das contribuições instituídas a título de substituição e das contribuições devidas a terceiros; (c) decorrentes das contribuições sociais dos empregadores domésticos e dos trabalhadores, inciden-

1 Fica revogada a Instrução Normativa nº 968/09.

2 Somente poderão ser incluídos nos parcelamentos os débitos de obras de construção civil de pessoa física cuja DISO tenha sido apresentada até 30.11.2008.

tes sobre o seu salário de contribuição, devidos por contribuinte individual, segurado especial ou empregador doméstico; e **(d)** relativos a tributos administrados pela RFB.

*(v) débitos decorrentes de **reclamatória trabalhista**, vencidos até 30.11.2008, desde que seja formalizado, até 30.07.2010, processo administrativo, nas formas e condições estabelecidas pelo art. 3º da IN 1049/2010;*

*(vi) **multas de ofício constituídas** conjuntamente com débitos de imposto ou contribuição vencidos até 30.11.2008, cuja data de ciência do lançamento pelo contribuinte seja menor ou igual à data em que prestar as informações necessárias à consolidação;*

*(vii) **multas de ofício isoladas**, decorrentes ou não da falta ou atraso na entrega de declaração, com vencimento até 30.11.2008;*

*(viii) débitos com vencimento até 30.11.2008 objeto de **DCOMPs**, desde que: **(a)** até 01.03.2010 o contribuinte tivesse desistido de manifestação de inconformidade ou recurso administrativo apresentado em face de despacho decisório de não homologação / homologação parcial de compensação, renunciando ao direito sobre o qual se fundava a respectiva discussão; ou **(b)** até 30.07.2010 seja proferido despacho decisório de não homologação ou homologação apenas parcial da compensação no âmbito administrativo.*

Por fim, o art. 7º da IN 1049/2010 determina que seu teor aplica-se, também e no que couber, às pessoas jurídicas que tenham realizado indicação de **pagamento à vista com utilização de prejuízo fiscal e de base de cálculo negativa da CSLL próprios** para liquidar valores correspondentes a juros moratórios, inclusive relativos a débitos inscritos em DAU, realizadas na forma do disposto nos arts. 27 e 28 da Portaria Conjunta PGFN/RFB nº 6/2009.

# 06/07/2010

## RESOLUÇÃO PROMOVE ALTERAÇÕES PONTUAIS NO FAP

Recentemente o Conselho Nacional de Previdência Social editou a Resolução nº 1.316/10, pela qual promoveu alterações pontuais no cálculo do FAP, coeficiente que varia no intervalo fechado e contínuo de 0,5 a 2 aplicado sobre a Contribuição ao SAT/RAT devida pelas pessoas jurídicas.

Como principal inovação, a referida resolução previu que o FAP corresponderá ao índice de 0,5 "por definição" caso a pessoa jurídica não tenha registrado eventos acidentários no período considerado para o cálculo. Caso, porém, fique comprovado que o contribuinte omitiu algum evento acidentário nessa hipótese, a Resolução dispõe que o índice automaticamente passa a ser equivalente a 2. Tal alteração repercutirá inclusive no FAP aplicado no presente ano a partir de setembro de 2010.

Na eventualidade de o índice ser elevado para 2 em função de suposta omissão na comunicação de acidente do trabalho, entendemos haver robustos fundamentos hábeis a afastar essa reclassificação mediante a propositura da ação judicial.

Ademais, no que tange às pessoas jurídicas cujos empregados tenham sofrido acidentes do trabalho que culminaram em invalidez ou morte, a resolução previu tratamento mais gravoso aos acidentes ocorridos no próprio ambiente de trabalho se comparados aos de trajeto. Isso pode ser compreendido como reforço à argumentação de que os acidentes de trajeto não deveriam ser computados no cálculo do FAP.

Por fim, a resolução em foco inovou ao positivar elemento do cálculo do FAP bastante combatido desde o seu advento. De acordo com a metodologia aplicada pelo Fisco, antes implícita e agora formalmente veiculada, caso esteja configurado empate entre pessoas jurídicas na classificação do FAP, o índice a ser aplicado é superior ao que os matemáticos consideram ser o correto para o caso. Assim, consideramos haver bons fundamentos inclusive para o questionamento do FAP calculado para a pessoa jurídica na hipótese de haver empate com outra empresa classificada no mesmo ramo de atividade.

# 07/07/2010

## PARCELAMENTOS LEI Nº 11.941/09 - PRORROGAÇÃO DE PRAZOS

Conforme noticiado anteriormente, a Portaria Conjunta PGFN/RFB nº 3/2010 determinava que os contribuintes optantes pelas modalidades de parcelamento previstas na Lei nº 11.941/2009 respondessem até 30.06.2010 a "Declaração sobre a Inclusão da Totalidade dos Débitos nos Parcelamentos" exclusivamente pelos *sites* da PGFN/RFB.

Posteriormente, a Portaria Conjunta PGFN/RFB nº 11/2010 determinou que os contribuintes que tivessem respondido negativamente àquela Declaração deveriam dirigir-se às unidades da RFB e/ou PGFN de seu domicílio fiscal para apresentar os Anexos (I a IV) de forma a indicar pormenorizadamente quais débitos deveriam compor suas modalidades de parcelamento. O prazo para tanto encerrar-se-ia em 30.07.2010.

Não obstante, **no último dia 05.07 foi publicada no Diário Oficial da União a Portaria Conjunta PGFN/RFB nº 13/2010, que prorrogou os prazos acima para 30.07.2010 e 16.08.2010, respectivamente**.

# 29/07/2010

## DECRETO ESTADUAL DE SÃO PAULO Nº 56.045, DE 26.07.2010 RECOLHIMENTO DO ICMS NA IMPORTAÇÃO POR CONTA E ORDEM DE TERCEIROS

Foi publicado, em 27.07.2010, o Decreto Estadual de São Paulo (SP) nº 56.045 (Decreto SP nº 56.045/2010), que dispõe sobre o reconhecimento dos recolhimentos de ICMS efetuados em operações de importação por conta e ordem de terceiros ao Estado do Espírito Santo (ES).

Referido Decreto decorre do Protocolo ICMS nº 23, de 04.06.2009 (Protocolo ICMS nº 23/2009) e do Convênio ICMS nº 36, de 26.03.2010 (Convênio ICMS nº 36/2010).[1]

Nos termos do Decreto SP nº 56.045/2010, os contribuintes paulistas, adquirentes de mercadorias importadas, na modalidade por conta e ordem de terceiros, via Estado do ES, **contratadas até 20.03.2009 e cujo desembaraço aduaneiro tenha ocorrido até 31.05.2009, poderão requerer, até 31.10.2010, o reconhecimento do recolhimento do ICMS-Importação efetuado ao Estado do ES.**

Como consequência do reconhecimento do recolhimento do tributo ao Estado do ES, serão, portanto, extintos os créditos tributários então devidos ao Estado de SP, decorrentes de operações de importação, na modalidade indireta por conta e ordem, efetuadas em desacordo com o Protocolo ICMS nº 23/2009, para o período indicado anteriormente.

O contribuinte paulista deverá apresentar **um único requerimento** (Pedido), que deverá incluir as operações contratadas até o período anteriormente mencionado e ser dirigido ao Delegado Regional Tributário da jurisdição de sua inscrição estadual ou,

1 O primeiro, celebrado entre os Governos dos Estados de SP e do ES, teve por objetivo estabelecer as regras que deveriam ser observadas, para fins de recolhimento do ICMS incidente na importação (ICMS-Importação), nas hipóteses em que o importador e o adquirente das mercadorias importadas estivessem estabelecidos no ES e em SP. O segundo autoriza os Estados do ES, SP e o Distrito Federal (DF) a reconhecer o recolhimento do ICMS efetuado em operações de importação por conta e ordem de terceiros, nas hipóteses em que o importador e o adquirente das mercadorias não estejam localizados no mesmo Estado, conforme cronograma ali definido.

em se tratando de crédito tributário, objeto de Auto de Infração e Imposição de Multa (AIIM), ao órgão julgador correspondente.

Dentre as informações que deverão constar no requerimento, destacam-se:

- a relação das Declarações de Importação (DI) objeto do pedido;
- a identificação completa do estabelecimento importador indicado nas correspondentes DI;
- a indicação do AIIM, quando for o caso; e
- o pedido de extinção dos créditos tributários.

Uma vez protocolado o Pedido, caberá à Secretaria da Fazenda do Estado de SP (SEFAZ/SP) proceder à suspensão (i) dos correspondentes procedimentos de fiscalização, exceto para prevenir iminente decadência, ou (ii) dos julgamentos de AIIM, remetendo-os à Delegacia Regional Tributária competente, conforme o caso.

Além disso, ao Estado do ES deverá (a) informar o protocolo do Pedido e (b) solicitar certidão que deverá atestar, em relação a cada DI indicada no Pedido, recolhimento do ICMS-Importação àquele Estado em conformidade com a legislação vigente.

A suspensão mencionada nos itens (i) e (ii) está condicionada à emissão da certidão pelo Estado do ES.

Cessará a suspensão na hipótese em que seja (i) constatada irregularidade no recolhimento do imposto; (ii) verificado evasão fiscal, de simulação ou de falsidade ou omissão relativamente aos documentos que suportam as operações de importação, ainda que a acusação não esteja definitivamente julgada; e, por fim, (iii) denunciado o Protocolo ICMS nº 23/2009.

Satisfeitas as condições dispostas no Decreto SP nº 56.045/2010, os créditos tributários serão extintos conforme cronograma ali disposto.

A inobservância dos requisitos exigidos conforme o Decreto resultará no prosseguimento do processo no âmbito do contencioso administrativo tributário.

Importante ressaltar que o reconhecimento do recolhimento do imposto e, por conseguinte, a extinção dos créditos tributários, está condicionado, ainda, a que o contribuinte paulista informe à SEFAZ/SP, no Pedido, a relação de **todas** as importações realizadas na modalidade por conta e ordem de terceiros, promovidas por importadores localizados no Estado do ES, ou **em outra unidade da Federação**, cujo desembaraço tenha ocorrido a partir de 01.06.2009, bem como aquelas contratadas depois de

20.03.2010; e a relação de **todas** as importações realizadas na modalidade por conta e ordem de terceiros, **promovidas por importadores situados em qualquer unidade da Federação**, exceto no Estado do ES, cujo desembaraço aduaneiro tenha ocorrido no período entre 01.06.2005 e 31.05.2009. Ademais, é requisito que o contribuinte paulista declare que em relação a tais operações o imposto devido foi recolhido ao Estado de SP.

Tal exigência extrapola o que dispõe o Protocolo ICMS nº 23/2009 e o Convênio ICMS nº 36/2010, os quais não incluem outras unidades da Federação além de SP, ES e DF.

Por tal razão, antes de prosseguir com a apresentação do Pedido nos termos do Decreto SP nº 56.045/2010, recomenda-se cautela por parte dos contribuintes paulistas.

# 30/07/2010

## MAJORAÇÃO DO SALÁRIO DE CONTRIBUIÇÃO PELA LEI Nº 12.254/10 – PONDERAÇÕES SOBRE A RETROATIVIDADE

Em 23 de dezembro de 2009 foi publicada a Medida Provisória nº 475 que reajustou os benefícios mantidos pela Previdência Social em 6,14%. Para manter o equilíbrio entre o custeio e os benefícios pagos, a medida provisória também majorou, por meio do seu artigo 2°, o limite máximo do salário de contribuição para R$ 3.416,54. Este novo limite, segundo o disposto na medida provisória, valeria a partir de 01 de janeiro de 2010.

Ao chegar ao Congresso Nacional, após debate na Câmera dos Deputados e no Senado Federal, o texto da Medida Provisória foi alterado de modo a refletir uma majoração não de 6,14%, mas de 7,72%, tanto dos benefícios pagos pela Previdência Social, como das faixas do salário de contribuição (resultando em um salário de contribuição máximo de R$ 3.467,40). A Medida Provisória acabou por ser convertida na Lei nº 12.254, publicada em 16 de junho de 2010.

Contudo, o artigo 2°, da Lei nº 12.254/10, apesar de ter majorado o salário de contribuição máximo de R$ 3.416,54 para R$ 3.467,40, determinou a retroatividade deste novo salário de contribuição para 01 de janeiro de 2010, repetindo, neste ponto, a data de início de vigência disposta na Medida Provisória nº 475/09.

Todavia, a Lei nº 12.254/10, tal qual redigida, ofende frontalmente o Princípio da Irretroatividade previsto no artigo 150, inciso 3°, alínea "a", da Constituição Federal, uma vez que majorou tributo referente a fatos geradores ocorridos anteriormente à vigência da nova lei.

Assim, para que não haja ofensa ao Princípio da Irretroatividade Tributária, é entendimento deste escritório que no período compreendido entre 01 de janeiro de 2010 e 15 de junho de 2010 esteve vigente o salário de contribuição máximo de R$ 3.416,54 (previsto na Medida Provisória nº 475/09), enquanto que a partir de 16 de junho de 2010 passou a viger o novo salário de contribuição máximo de R$ 3.467,40 (previsto na Lei nº 12.254/10).

Importante ressaltar que por força do disposto no artigo 28, inciso 1°, da Lei nº 8.212/91, o salário de contribuição é auferido mensalmente, o que significa que o fato gerador da contribuição referente ao mês de maio de 2010, por ter ocorrido anteriormente à publicação da Lei nº 12.254/10, ainda estaria sujeito à retenção, pela empresa, com base no salário de contribuição máximo de R$ 3.416,54, sendo que o salário de contribuição máximo de R$ 3.467,40 só deverá ser utilizado para cálculo das contribuições a serem retidas a partir da competência de junho/2010.

Neste sentido, ainda que exista risco das empresas sofrerem autuação caso não recolham a diferença supostamente não retida no período compreendido entre 01 de janeiro de 2010 e 15 de junho de 2010, é entendimento deste escritório que são muito boas as chances de afastar a referida cobrança, até mesmo na esfera administrativa.

Quanto ao período de junho/2010, caso o contribuinte tenha preenchido a GFIP com base na tabela anterior (a nova tabela foi publicada após o fim do prazo para a entrega da GFIP), deverá retificá-la para evitar divergências, o que pode dificultar a expedição de certidão de regularidade fiscal.

# 02/08/2010

## MEDIDA PROVISÓRIA Nº 497, DE 27 DE JULHO DE 2010

Em 28 de julho foi publicada a Medida Provisória nº 497, que trouxe alterações em diversas matérias relativas à legislação tributária brasileira e que podem ser sintetizadas da seguinte forma.

### SUBVENÇÕES GOVERNAMENTAIS

Fica estabelecido que as subvenções relativas ao fomento e desenvolvimento da pesquisa, ciência, inovação e tecnologia de que tratam as Leis nº 10.973/04 (artigo 19) e 11.196/05 (artigo 21) não comporão a base de cálculo do Imposto de Renda Pessoa Jurídica (IRPJ), da Contribuição Social sobre o Lucro Líquido (CSLL), da Contribuição ao Programa de Integração Social (Contribuição ao PIS) e da Contribuição ao Financiamento da Seguridade Social (COFINS), desde que atendidos os requisitos estabelecidos pelas legislações específicas.

### RECOM

Instituiu-se o chamado Regime Especial de Tributação para construção, ampliação, reforma ou modernização de estádios de futebol (RECOM), um pacote dotado de medidas tributárias de redução da carga incidente sobre determinados produtos com vistas ao incentivo à realização de investimentos em estádios em que ocorrerão as partidas oficiais da Copa das Confederações FIFA 2013 e da Copa do Mundo de 2014 (Estádios Oficiais).

Dentre as medidas trazidas pelo RECOM, inicialmente, com relação à venda ou aquisição no mercado interno, ou ainda, importação de máquinas, aparelhos, instrumentos e equipamentos novos, e de materiais de construção para utilização nos Estádios Oficiais (Máquinas e Materiais de Construção), haverá suspensão:

(i) da exigência da Contribuição ao PIS e da COFINS incidentes sobre a receita da pessoa jurídica vendedora das Máquinas e dos Materiais de Construção, quando a pessoa jurídica compradora for beneficiária do RECOM;
(ii) da exigência da Contribuição ao PIS/Importação (PIS/Importação) e da COFINS/Importação incidentes na importação das Máquinas e dos

Materiais de Construção, quando a pessoa jurídica importadora for beneficiária do RECOM;

(iii) do Imposto sobre Produtos Industrializados ("IPI") incidente na saída do estabelecimento industrial ou equiparado, quando a aquisição das Máquinas e dos Materiais de Construção for realizada por pessoa jurídica beneficiária do RECOM;

(iv) do IPI incidente na importação, quando o importador das Máquinas e dos Materiais de Construção for beneficiário do RECOM; e

(v) do Imposto de Importação (II), quando as Máquinas e os Materiais de Construção forem importados por pessoa jurídica beneficiária do RECOM.

A destinação das Máquinas e dos Materiais de Construção deverá ser devidamente especificada e comprovada por notas fiscais. Caso a pessoa jurídica não os utilize para os fins que o RECOM especifica, ficará obrigada a recolher os tributos correspondentes, acrescidos de juros e multa de mora contados da data de aquisição ou do registro da Declaração de Importação.

Ainda na mesma linha de se incentivarem a construção e modernização dos Estádios Oficiais, para os serviços vendidos ou importados que sejam destinados às referidas obras, ficarão suspensas (i) a Contribuição ao PIS e a COFINS incidentes na prestação de serviços quando a pessoa jurídica contratante for beneficiária do RECOM e (ii) o PIS/Importação e a COFINS/Importação incidentes sobre serviços importados por pessoa jurídica beneficiária do RECOM.

O Governo deverá regulamentar as formas de habilitação ao RECOM. Desde logo, no entanto, sabe-se que não poderão aderir ao regime as empresas optantes pelo Regime Especial Unificado de Arrecadação de Tributos e Contribuições devidos pelas Microempresas e Empresas de Pequeno Porte – Simples Nacional, bem como aquelas sujeitas à tributação pelo lucro presumido ou arbitrado. Ainda, a participação no RECOM ficará condicionada à regularidade fiscal da pessoa jurídica.

## COMÉRCIO EXTERIOR

A MP nº 497/10 instituiu uma série de regras referentes ao comércio exterior. Nesse sentido, criaram-se benefícios de *drawback* por meio da desoneração tributária sobre a aquisição, no mercado interno e externo, de mercadoria equivalente àquela empregada ou consumida na industrialização de produto exportado. Nessa situação, haverá isenção do II, bem como redução a zero das alíquotas da Contribuição ao PIS, da COFINS, do PIS/Importação e da COFINS/Importação.

Ainda em termos de importação, para fins de compensação orçamentária em virtude dos incentivos trazidos pela MP 497/10 em determinados setores, estabeleceu-se diminuição gradativa do redutor de 40% relativo ao 2° incidente sobre a importação de autopeças, de acordo com a seguinte cronologia: o redutor será de (i) 40% até 31 de julho de 2010; (ii) 30% até 30 de outubro de 2010; (iii) 20% até 30 de abril de 2011 e (iv) zero por cento a partir de maio de 2011.

Com relação às questões aduaneiras e alfandegárias, a MP 497/10 estabeleceu uma série de novos procedimentos operacionais relativos ao internamento de mercadorias, para fins de adequação aos compromissos internacionais assumidos pelo Brasil.

Adicionalmente, foram introduzidas mudanças referentes à destinação e ao tratamento dado aos bens objeto de pena de perdimento. Com relação a veículos que tenham sido assim considerados, a MP 497/10 estabeleceu novas regras relativas à emissão de certificados de registro e licenciamento de veículos em favor de quem adquirir veículos em leilão ou de quem for beneficiário desses veículos, considerando as dificuldades operacionais encontradas nos órgãos competentes (DETRAN) nessa situação.

Ainda sobre a pena de perdimento, determinou-se que os efeitos da denúncia espontânea (em síntese, a exclusão de penalidades) não se aplicam no caso de penalidades relacionadas aos bens objeto de perdimento.

## RENDIMENTOS DE PESSOAS FÍSICAS

Com relação a determinados rendimentos de períodos anteriores, acumuladamente recebidos por pessoa física (Pessoa Física) em determinado mês – rendimentos do trabalho, provenientes de aposentadoria, pensão, transferência para a reserva remunerada ou reforma, pagos pela Previdência Social –, ficou estabelecido que serão tributados exclusivamente na fonte, no mês do recebimento, separadamente dos demais normalmente rendimentos recebidos naquele mês. De acordo com a legislação aplicável até a edição da MP nº 497/10, referidos rendimentos seriam tributados quando do recebimento, mediante a aplicação da tabela mensal então vigente.

*DAY TRADE*

A MP 497/10 restringiu o conceito das operações *day trade*, passando a considerá-las somente aquelas iniciadas e encerradas em um mesmo dia, com o mesmo ativo, em uma mesma instituição intermediadora, em que a quantidade negociada tenha sido liquidada, total ou parcialmente. Na previsão anterior, as operações que fossem realizadas por corretoras diferentes eram também consideradas *day trade*. Adicionalmente, estabeleceu-se que a instituição intermediadora ficará responsável pela retenção e recolhimento do Imposto de Renda Retido na Fonte (IRFonte) incidente à alíquota de 1% sobre essa modalidade de operação.

Sobre a alteração no contexto das operações *day trade*, importa destacar que se trata de uma medida benéfica ao contribuinte. Isso porque, se comparadas às demais operações realizadas em bolsa, as operações de *day trade* são mais onerosas do ponto de vista tributário, já que, enquanto naquelas a alíquota incidente sobre os ganhos líquidos é de 15%, nas operações de *day trade* chega a 20%. Como agora o conceito de *day trade* é mais restrito, exigindo que envolva também a mesma instituição intermediadora, um número menor de operações poderá ser assim enquadrado e tributado a 20%.

CONTRIBUIÇÃO AO PIS E COFINS – MODIFICAÇÕES DIVERSAS

Outra novidade introduzida pela MP 497/10 relaciona-se à equiparação da pessoa jurídica atacadista a pessoa jurídica produtora ou fabricante, na hipótese em que aquela adquirir, de pessoa jurídica com a qual mantenha relação de interdependência, determinados produtos por esta produzidos, fabricados ou importados. A nova previsão teria surgido diante de uma prática em que pessoas jurídicas que produzem ou fabricam produtos sujeitos à incidência concentrada da Contribuição ao PIS e da COFINS vendem os referidos produtos subfaturados para atacadistas pessoas jurídicas controladas ou coligadas.

Sobre a futura implementação do sistema de transporte ferroviário de trens de alta velocidade (TAV), ficarão reduzidas a zero as alíquotas da Contribuição ao PIS e da COFINS incidente sobre a receita bruta decorrente da venda dos serviços a este sistema relacionados (venda de passagens).

Por fim, esclareceu-se que pessoas jurídicas produtoras de mercadorias relativas à exploração de bovinos poderão apurar crédito presumido da Contribuição ao PIS e da COFINS.

## ASSUNTOS DIVERSOS

Sobre os crimes contra a ordem tributária, determinou-se que também os crimes contra a Previdência Social contarão com a garantia do esgotamento das vias administrativas, antes de qualquer procedimento no âmbito do Ministério Público.

Adicionalmente, a competência para legislar, fiscalizar e controlar a contribuição destinada ao Regime de Previdência Social do Servidor, que antes pertencia ao Ministério do Planejamento, Orçamento e Gestão, passou a ser da Receita Federal do Brasil.

Com relação ao Regime Tributário Especial (Programa "Minha Casa Minha Vida"), estabeleceu-se que pessoa jurídica incorporadora de projetos submetidos a tratamento especial (projetos de interesse social) poderá se beneficiar do pagamento unificado de tributos (IRPJ, CSLL, Contribuição ao PIS e à COFINS) à alíquota de 1%.

## APRESENTAÇÃO DE EMENDAS

De acordo com a Resolução nº 1/2002 do Congresso Nacional, o prazo para a apresentação de emendas à Medida Provisória é de seis dias contados de sua publicação. No presente caso, a MP em comento foi publicada durante o recesso parlamentar, de modo que o termo inicial deste interstício é o dia 02/08/2010, primeiro dia da presente sessão legislativa, conforme artigo 18 da referida Resolução.

Na contagem, o término deste período se daria em 07/08/2010 (sábado), razão pela qual há a prorrogação automática para a segunda-feira, dia 09/08/2010.

Por fim, vale registrar que somente Deputados e Senadores possuem legitimidade para apresentar emendas à Medida Provisória e que o prazo ora descrito é comum a todos os parlamentares.

# 19/08/2010

## REGULAMENTAÇÃO - PARCELAMENTO EXTRAORDINÁRIO DA LEI Nº 12.249/2010

No dia 17.08.2010 foi publicada no Diário Oficial da União a *Portaria Advocacia Geral da União nº 1.197*, que regulamenta o **parcelamento extraordinário** instituído pela Lei nº 12.249/2010, **relativo a créditos de qualquer natureza administrados por autarquias**[1] **e fundações públicas federais**[2], de pessoas físicas ou jurídicas, tributários ou não, constituídos ou não, inscritos ou não em dívida ativa, executados ou não, com ou sem exigibilidade suspensa[3]. Veja-se o que dispõe tal Portaria:

### REQUISITOS E REDUÇÕES

Até 31.12.2010 poderão ser pagos à vista ou parcelados em 30, 60, 120 ou 180 meses os débitos vencidos até 30.11.2008, inclusive saldo de parcelamentos anteriores, valendo-se das seguintes reduções:

| Redução de penalidades para pagamento à vista | |
|---|---|
| Penalidades | Redução |
| Multa de Mora e de Ofício | 100% |
| Multa Isolada | 40% |
| Juros | 45% |
| Encargo Legal | 100% |

| Penalidades | Opcões de parcelamento | | | |
|---|---|---|---|---|
| | 30 meses | 60 meses | 120 meses | 180 meses |
| Multa de Mora e de Ofício | 90% | 80% | 70% | 60% |
| Multa isolada | 35% | 30% | 25% | 20% |
| Juros | 40% | 35% | 30% | 25% |
| Encargo Legal | 100% | 100% | 100% | 100% |

1 Decreto nº 200/67. Art. 5º, I. **Autarquia** - o serviço autônomo, criado por lei, com personalidade jurídica, patrimônio e receita próprios, para executar atividades típicas da Administração Pública, que requeiram, para seu melhor funcionamento, gestão administrativa e financeira descentralizada. **(ex.: CREA, OAB, CVM, CRM, ANVISA, ANATEL, ANTT etc.).**

2 Decreto nº 200/67. Art. 5º, IV. **Fundação Pública** - a entidade dotada de personalidade jurídica de direito privado, sem fins lucrativos, criada em virtude de autorização legislativa, para o desenvolvimento de atividades que não exijam execução por órgãos ou entidades de direito público, com autonomia administrativa, patrimônio próprio gerido pelos respectivos órgãos de direção, e funcionamento custeado por recursos da União e de outras fontes. **(ex.: IPEA, IBGE, FNDE etc.).**

3 O disposto nesta Portaria **não se aplica ao CADE e ao INMETRO.**

FORMALIZAÇÃO

Débitos inscritos em dívida ativa: o pedido deve ser apresentado, com indicação pormenorizada dos créditos que se pretende pagar/parcelar, à Procuradoria-Geral Federal ou à Procuradoria-Geral do Banco Central, que ficarão responsáveis por sua concessão e manutenção, perante suas (i) Procuradorias Regionais; (ii) Procuradorias nos Estados; (iii) Procuradorias Seccionais; ou (iv) Escritórios de Representação.

Débitos não inscritos em dívida ativa: o pedido deve ser apresentado, individualizado para cada autarquia e fundação pública federal, que ficarão responsáveis por sua concessão e manutenção, perante as unidades nacionais ou locais (conforme o caso) das (i) Procuradorias Federais, especializadas ou não; (ii) autarquias e fundações públicas federais; ou da (iii) Procuradoria-Geral do Banco Central.

Limites de alçada para realização/autorização dos parcelamentos:

(a) até R$ 100.000,00: pelos (i) Procuradores Federais ou (ii) Procuradores do Banco Central do Brasil que atuem diretamente no processo administrativo ou judicial;

(b) até R$ 500.000,00: mediante prévia e expressa autorização (i) do Procurador-Chefe da unidade local da Procuradoria ou Chefe do Escritório de Representação da Procuradoria-Geral Federal; ou (ii) do Procurador-Regional ou Procurador-Chefe nos Estados dos órgãos da Procuradoria-Geral do Banco Central;

(c) até R$ 1.000.000,00: mediante prévia e expressa autorização dos (i) Procuradores Regionais Federais, (ii) Procuradores-Chefes das Procuradorias Federais dos Estados, (iii) Procuradores-Chefes das unidades nacionais das Procuradorias Federais, especializadas ou não, junto às autarquias e fundações, ou (iv) Coordenador-Geral da Coordenação-Geral de Processos da Dívida Ativa e Execução Fiscal, na Procuradoria-Geral do Banco Central;

(d) acima de R$ 1.000.000,00: o chefe da unidade ou o órgão em que foi requerido o parcelamento deverá solicitar, mediante manifestação conclusiva, autorização do (i) Coordenador-Geral de Cobrança e Recuperação de Créditos da Procuradoria-Geral Federal ou (ii) do Subprocurador-Geral do Banco Central do Brasil titular da Câmara de Contencioso Judicial e Execução Fiscal.

Os pedidos deverão ser instruídos com:

(a) Anexo I: formulário de pedido de parcelamento;

(b) Anexo III: formulário "termo de parcelamento de dívida ativa";

(c) declaração de inexistência de impugnação/recurso administrativo ou ação judicial/embargos de devedor e/ou demonstração de sua desistência, com renúncia ao direito sobre o qual se funda a respectiva discussão;

(d) cópia da documentação societária (pessoa jurídica) ou RG, CPF e comprovante de residência (pessoa física);

(e) comprovante de pagamento da 1ª parcela;

(f) procuração com poderes específicos para "praticar todos os atos necessários à formalização do parcelamento de que trata a Portaria AGU nº 1.197/2010";

(g) Anexo II: formulário de anuência da pessoa jurídica, quando seu débito for parcelado por pessoa física.

Referido requerimento:

(a) importa na confissão irrevogável e irretratável dos débitos em nome do sujeito passivo, na condição de contribuinte ou de responsável, e por ele indicados para compor os referidos parcelamentos;

(b) importa na confissão extrajudicial nos termos dos arts. 348, 353 e 354 do Código de Processo Civil; e

(c) condiciona o sujeito passivo à aceitação plena e irretratável de todas as condições estabelecidas nesta Lei.

A pessoa física que solicitar o parcelamento de débitos de pessoa jurídica passará a ser solidariamente responsável por seu não pagamento ou pelo não recolhimento de tributos por ela devidos.

Os parcelamentos em tela não dependerão da apresentação de garantia ou arrolamento de bens, exceto quando já houver penhora em execução fiscal ajuizada.

DO PARCELAMENTO

A dívida consolidada será dividida pelo número de parcelas indicadas pelo contribuinte, que não serão inferiores a R$ 50,00 no caso de pessoas físicas e R$ 100,00, no de pessoas jurídicas. Cada prestação será acrescida de juros acumulados equivalentes à taxa Selic.

Os optantes pelo parcelamento poderão amortizar seu saldo devedor com as reduções do pagamento à vista mediante a antecipação de no mínimo 12 prestações, o que implicará a redução proporcional da respectiva quantidade de parcelas vincendas.

RESCISÃO

O não pagamento de 3 parcelas (consecutivas ou não) ou de menos de 3 parcelas, estando pagas as demais[4], implicará, após a comunicação ao sujeito passivo[5], a imediata rescisão do parcelamento e o prosseguimento da cobrança pelo valor recomposto, abatidos os pagamentos realizados devidamente atualizados até a data da rescisão.

DEPÓSITOS

O saldo dos depósitos existentes, em espécie ou instrumentos da dívida pública federal (exceto precatórios), vinculados aos débitos a serem pagos ou parcelados, será automaticamente convertido em renda das respectivas autarquias e fundações, após aplicação das reduções sobre seu valor atualizado para pagamento à vista ou parcelamento[6]. Eventual saldo remanescente será levantado pelo sujeito passivo caso inexistam outros débitos vencidos e exigíveis.

No cálculo dos saldos em espécie existentes na data de adesão ao pagamento ou parcelamento serão excluídos os juros remuneratórios sobre débitos cuja exigibilidade tenha sido suspensa por meio do referido depósito e que não tenham incidência de multa ou juros de mora.

ATOS COMPLEMENTARES

O Procurador-Geral Federal e o Procurador-Geral do Banco Central do Brasil estão autorizados a expedir, no âmbito de suas competências, os atos complementares julgados necessários ao cumprimento do disposto na Portaria.

4 Parcelas pagas com até 30 dias de atraso não configurarão inadimplência.

5 Mediante publicação no Diário Oficial da União e/ou divulgação no sítio oficial da Advocacia-Geral da União.

6 Se o sujeito passivo tiver efetivado tempestivamente o depósito do principal, para fins de determinação de eventual saldo remanescente dever-se-á deduzir do débito consolidado o valor principal acrescido de multa e juros de mora que seriam decorrentes da não realização do depósito, observada a aplicação das reduções e dos demais benefícios previstos.

# 30/08/2010

## ICMS - DECRETO ESTADUAL DE SÃO PAULO Nº 56.104/2010

O Decreto Estadual de São Paulo nº 56.104, publicado no Diário Oficial do Estado de São Paulo (SP) em 19.08.2010 (Decreto SP nº 56.104/2010), dispõe sobre o credenciamento de contribuintes dos tributos estaduais na Secretaria da Fazenda do Estado (SEFAZ) com o intuito de que estes recebam comunicação eletrônica por meio do Domicílio Eletrônico do Contribuinte (DEC).

Este Decreto, que entrou em vigor na data de sua publicação, veio regulamentar a Lei Estadual de SP nº 13.918, de 22.12.2009 (Lei nº 13.918/2009), que, entre outras matérias, trata da comunicação eletrônica entre a SEFAZ e o sujeito passivo dos tributos estaduais.

A partir da publicação do Decreto em referência, a SEFAZ passa a poder utilizar a comunicação eletrônica para, dentre outras finalidades, cientificar o sujeito passivo de quaisquer tipos de atos administrativos, encaminhar notificações e intimações, bem como expedir avisos em geral.

Para que o sujeito passivo receba a comunicação eletrônica por meio do DEC, ele deve estar previamente credenciado perante a SEFAZ. O credenciamento deve ser efetuado por meio da rede mundial de computadores – Internet – mediante acesso ao *site* http://www.fazenda.sp.gov.br.

Neste endereço eletrônico, deve-se buscar a funcionalidade relativa ao DEC, devendo ser observada, ainda, a disciplina estabelecida pela SEFAZ.

O Decreto em comento deixa claro que a SEFAZ pode, a seu critério, estabelecer a obrigatoriedade do credenciamento do sujeito passivo para que este receba a comunicação eletrônica, assim como efetuar o seu credenciamento de ofício, ou seja, por conta própria.

A comunicação eletrônica objetiva facilitar e modernizar a comunicação entre a Administração Tributária e os contribuintes, assim como preservar o sigilo, a identificação, a autenticidade e a integridade dessas comunicações.

Destacamos que o contribuinte deve estar atento às Portarias que em breve venham a ser publicadas, obrigando-os ao credenciamento ou até mesmo regulamentando o credenciamento de ofício por parte da SEFAZ, tendo em vista que, nestes casos, a partir do credenciamento, a ciência quanto aos atos administrativos, a expedição de avisos em geral, as notificações e intimações passarão a ser realizadas por via eletrônica em tal endereço da Internet. Tal fato demandará uma atenção especial dos contribuintes quanto ao controle de prazos e formalidades a serem atendidas junto ao Fisco Paulista.

# 08/09/2010

## PARCELAMENTOS LEI Nº 11.941/09 - PORTARIA CONJUNTA PGFN/RFB Nº 15/2010

Em 03.09.2010 foi publicada no Diário Oficial da União a Portaria Conjunta PGFN/RFB nº 15, que traz novas disposições relativas às modalidades de parcelamento e/ou pagamento à vista instituídas pela Lei nº 11.941/09[1], preparatórias à fase de consolidação. Veja-se:

I. CASOS DE INCORPORAÇÃO, FUSÃO OU CISÃO

(i) extinção de pessoa jurídica por incorporação, fusão ou cisão total ocorrida **antes** da adesão: será cancelado seu requerimento de adesão às modalidades de parcelamento e/ou pagamento à vista com utilização de prejuízo fiscal e base negativa da CSLL, podendo seus débitos serem consolidados pela sucessora desde que optante por modalidades compatíveis com as características dos respectivos débitos; (art. 1º e §)

(ii) extinção de pessoa jurídica por incorporação, fusão ou cisão total ocorrida **depois** da adesão: os débitos serão consolidados nas modalidades de parcelamento e/ou pagamento à vista com utilização de prejuízo fiscal e base negativa da CSLL a que tenha aderido a pessoa jurídica extinta, independentemente de adesão da sucessora, cujos débitos serão consolidados separadamente. (art. 2º e §§)

II. ACESSO AOS SERVIÇOS PELA INTERNET

(i) pessoas físicas: o acesso pela Internet aos serviços referentes às opções da Lei nº 11.941/09 será permitido aos optantes em situação cadastral *regular* ou *pendente de regularização*; (art. 3º, I)

(ii) pessoas jurídicas: o acesso pela Internet aos serviços referentes às opções da Lei nº 11.941/09 será permitido aos optantes em situação cadastral *ativa,*

1 O disposto na Portaria aplica-se também às modalidades previstas pela MP 470/08, migradas para as modalidades de parcelamento compatíveis com as da Lei nº 11.941/09 (art. 10).

*suspensa* (por solicitação de baixa, em análise ou indeferida, ou interrupção temporária de atividades) ou *baixada* (tratamento diferenciado às microempresas e empresas de pequeno porte ou cisão total); inscrição baixada por incorporação, fusão ou cisão total: acesso pela sucessora; (art. 3°, II e §§ 1° e 2°)

(iii) pessoas jurídicas em situação cadastral diversa: deve-se providenciar a regularização; caso contrário restarão impedidos de apresentar as informações necessárias à consolidação dos débitos, tendo seu requerimento de adesão cancelado. (art. 3°, § 5°)

III. CANCELAMENTO DOS REQUERIMENTOS DE ADESÃO: EFEITOS

(i) cancelamento de requerimentos de adesão: os pagamentos efetuados poderão ser restituídos, mediante PER/DCOMP, ou aproveitados na amortização dos débitos consolidados nas modalidades a que tiver aderido a sucessora, mediante RedarfNet (se possuir certificado digital) ou pedido de retificação de Darf (IN SRF 672/06); (art. 5°)

(ii) regularização: o sujeito passivo poderá requerer a regularização da situação da modalidade caso comprove a quitação integral até 16.8.2010 dos débitos passíveis de inclusão na respectiva modalidade. (art. 6°)

IV. REABERTURA DE PRAZO PARA DESISTÊNCIAS/RENÚNCIAS

(i) **30.09.2010**: novo prazo para desistência de impugnações/recursos administrativos e ações judiciais, com renúncia ao direito sobre o qual se fundavam as respectivas discussões, cujos débitos tenham sido incluídos nas modalidades de parcelamento ou pagamento à vista previstas nos arts. 1° a 3° da Lei nº 11.941/09; (art. 7°, primeira parte)

(ii) condição: as desistências poderão ser apresentadas até 30.09.2010 desde que tenha sido (a) respondida até 30.07.2010 a "Declaração de Inclusão de Totalidade de Débitos no Parcelamento da Lei nº 11.941/2009" e, em caso de resposta negativa, (b) apresentado até 16.08.2010 o anexo competente (I a IV), com indicação pormenorizada dos débitos a compor o parcelamento. (art. 7°, segunda parte)

V. OUTRAS DISPOSIÇÕES

(i) Quebrangulo, Santana do Mundaú, Joaquim Gomes, São José da Laje, União dos Palmares, Branquinha, Paulo Jacinto, Murici, Rio Largo, Viçosa, Atalaia, Cajueiro, Capela, Jacuípe e Satuba (AL), e Água Preta, Barra de Guabiraba, Barreiros, Correntes, Cortês, Jaqueira, Palmares, São Benedito do Sul e Vitória de Santo Antão (PE): sujeitos passivos domiciliados ou com matriz estabelecida nesses Municípios têm até **31.12.2010** para responder a "Declaração de Inclusão de Totalidade de Débitos no Parcelamento da Lei nº 11.941/2009" e, em caso de resposta negativa, apresentar o anexo competente (I a IV), com indicação pormenorizada dos débitos que deverão compor o parcelamento; (art. 8º)

(ii) competência: ao titular da unidade da PGFN e/ou RFB do domicílio do sujeito passivo foi dada competência para *apreciar* (a) pedidos de inclusão, exclusão ou retificação de débitos referente à consolidação do parcelamento; (b) requerimentos de retificação ou de regularização de modalidades; (c) manifestações de inconformidade acerca de requerimentos de adesão não validados ou cancelados; (d) recursos administrativos contra a exclusão de modalidades de parcelamentos de que trata esta Portaria; e (e) requerimentos de revisão ou manifestações de inconformidade acerca da utilização dos montantes declarados de prejuízo fiscal ou de base de cálculo negativa da CSLL; (art. 9º, I e §)

(iii) competência: ao titular da unidade da PGFN e/ou RFB do domicílio do sujeito passivo foi dada competência para *prestar informações* ou *atender requisições* de autoridade judiciária, no interesse da justiça, e solicitações de órgão do Ministério Público ou de autoridade administrativa, no interesse da Administração Pública; (art. 9º, II)

(iv) competência: foi excluída do titular da unidade da PGFN e/ou RFB do domicílio do sujeito passivo a competência para excluir optantes das modalidades de pagamento e parcelamento da Lei nº 11.941/09. (art. 9º)

# 06/10/2010

## DECRETO Nº 7.323/10: MAJORAÇÃO DO IOF/CÂMBIO À ALÍQUOTA DE 4%

Em 5 de outubro, foi publicado o Decreto nº 7.323, datado de 4 de outubro de 2010, majorando de 2% para 4% a alíquota do Imposto sobre Operações de Câmbio (IOF/Câmbio) incidente sobre o ingresso de recursos no país, realizado por investidor estrangeiro, para aplicação no "mercado financeiro", bem como mantendo em 2% a alíquota no caso de aplicações no "mercado de capitais".

De forma bastante atípica, o referido Decreto foi veiculado, com redações distintas, na versão ordinária do Diário Oficial da União (DOU) de 05 de outubro de 2010, bem como em uma versão extra que teria sido publicada ao final do dia.

Na primeira versão levada a público, a regra que majorava a alíquota se pautava nos conceitos genéricos de "mercado financeiro" e "mercado de capitais" e que não são expressamente definidos pela legislação, os quais não necessariamente espelhavam a segregação das operações que se pretendia atingir (i.e. renda fixa e fundos de investimento) tal como anunciada pelo Governo nos meios de comunicação dias antes. Percebendo que a regra teria saído distorcida diante do seu propósito, editou a segunda versão do decreto, publicada na edição extra do DOU, na qual os termos das novas regras sofreram significativas alterações: adotou-se a majoração a 4%, como regra, para todas as operações realizadas por investidor estrangeiro nos mercados financeiro e de capitais, inclusive por meio de operações simultâneas de câmbio, estabelecendo-se exceção para operações especificamente relacionadas, às quais se aplicam alíquotas diferenciadas, a saber:

(i) operações em renda variável realizadas em bolsa de valores ou em bolsa de mercadorias e futuros, exceto derivativos que conjugados produzam um rendimento predeterminados: 2%;

(ii) aquisição de ações em oferta pública ou subscrição de ações, desde que as ações sejam negociadas em bolsa: 2%;

(iii) retorno dos recursos ao exterior: 0%.

Diante disso, tal como estruturada a nova redação dada ao Decreto nº 7.323/10, não resta dúvida de que os ingressos de recursos para aplicações tanto em operações de renda fixa, quanto em fundos de investimento, estão sujeitos, a partir de 05 de outubro de 2010, ao IOF/Câmbio à alíquota majorada de 4%. De qualquer forma, a nosso ver, a nova norma acabou também por atingir estruturas de investimentos que não são essencialmente de renda fixa, pelo contrário, que são operações do mercado de capitais e que possuem características essencialmente de participações, como são os casos dos Fundos de Investimento em Participações (FIP), que recebem recursos para investir em empresas fechadas e abertas.

Por fim, a nova redação também dirimiu outras dúvidas relativas (i) à migração de recursos ingressados para operações no mercado de capitais para operações no mercado financeiro, já que previu que inclusive operações simultâneas de câmbio se sujeitam à alíquota majorada; e (ii) a inaplicabilidade da majoração em relação às operações contratadas antes da publicação do decreto. Com relação à migração, caberão às instituições responsáveis pelos investimentos realizados os procedimentos operacionais de controle e verificação da mudança das operações, o que pode dificultar certa flexibilidade dos investimentos, que terão que segregar as aplicações de acordo com o IOF/Câmbio aplicável.

# 07/10/2010

## MEDIDA PROVISÓRIA 507 - RESTRIÇÕES PARA ATUAÇÃO PERANTE A RECEITA FEDERAL DO BRASIL

Em 06.10.2010 foi publicada no Diário Oficial da União a Medida Provisória 507 trazendo restrições quanto à obtenção de informações dos contribuintes perante a administração pública, incluindo-se nesse contexto, portanto, a Receita Federal do Brasil.

A despeito das disposições direcionadas aos funcionários da administração pública quanto ao acesso às informações dos contribuintes, convém destacar o previsto no artigo 5° da referida Medida Provisória, segundo o qual "*somente por instrumento público específico, o contribuinte poderá conferir poderes a terceiros para, em seu nome, praticar atos perante órgão da administração pública que impliquem fornecimento de dado protegido pelo sigilo fiscal, vedado o substabelecimento por instrumento particular*".

A redação do mencionado dispositivo deixa claro que não mais será permitido obter informações ou praticar atos perante a Receita Federal do Brasil, tais como solicitar "extrato de situação fiscal", obter guia de pagamento DARF, solicitar "extrato de valor atualizado do débito", bem como realizar consultas a processos, entre outros, sem que o solicitante esteja munido de procuração lavrada em cartório e com poderes específicos para realização do ato a ser praticado.

Entendemos que essa determinação não invalida os atos já praticados, mas deverá ser respeitada para adoção de todos os atos posteriores à edição da Medida Provisória 507.

# 20/10/2010

## DECRETO Nº 7.330/10: MAJORAÇÃO DO IOF/CÂMBIO À ALÍQUOTA DE 6%

Em 19 de outubro, foi publicado o Decreto nº 7.330, datado de 18 de outubro de 2010, majorando novamente a alíquota do Imposto sobre Operações de Câmbio (IOF/Câmbio) incidente sobre o ingresso de recursos no País, realizado por investidor estrangeiro, para aplicação no mercado financeiro e de capitais.

Após a majoração da alíquota do IOF/Câmbio de 2% para 4%, instituída alguns dias atrás pelo Decreto nº 7.323, datado de 4 de outubro de 2010, o novo Decreto aumentou a alíquota do referido imposto de 4% para 6%.

Ademais, o Decreto estabeleceu que a nova alíquota de 6% há de incidir, também, sobre o ingresso de recursos no País para constituição de margem de garantia para operações de investidores estrangeiros exigidas por bolsas de valores, de mercadorias e futuros (BM&FBOVESPA).

O Decreto prevê expressamente que a alíquota majorada aplica-se somente em relação às operações contratadas a partir de sua data de publicação (19 de outubro de 2010).

Todavia, é importante ressaltar que as exceções à alíquota majorada para operações especificamente relacionadas, anteriormente previstas pelo Decreto nº 7.232/10, continuam válidas, a saber:

(i) operações em renda variável realizadas na BM&FBOVESPA, exceto derivativos que conjugados produzam um rendimento predeterminados: 2%;
(ii) aquisição de ações em oferta pública ou subscrição de ações, desde que as ações sejam negociadas em bolsa: 2%;
(iii) retorno dos recursos ao exterior de todas as transações realizadas nos mercados de renda fixa e renda variável: 0%.

Assim, de modo geral, os ingressos de recursos para aplicações tanto em operações de renda fixa, quanto em fundos de investimento, estão sujeitos à alíquota majorada de 6% de IOF/Câmbio a partir de 19 de outubro de 2010. Ademais, note-se que a nova regra também se aplica a outros investimentos que não são essencialmente de renda fixa, mas, ao contrário, são operações do mercado de capitais e que possuem características essencialmente de participações, como são os casos dos Fundos de Investimento em Participações (FIP), que recebem recursos para investir em empresas fechadas e abertas.

No entanto, caso a aquisição das quotas de fundos desta natureza pelo investidor estrangeiro se dê na BMF&BOVESPA, referida transação estará abarcada pela alíquota excepcional de 2% (tal como descrito acima), vez em que seria considerada operação de renda variável realizada em bolsa de valores ou em bolsa de mercadorias e futuros.

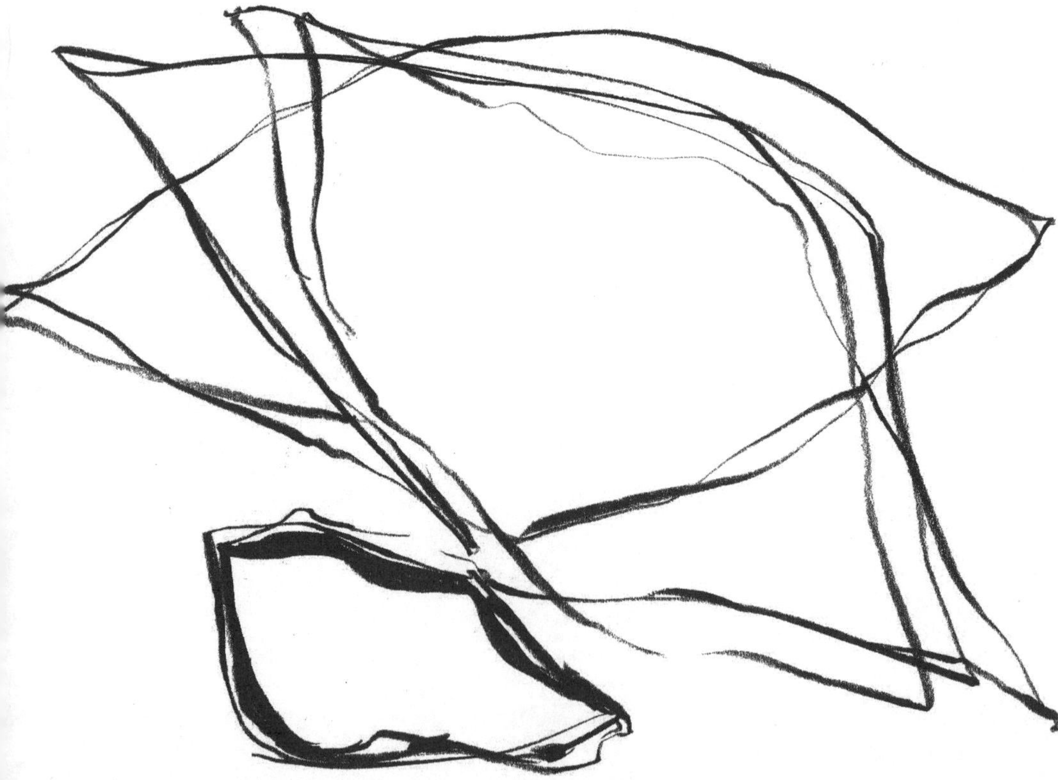

# Boletins de Jurisprudência Tributária

# 04/01/2010

## STJ AFASTA INCIDÊNCIA DE ICMS SOBRE AQUISIÇÃO DE MERCADORIAS POR EMPRESAS DO RAMO DE CONSTRUÇÃO CIVIL

No último dia 09 de dezembro, a 1ª Seção do Superior Tribunal de Justiça consolidou o entendimento de que as empresas de construção civil não estão sujeitas ao recolhimento do diferencial de alíquota interestadual do ICMS.

Para o Tribunal, as empresas de construção civil não são contribuintes do ICMS quando adquirem mercadorias e as utilizam como insumos em suas obras, mas apenas nas situações em que produzam bens e com eles pratiquem atos de mercancia diferentes da sua real atividade, com a pura venda desses bens a terceiros. Por isso, não se sujeitam ao recolhimento desse diferencial de alíquota.

O julgamento foi proferido no rito do processo repetitivo, previsto no artigo 543-C do CPC. Logo, o Superior Tribunal de Justiça aplicará tal entendimento a todos os outros casos que tratem da mesma matéria.

## STF INICIA NOVO JULGAMENTO ACERCA DA POSSIBILIDADE DE CREDITAMENTO DE IPI NA AQUISIÇÃO DE INSUMOS ISENTOS

Recentemente, o Supremo Tribunal Federal iniciou julgamento de recurso extraordinário no qual se discute a possibilidade de creditamento de IPI na hipótese de aquisição de insumos isentos. Para o Ministro Marco Aurélio, Relator do caso, a possibilidade de creditamento pressupõe recolhimento anterior, de modo que não há qualquer diferenciação entre as hipóteses de não incidência, tributação à alíquota zero ou isenção, pois nas três situações não há recolhimento de tributo.

O Ministro fundamentou seu posicionamento por entender que os vocábulos utilizados pela Constituição Federal ao dispor sobre a possibilidade de creditamento são "montante cobrado na operação anterior", e se não há pagamento realizado anteriormente, não há que se falar em ofensa ao princípio da não cumulatividade. Com isso, negou provimento ao recurso do contribuinte. Após, o julgamento foi interrompido pelo pedido de vista da Ministra Cármen Lúcia.

## INDENIZAÇÕES DE FÉRIAS PROPORCIONAIS E O RESPECTIVO ADICIONAL SÃO ISENTOS DE IR

O Superior Tribunal de Justiça aprovou a Súmula nº 386, na qual restou assentado o entendimento de que "são isentas de imposto de renda as indenizações de férias proporcionais e o respectivo adicional, em razão de se entender que referidas verbas não são remuneratórias, mas sim indenizatórias e, por isso, não representam acréscimo patrimonial".

## IMUNIDADE DE ENTIDADES BENEFICENTES DEVE OBSERVAR APENAS OS REQUISITOS DO CÓDIGO TRIBUTÁRIO NACIONAL

O Tribunal Regional Federal da 1ª Região recentemente decidiu que os requisitos para análise da imunidade de entidades beneficentes de assistência social são aqueles enumerados pelo art. 14 do Código Tributário Nacional, quais sejam: impossibilidade de distribuição de parcela do patrimônio ou de rendas, aplicação integral dos recursos na manutenção dos objetivos da instituição e escrituração regular.

A Fazenda defende que lei ordinária ou decreto poderiam acrescentar elementos a essa análise, dificultando a obtenção de certificados de assistência social.

Nesse passo, pacificou-se nas turmas de direito tributário do Tribunal Regional Federal da 1ª Região (Brasília) que a imunidade inscrita no art. 195, § 7º, da Constituição deve observar os três elementos descritos em lei complementar, qual seja, o art. 14 do Código Tributário Nacional.

Tal matéria ainda está pendente de apreciação pelo Supremo Tribunal Federal no julgamento do RE 566.622, e se encontra submetida à sistemática da repercussão geral.

## TRF 1ª REGIÃO: CONTRIBUINTE TEM DIREITO A PRAZO RAZOÁVEL DE RESPOSTA A PEDIDO ADMINISTRATIVO

Recentemente, o Tribunal Regional Federal da 1ª Região confirmou sentença que designou prazo para que a Administração respondesse a pedido administrativo sobre restituição de valores retidos em faturas de serviços e depositados pelos seus tomadores juntos ao INSS. O Tribunal entendeu que o contribuinte tem direito a obter resposta em, no máximo, trinta dias, a contar da instrução do processo administrativo.

No caso, o pedido havia sido formulado em abril de 2003 e não havia sido apreciado até o ajuizamento do processo judicial, ocorrido em setembro de 2006.

## AFASTAMENTO, PELO PODER JUDICIÁRIO, DO ARTIGO 32, §§ 1º E 14º, INSTITUÍDOS PELA PORTARIA CONJUNTA Nº 10/09

Recentemente, foi proferida decisão na Justiça Federal de São Paulo afastando a aplicação dos § 1º e 14 do artigo 32, instituídos pela Portaria Conjunta nº 10/09.

Entendeu o Juízo de 1º Grau que a própria Lei nº 11.941/09 prevê a possibilidade de que os depósitos vinculados aos débitos a serem pagos ou parcelados sejam automaticamente convertidos em renda da União **após a aplicação das reduções para pagamento à vista ou parcelamento**, razão pela qual o § 1º do artigo 32 instituído pela Portaria Conjunta nº 10/09 não poderia ter alterado tal entendimento.

Ademais, entendeu tal decisão que deve ser afastada a limitação imposta pelo § 14 do artigo 32 da Portaria Conjunta nº 10/09, a qual impediu a aplicação das reduções aos depósitos vinculados à ação judicial, à impugnação ou ao recurso administrativo previstas para a hipótese de pagamento à vista ou de parcelamento, nem a possibilidade de aproveitamento de créditos na hipótese em que o pedido de desistência não foi formulado antes da prolação de decisão definitiva na esfera administrativa ou decisão judicial transitada em julgado.

## JUSTIÇA FEDERAL EM SANTA CATARINA AFASTA A APLICAÇÃO DO FATOR ACIDENTÁRIO PREVIDENCIÁRIO

Recente decisão da Justiça Federal de Santa Catarina considerou que a aplicação do FAP como coeficiente da alíquota da Contribuição ao SAT devida pelas pessoas jurídicas é inconstitucional.

Referida decisão considerou que os limites do Poder Regulamentar da lei que previu a criação do FAP foram extrapolados, na medida em que foram estabelecidos meros limites para um intervalo de alíquotas do referido tributo que pode vir a variar de 0,5% a 6%, deixando ao talante do Poder Executivo a tarefa de individualizar tais percentuais para cada contribuinte. Com isso, a tarefa de instituir tributos deixou de ter fundo legislativo, ou seja, base em lei, para passar a ter natureza de ato executivo, ou seja, de imposição de dever ao sujeito passivo baseada em ordem do Poder Executivo.

# 18/03/2010

## TRIBUNAL REGIONAL FEDERAL DA 3ª REGIÃO RECONHECE A INCONSTITUCIONALIDADE DA INCIDÊNCIA DO FAP EM 2010

A partir do ano de 2010, o Fisco passou a personalizar a contribuição ao SAT devida pelas pessoas jurídicas, permitindo a sua redução em até 50% e o seu acréscimo em até 100% em função da comparação do desempenho acidentário das pessoas jurídicas com as demais sociedades de seu ramo de atuação. Esse índice de personalização da contribuição ao SAT foi intitulado Fator Acidentário de Prevenção - FAP.

Em recentes decisões, o Desembargador Federal Luiz Stefanini considerou inconstitucional a aplicação do FAP no ano de 2010. Para o referido magistrado, houve ofensa ao princípio constitucional da irretroatividade da lei tributária, pois apenas em 2010 passou a vigorar decreto que estabeleceu que o cálculo do FAP levaria em conta eventos acidentários ocorridos em momento anterior, entre 2007 e 2008.

## STJ RECONHECE COISA JULGADA COM RELAÇÃO À CSL

1ª Seção do Superior Tribunal de Justiça consolidou o entendimento de que a declaração de inconstitucionalidade material da cobrança de CSL com base na Lei 7.689/88 faz coisa julgada com relação aos diplomas normativos subsequentes.

Ao assim decidir, a Corte afastou o argumento fazendário no sentido de que a coisa julgada não poderia alcançar fatos submetidos a diplomas normativos posteriores que regularam a alíquota e a base de cálculo da CSL.

Para o Tribunal, quando a sentença passada em julgado reconhece que a CSL corresponde a um adicional distorcido do Imposto de Renda, e não à Contribuição para a Seguridade Social prevista na Constituição Federal de 1988, há declaração de inconstitucionalidade material, pelo que os efeitos de tal pronunciamento jurisdicional alcançam fatos futuros, nada obstante diplomas normativos supervenientes confiram nova roupagem ao tributo.

## NÃO INCIDÊNCIA DE CONTRIBUIÇÃO PREVIDENCIÁRIA SOBRE VALE TRANSPORTE

O Plenário do Supremo Tribunal Federal, em julgamento realizado em 10/03/2010, proferiu entendimento de que o Instituto Nacional de Seguridade Social não poderá cobrar contribuição previdenciária incidente sobre o vale transporte pago em dinheiro aos funcionários por possuir caráter não remuneratório.

Apesar de tal entendimento ter sido proferido em controle difuso de constitucionalidade, isto é, o julgamento vale apenas para as partes daquela específica ação, o Supremo Tribunal Federal deverá adotar o mesmo entendimento para os casos análogos.

# STJ AFASTA A APLICAÇÃO DA SÚMULA 7 EM DISCUSSÃO ACERCA DA INCIDÊNCIA DE ISS DEVIDO PELOS PLANOS DE SAÚDE

A 2ª Turma do Superior Tribunal de Justiça, depois de reiteradas manifestações pela impossibilidade de revolver fatos e provas (Súmula 07/STJ) para verificação da composição da base de cálculo do ISS quanto aos valores repassados pelos Planos de Saúde aos profissionais credenciados, acabou por mudar o entendimento em decisão publicada no dia 04/03/2010, ao dar provimento aos embargos de declaração do contribuinte e determinar a subida do recurso especial para proceder a análise da matéria perante o STJ.

De fato, há precedentes isolados do Superior Tribunal de Justiça no sentido de que a base de cálculo do ISS não pode ser a totalidade das receitas auferidas pelas operadoras de Planos de Saúde, já que nem todas se referem a serviços por ela prestados, mas, sim, pelos médicos e demais profissionais credenciados. Desse modo, o valor referente ao repasse feito pelos Planos de Saúde aos médicos e clínicas credenciados à rede deve ser excluído da base de cálculo do ISS, conforme dispõe o artigo 7º da Lei Complementar nº 116/2003.

A partir da decisão noticiada, há maiores chances de ser discutido no âmbito dos Tribunais Superiores aspectos referentes à definição da base de cálculo do ISS devido pelas operadoras de Planos de Saúde, bem como à possibilidade de afastamento da incidência do tributo sobre os valores dos "prêmios" decorrentes dos contratos firmados com seus clientes "associados".

# 09/06/2010

## CREDITAMENTO DE ICMS - NOTAS FISCAIS DECLARADAS INIDÔNEAS

A Primeira Seção do Superior Tribunal de Justiça assentou o entendimento, no regime dos recursos repetitivos, sobre a possibilidade de creditamento de ICMS por adquirente de boa-fé quanto às operações de circulação de mercadorias cujas notas fiscais, emitidas pela empresa vendedora, tenham sido, posteriormente, declaradas inidôneas.

Tal entendimento será aplicado a todos os demais casos que tratam sobre a mesma matéria.

## PRAZO PRESCRICIONAL - DCTF - RECURSO REPETITIVO

A Primeira Seção do Superior Tribunal de Justiça firmou o entendimento, em recurso repetitivo, que o termo inicial do prazo prescricional para ajuizar ação para cobrança dos créditos tributários declarados pelo contribuinte mediante DCTF ou GIA, mas não pago na data do vencimento, é a data da entrega da declaração.

No que tange às declarações entregues antes do prazo de vencimento do tributo, o prazo fazendário inicia-se não com a declaração, mas no dia do vencimento.

## STJ - NÃO INCIDÊNCIA DE ISS SOBRE INCORPORAÇÕES IMOBILIÁRIAS DIRETAS

A 2ª Turma do Superior Tribunal de Justiça decidiu pela não incidência de ISS sobre incorporação imobiliária na hipótese em que a construção civil é realizada no terreno do próprio incorporador, por sua conta e risco, e a venda das unidades autônomas é feita em momento futuro.

Para a Turma, no caso apreciado, a incorporadora edificou, em terreno próprio e com recursos próprios, o empreendimento imobiliário, negociando as unidades por meio de contratos de promessa de compra e venda, para entrega futura, sendo, portanto, distintas as operações de construção civil e incorporação imobiliária.

Assim sendo, a construção civil levada a efeito pelo incorporador se conforma como um serviço prestado a si mesmo, situação que não caracteriza a prestação de serviço para fins de incidência de ISS.

## STF - ICMS SOBRE *SOFTWARE*

O Plenário do STF retomou o julgamento de medida liminar na ADI 1945 acerca da incidência de ICMS sobre operações com programas de computador, realizadas por transferência eletrônica de dados.

O julgamento foi encerrado, por maioria dos votos (5x4), com o indeferimento da medida liminar, sob o argumento de que é constitucional a incidência do ICMS sobre a transferência eletrônica de dados, pois não se pode ignorar a realidade virtual em que vivemos atualmente, o que leva à conclusão de que a expressão "circulação de mercadorias" deve ter uma conotação diferente, para englobar as operações virtuais.

Como o julgamento foi apenas de medida liminar, futuramente, haverá o julgamento do mérito da ação, ainda sem data prevista, oportunidade em que se apreciará a efetiva incidência do tributo sobre a transação, inclusive no tocante à cessão de direito de uso.

**Colaboradores**

Ariane Costa Guimarães
Armando Bellini Scarpelli
Bruna Campanati Vicentini
Caio Alexandre Taniguchi Marques
Caio Augusto Langone Crósta
Carolina Lauris Massad
Diego Sales Seoane
Gabriela Silva de Lemos
Giácomo Paro
Guilherme Lautenschlaeger Novello
José Mauricio Carvalho Abreu
Juliana Bussade Monteiro de Barros
Juliana Cavalcanti de Melo
Leandro Modesto Coimbra
Leonardo Fabrício Gomes da Silva
Lia Barsi Drezza
Marcel Alcades Theodoro
Marcelo Guimarães Francisco
Marcio Abbondanza Morad
Marcus Vinicius Boreggio
Maria Elisa Sabatel Giordano
Marina Zequi Sitrângulo
Matheus Bertholo Piconez
Monique Haddad Knöchelmann
Nathalia de Oliveira Campos da Paz Maia
Nicole Najjar Prado de Oliveira
Pâmela Larissa Miguel Gottardini
Paola Biselli Violin
Patricia Candido Pinto Silva
Paula Beatriz Loureiro Pires
Paulo Camargo Tedesco
Pedro Guilherme Modenese Casquet
Raphael Carlos Gutierres
Renan Castro
Ricardo de Oliveira Cosentino
Roberta de Lima Romano
Rodolfo Tsunetaka Tamanaha
Rodrigo de Freitas
Rodrigo Rodrigues Leite Vieira
Tatiana Morais Penido
Thiago Carlos de Carvalho
Thiago Corrêa Vasques
Waleska Lemos Morais

Impressão e Acabamento
Bartira
Gráfica
(011) 4393-2911